二战风云人物

鸿儒文轩 编著
HONGRUWENXUAN

Isoroku Yamamoto 战争赌徒
山本五十六
1884~1943

中国书籍出版社
China Book Press

图书在版编目(CIP)数据

战争赌徒——山本五十六/鸿儒文轩编著.—北京:中国书籍出版社,2015.1
ISBN 978-7-5068-3890-0

Ⅰ.①战… Ⅱ.①鸿… Ⅲ.①山本五十六(1884~1943)-传记
Ⅳ.①K833.135.2

中国版本图书馆 CIP 数据核字(2015)第 004388 号

战争赌徒——山本五十六
鸿儒文轩　编著

图书策划	武　斌　崔付建
责任编辑	姚　兰
责任印制	孙马飞　马　芝
出版发行	中国书籍出版社
地　址	北京市丰台区三路居路 97 号(邮编:100073)
电　话	(010)52257143(总编室)　(010)52257140(发行部)
电子邮箱	chinabp@vip.sina.com
经　销	全国新华书店
印　刷	三河市华东印刷有限公司
开　本	710 毫米×1000 毫米　1/16
字　数	252 千字
印　张	17
版　次	2015 年 5 月第 1 版　2018 年 4 月第 3 次印刷
书　号	ISBN 978-7-5068-3890-0
定　价	29.80 元

版权所有　翻印必究

·前 言·

第二次世界大战是人类历史上规模最大、战斗最为惨烈、影响最为深远的一场战争。在这场正义与邪恶的较量中，参战双方都出现了很多风云人物。他们或为国家和民族的自由而奋战，成为名传千古的英雄；或为法西斯卖命，成为遗臭万年的战争罪犯。

日本海军上将山本五十六无疑是第二次世界大战舞台上备受瞩目的风云人物之一。这位出身旧武士之家、自幼在武士道精神和军国主义思想浸淫下成长起来的海军军官，亲手点燃了太平洋战争的大火。在日本军国主义者的眼中，他是"英雄"，是日本帝国的"海军之花"；但在全世界爱好和平的人们的眼中，他是一个不折不扣的战争赌徒，名副其实的刽子手。

山本五十六原姓高野，祖上是长冈藩的重臣，与该藩家老山本家族为世交。后因山本家族无嗣，长冈藩的旧武士遂将其过继给山本家族，改姓山本。不过，这对他的仕途影响并不大。他之所以能够平步青云，爬到日本帝国联合舰队司令长官位置上，成为第二次世界大战期间日本仅次于天皇和首相东条英机的第三号人物，关键还在于他那狂热而又不乏冷静的赌徒性格。

从某种意义上说，山本在太平洋战争中所取得的"战绩"也源于这种性格。战争爆发前，他能冷静地分析日美之间悬殊的实力，极力反对同德、意结成全面同盟，主张日美亲善，延缓了日美之战爆发的时间。

内阁决定对美宣战后，他又以一种为军国主义效力的极端心态，策划并实施了偷袭珍珠港之战、马尼拉之战、马来亚海战、中途岛海战和圣鲁克斯海战等一系列侵略之战，犯下了滔天罪行！

本书在大量考证历史资料和细节的基础之上，以全新的视角，尽可能全面、客观地叙述山本的人生轨迹和心路历程。希望他的经历以及编者的评论能给广大读者带来一些启发，引起广大读者的思考，从而对第二次世界大战有一个清醒、客观的认识。由于编者的水平有限，书中难免存在谬误与不足之处，请广大读者批评指正！

·目 录·

第一章　深受军国主义思想影响的童年

一　戊辰战争中的高野家族 ·· 2
二　高野五十六降生 ··· 6
三　自幼浸泡在军国主义的思想中 ·· 11
四　成为"长冈军的参谋长" ·· 14
五　深受武士道精神影响的中学时代 ····································· 19

第二章　初登战场接受战火的洗礼

一　立志从军，目标江田岛 ·· 26
二　江田岛毕业的少尉候补生 ·· 29
三　走上日俄战争的战场 ··· 33
四　在海战中失去两根手指 ·· 37

第三章　留学哈佛，全面了解美国

一　继承山本之香火，改姓山本 ·· 42
二　并不浪漫的爱情和婚姻 ·· 47
三　留学哈佛，关注石油工业 ··· 50

四　只身深入墨西哥腹地考察 …………………………………… 53

第四章　关注飞机和航空兵的发展

一　关注舰载机的发展和应用 …………………………………… 58
二　出任霞浦海军航空队副队长 ………………………………… 64
三　调任日本驻美大使馆副武官 ………………………………… 68
四　"赤诚号"航空母舰舰长 …………………………………… 73
五　出席第一次伦敦裁军会议 …………………………………… 77

第五章　出任海军次官

一　从技术处长到航空战队司令 ………………………………… 82
二　顺利被擢升为海军中将 ……………………………………… 88
三　在预备会议上心怀鬼胎，巧舌如簧 ………………………… 93
四　主张适当克制侵略野心 ……………………………………… 96
五　军部法西斯控制傀儡内阁 …………………………………… 99
六　山本五十六出任海军省次官 ………………………………… 104

第六章　出任海军联合舰队司令长官

一　"蒋介石不投降，我绝不抽烟" …………………………… 110
二　小心翼翼，不愿惹怒美国 …………………………………… 113
三　极力反对三国结成全面同盟 ………………………………… 118
四　"替天行道，诛讨山本" …………………………………… 122
五　就任联合舰队司令长官 ……………………………………… 126
六　严格训练舰队，迎接大战 …………………………………… 130

第七章　提出偷袭珍珠港计划

一　密切关注欧洲战事的发展 …………………………………… 136
二　极力避免与美军交战 ………………………………………… 140
三　晋升大将，登上权力顶峰 …………………………………… 145

四　提出偷袭珍珠港的计划 ·················· 149

第八章　偷袭珍珠港计划一波三折

一　偷袭计划遭到军令部的反对 ·················· 158
二　做好偷袭珍珠港的技术准备 ·················· 162
三　"夏威夷特别作战图上演习" ·················· 166
四　偷袭珍珠港的计划获得批准 ·················· 170

第九章　虎！虎！虎！

一　为偷袭珍珠港的舰队送行 ·················· 176
二　第一航空舰队向珍珠港进发 ·················· 180
三　珍珠港事件前夕各方的反应 ·················· 183
四　"皇国兴废，在此一战" ·················· 187
五　虎！虎！虎！ ·················· 191
六　美利坚合众国对日宣战 ·················· 195

第十章　决定进行中途岛海战

一　对战争的未来充满忧虑 ·················· 200
二　执意进行中途岛大海战 ·················· 203
三　战术上的胜利和战略上的失败 ·················· 206
四　敲定中途岛海战作战计划 ·················· 211

第十一章　不可挽回的失败

一　美军破译"AF"之谜 ·················· 216
二　一步步钻进美军的圈套 ·················· 220
三　南云犯下致命的错误 ·················· 223
四　不可挽回的失败 ·················· 227

第十二章 争夺瓜达尔卡纳尔岛

一 日本陆军瓜达尔卡纳尔受挫 …………………… 234
二 山本五十六失算的"妙计" …………………… 237
三 代价高昂的"胜利" …………………………… 241

第十三章 战争赌徒命丧"复仇"行动

一 奋力挣扎,发动"伊号作战" ………………… 246
二 让联合舰队司令丧命的电报 …………………… 250
三 战争赌徒的最后几个小时 ……………………… 254

第一章
深受军国主义思想影响的童年

一
戊辰战争中的高野家族

日本是亚洲东部的一个古老的岛国。在历史上，日本曾积极学习中国的政治制度、文化、礼仪，接受中国皇帝的册封，与中国历代王朝都保持着密切的交往。在中国的影响下，日本的政治、经济、文化曾一度出现过全面繁荣的景象。因此，日本民众也对中国抱有强烈的好感，称中国为"天朝上国"。

时光荏苒，岁月如梭，当历史的车轮滚动到19世纪中期的时候，日本民众眼中的"天朝上国"迅速衰落下去。正处于德川幕府统治下的日本也面临着同样的境遇。德川幕府直接领有的土地约占全国四分之一，其余的土地由大名领有，称藩国。各藩国下设家老、年寄等，拥有相对独立的行政、司法权力，实际上是一个个相对独立的王国。

德川幕府对内实行独裁统治，对外实行闭关锁国政策，禁止西方的传教士、商人与平民进入日本，也不允许旅居国外的日本人回国，甚至禁止建造适于远洋航行的船只。在此期间，日本人只能同中国、朝鲜（今朝鲜半岛）和荷兰等国通商。可以说，日本的闭关锁国政策与清朝相比，有过之而无不及。

19世纪50年代以后，"雇佣工人制"在日本一些经济较为发达地区的家庭手工业或手工业作坊中已经比较普遍。这种新兴的资本主义生产方式极大地冲击了封建自然经济，从根本上动摇了幕府统治的经济基础。资产阶级化的商人们强烈要求进行政治制度改革，以适应新的经济形态的发展。他们迅速与反对幕府统治的基层农民联合起来，共同反对幕府的专制统治。

在日本国内局势日趋紧张的同时，陆续完成工业革命、急需打开亚洲市场的欧美资本主义国家也将目光锁定在人口众多的中国和日本身上。1840年，英国殖民者以坚船利炮打开了中国的大门，把这个古老的东方文明古国带进了半封建半殖民地的深渊。13年后，美国海军准将马休·佩里率领舰队闯入江户（今东京），把时任美国总统米勒德·菲尔莫尔写给日本天皇的信交给了德川幕府,并以武力相威胁,强迫日本与美国签订了《日美亲善条约》(又称《神奈川条约》)。由于美国军舰船身漆黑,日本民众和史学界皆称此次事件为"黑船事件"或"黑船开国"。

软弱无能的德川幕府惧怕美国人的坚船利炮,不但同意向美国开放长崎以外的下田和函馆两个港口,还给了美国片面最惠国待遇。《神奈川条约》的签订引起了连锁反应,英、法、荷等国紧随美利坚之后,强迫日本幕府签订了一系列不平等条约。这些条约的签订进一步激起了日本民众对德川幕府的不满,要求进行政治改革的呼声日益高涨。

在这种形势下,统治集团内部也出现了分化。西南部一些具有资产阶级色彩的大名和中下级武士,组成了革新派,以天皇的名义发出号召,要求日本民众"尊王攘夷"。在共同的改革要求下,西南各藩国的商人、农民(日本历史上称其为豪农、豪商,即经济实力比较雄厚的农民和商人)迅速与革新派联合起来,发起了轰轰烈烈的"尊王攘夷"运动。

顾名思义,"尊王"就是尊敬和拥护天皇,"攘夷"就是驱逐外国侵略者。这一口号在很大程度上表达了对幕府独裁统治与列强入侵的不满。运动的发起者刺杀与西方列强勾结的幕府当权者,袭击在日本的西方商人和外交官,进攻停靠在日本各港口的西方船只。一时间,日本百姓的爱国热情空前高涨起来,幕府统治和西方列强在日本攫取的既得利益受到了极大的威胁。

但是,由于组织不力,目标不明确(尊攘派对幕府尚存幻想,没有明确提出推翻幕府统治的政治要求),"尊王攘夷"运动很快就在幕府军队和西方各国的联合镇压下失败了。

运动失败后,高彬晋作等人认识到,要想改变日本现状,富国强兵,必须推翻幕府统治。1865年春,高杉晋作提出开港讨幕的战略,准备武装倒幕,并与萨摩藩结成了秘密军事同盟。与

高彬晋作

德川庆喜

此同时，英国也权衡利害，改变策略，援助倒幕派。幕府方面则投靠法国，双方于1866年7月开战。

战事进行了两个月，倒幕派获得了胜利。

第二年，孝明天皇驾崩，太子睦仁亲王即位，是为明治天皇。明治天皇积极联络各路倒幕大军，希望振兴王室。1867年11月8日，明治天皇下达讨幕密敕。次日，德川幕府第十五代征夷大将军德川庆喜奏请"奉还大政"。日本由此正式进入了明治维新时期。

1868年（戊辰年）1月3日，天皇发布《王政复古大号令》，废除幕府，令德川庆喜"辞官纳地"。1月8日，德川庆喜在大阪宣布《王政复古大号令》为非法政令，不予遵从。10日，德川庆喜再次重申这一意见。双方剑拔弩张，一场大战已经不可避免。

1月27日，倒幕派军队五千余人在京都附近与幕府军15000人展开激战，德川庆喜败走江户。戊辰战争由此开始。退守江户的德川庆喜迅速以会津、庄内两藩为中心，组成"奥（陆奥）羽（出羽）越（越后，即新瞐）列藩同盟"，联合对抗新政府。是年6月，与江户幕府关系密切的长冈藩也参加了对明治政府的战争。

长冈藩的参战引出了三名在日本历史上并不著名，但却非常重要的人物。他们分别是山本带刀、高野贞通和高野贞吉。山本家是长冈藩的名门望族，世居家老之职。所谓家老，乃江户时代各藩的重臣，总理藩政的最高官职，一般由与藩主有姻亲关系或有功的家族充任，实行世袭制。戊辰战争爆发的这一年，山本带刀23岁，膝下仅有一女。

高野家族虽然没有山本的家世显赫，但也是长冈藩的重臣。高野家族世代儒官，大都精于儒家古典经籍，并兼枪术教师之职，与藩主牧野、家老山本关系密切。据说，高野家族祖上曾出过多位文武兼备，精通兵法、史学的大家。

戊辰战争爆发之时，高野贞通已经是76岁的老人了。他已经不大过问家中的事务，更不用说政务了。一切大小事务皆由高野贞吉处理。高野贞吉并非高野贞通之子，而是他的女婿。高野贞通膝下无子嗣。日本长期实行长子继承制，无子不但意味着家业旁落，也是让整个家族蒙羞的耻辱。

因此，高野贞通便将长女留在身边，招赘了一个名为长谷川贞吉的青年男子。长谷川贞吉入赘高野家后，改姓高野，是为高野贞吉。高野贞吉夫妇共生有4个儿子，名叫高野让、高野登、高野丈三和高野留吉。

戊辰战争爆发后，长冈藩大名牧野忠恭立即号召全藩武士与明治军作战。作为长冈藩的家老，山本带刀自然而然就成了长冈军总指挥，而高野贞吉也因家族的原因被任命为洋枪队的小队长。

作战双方在长冈藩所处的越后平原上展开了激烈的争夺。6月28日，长冈军会同会津、桑名两藩军队，击退了明治军，占领了妙见等地。7月末，政府军出其不意攻下长冈，并一举攻占了新睸。驻扎妙见的长冈军主力重新组织反攻，再次与政府军展开激烈厮杀，长冈军七百余名武士各个奋勇，但最终不敌四万明治军而溃败。

山本带刀率领全藩武士突出重围，长途跋涉近百里，转战于会津平原。不久，他在若松城南边的饭寺村因大雾而迷失方向，陷入了明治军的重围。经过一场惨烈的战斗，长冈武士大部战死，山本带刀也成了俘虏。

明治军为山本带刀的才华与勇猛所打动，劝其投降，但山本带刀却宁死不降。山本带刀旋即被明治政府斩首示众，年仅24岁。

但是，作为洋枪队小队长的高野贞吉虽然在若松城之战中身负重伤，却侥幸活了下来。否则，日本的历史，至少是日本海军史就要改写了。

山本带刀被杀的消息传到长冈后，77岁高龄的高野贞通愤然上阵，与明治军展开了厮杀。据说，他轮换使用祖传的6支猎枪，以房屋为壁垒，击毙数十人，最终战死沙场。他年迈的妻子也死在乱军之中。

二

高野五十六降生

戊辰战争结束后，长冈藩和山本家族受到了明治政府严厉的制裁。明治天皇下令削藩减地，长冈藩大名的薪俸（家老以下官员的薪俸由大名支付）由7.4万石（1石=100升）减至2.2万石，并废止了山本的家名和族徽。为保全山本的后人，大名牧野忠恭将山本带刀之妻许配给了一个叫陶山万卫的藩士，并赐姓富士。

新政府的严厉制裁再加上大量青壮年战死沙场，劳动力匮乏，长冈藩一片凋敝，民不聊生。后来，日本社会甚至形成了一个不成文的规定，凡是长冈藩出身的文官皆不能担任县长以上的职务，武官不能升任将军。这种强烈的地域歧视直到昭和年间（1926年12月25日～1989年1月7日）才有所改善。

长冈藩的衰落与日本社会蒸蒸日上的气象形成了鲜明的对比。1868年9月3日，明治天皇下诏将江户改称东京。10月23日，改年号为明治。1869年5月9日迁都东京。明治天皇进行了一系列改革，史称"明治维新"。经过"明治维新"日本摆脱了贫穷落后的面貌，跻身世界强国之列。

史学界一般认为，日本的明治维新具有资产阶级革命的性质，是日本由弱而强的转折点。然而，这场自上而下的资产阶级革命极不彻底，保留了大量的封建残余，如天皇具有至高无上的权力。这为日本日后走上军国主义道路埋下了隐患。

果不其然，刚刚摆脱沦为殖民地之危机的日本就将侵略的矛头对准了与其一衣带水的邻邦——中国和朝鲜。1874年，明治政府以清政府未对台湾东南部实施有效统治为由，组成所谓的"台湾生番探险队"3000人，悍然入侵台湾。后经谈判，清政府与日本政府签订了《北京专条》，赔款50万两白银。当年年底，日军从台湾全部撤走。1875年，日本又以武力为后盾，迫使朝鲜签订了《江华条约》，强行打开了朝鲜国门，开始大肆入侵朝鲜。

明治天皇迁都东京

在日本政府将侵略的矛头指向中国和朝鲜之时，在戊辰战争中幸存的高野贞吉回到了长冈。为了糊口，这位旧武士出身的知识分子在柏崎县政府找了份差事。不久，他又到一所小学任教，而且一直做到了校长之职。可以想象，在长冈武士普遍遭受歧视的年代里，高野贞吉的日子自然也不会好过。

逐步收回华族和士族的俸禄是明治维新的重要举措之一。起初，政府取消了大名的征税权，将其收归中央政府，并将大名应得之收入的一半折合成薪俸，由中央政府发放。同时，中央政府也取消了大名为藩士发放薪俸的制度，改由中央政府承担。

1878年，明治政府又规定，将原来的大名和武士之薪俸全部折合成公债，分5~15年付清。就旧武士阶层而言，他们一次性得到的补偿远远高于原先的薪俸，可以将此用于兴办新式工商业。然而，大部分旧武士都缺乏必要的生活技能，更不要说经营能力了，他们很快就把手中的钱挥霍一空，沦为贫民了。

由于备受社会的歧视，长冈旧武士的处境尤为糟糕，而高野贞吉则属于长冈旧武士中处境最为糟糕的。他的家产在戊辰战争中全部被毁，丝毫不剩，全家只能靠他的公债补偿金生活。

俗话说"屋漏偏逢连夜雨"，用这句话来形容高野贞吉的处境再恰当不过了。战争结束后不久，高野贞吉的妻子就因病去世了。一个不事生产的旧武士独自带着孩子生活，凄惨境况可想而知。

或许是出于同情，或许是日久生情，妻子去世后，高野贞吉又娶了姨妹长谷川峰子为妻。婚后，高野夫妇又陆续生下了长女高野嘉寿子、五子高野季八（峰子的长子）。可想而知，在当时有五子一女的八口之家仅靠高野贞吉的微薄薪资，生活是多么艰难。

因此，高野贞吉根本无法将手中得到的公债补偿拿去投资，只能用来补贴家用。尽管如此，一家人的生活依然捉襟见肘，常常揭不开锅。不久，前妻留下的4个儿子陆续成年，各自结婚生子，高野贞吉肩上的担子更重了。

为了减轻家中的负担，长子高野让远赴北海道从事开垦工作。高野让工作十分努力，所得薪水除留下生活必需之外，其余的全部用来补贴家用了。正当一切步入正轨之时，农场突遭大火，顿时一切化为乌有。由于缺乏有力的史料，现在已经无法知道这场突如其来的大火和高野让有何关系了。他大概应该承担一定的责任。高野贞吉拿出所有的积蓄，变卖了部分家产，总算赔清了农场的损失。

时间长了，高野一家倒也习惯了这种在温饱线上挣扎的生活。日本也逐渐强盛起来，其侵略野心也暴露无遗。1882年8月15日，参事院议长山

高野五十六出生的地方

县有朋在其草拟的《军备意见书》中指出："倘若我邦至今仍不恢复尚武之传统、扩大陆海军，以我帝国为一大铁甲舰力展四方，以刚毅勇敢之精神运转，则曾被我轻视的邻近外患，必将乘我之弊……"

山县有朋的言论表明，日本又朝所谓的"大陆政策"迈进了一大步。山县有朋提出针对中国扩充军备的第二年，即1883年，高野贞吉的妻子峰子再度怀孕了。已经做了爷爷的高野贞吉似乎习惯了迎接新生命的降生，对妻子再度怀孕之事无喜亦无忧，显得十分平静。

发源于关东山地的信浓川像一条透明的丝带，缓缓飘向北方，蜿蜒注入大海。长冈就坐落在信浓川河畔。高野贞吉和他的朋友们常在休息日到河边钓鱼。

1884年4月4日，业已56岁的高野贞吉在院中静坐，他的朋友甚五郎走了进来，笑呵呵地说："高野君，天气这么好，何不一起去钓鱼呢？"

"果真是一个钓鱼的好天气！"高野贞吉仰头望了望万里无云的晴空，又指了指不远处的妻子，"只可惜……"

甚五郎很知趣地说："瞧我，考虑得真是不周！明年这个时候我再来约您吧！"

高野贞吉爽快地回答道："好，一言为定！"

| 高野贞吉——高野五十六的父亲 | 峰子刀自——高野五十六的母亲 |

甚五郎前脚刚走，小原老人后脚就到了。小原老人是高野家的邻居，同时也是高野贞吉的好友。他们俩有一个共同的爱好，即下围棋。每年春天天气晴朗之时，两人便坐在门前，一边饮酒，一边下棋。

高野贞吉看见小原老人走进来，不由地笑了起来。妻子临盆在即，自然无法出去钓鱼了，但在门口下下棋还是可以的。

两位老友遂来到门前，摆酒置棋，"厮杀"起来。一局终了，和局。

第二局刚开局，高野嘉寿子急匆匆地跑过来，上气不接下气地说："父亲，母亲肚子疼，大概要生产了。"

高野贞吉转身向远处跑去。不一会儿，一个产婆就在他的催促下赶来了。这已经是峰子第三次生产了，进行得相当顺利。

到了正午时分，孩子就出生了。过了半晌，产婆清理干净婴儿，就打开门，走了出来。高野贞吉迎上去，问道："男孩？女孩？"

产婆笑微微地回答说："恭喜高野君，是位公子！"

高野家的几个儿媳、孙子、孙女都围了上来，眉开眼笑地说："真好，我们高野家又添男丁了！"

高野贞吉的脸上无惊无喜，只是淡淡地说："男孩好，男孩好！将来可以自食其力！"

邻居家的妇人们听说高野家喜添贵子，纷纷赶来祝贺。

众人一边看着新生儿，一边七嘴八舌地议论着。突然，有人高声道："高野君，孩子叫什么名字？"

高野贞吉略一沉思，缓缓道："我今年已经56岁了，这个孩子恐怕是我最后的孩子了！就叫他五十六吧！"

三
自幼浸泡在军国主义的思想中

这个叫高野五十六的新生儿就是日后不可一世、把整个太平洋搅得浑然变色的战争赌徒山本五十六。高野五十六出生的这一年，明治政府又策划参与了朝鲜的甲申政变，企图进一步掌控朝鲜。大清王朝应朝鲜政府之邀，派袁世凯率部进行干涉，最终挫败了日本的阴谋。

事变结束后，明治政府派伊藤博文同清廷实权人物李鸿章签订了《中日天津条约》（日本称之为《天津会议专条》），规定中日两国同时从朝鲜撤军，日后两国出兵朝鲜须相互通知。就中国而言，这是一次外交上的失败；就日本而言，为日后全面入侵朝鲜创造了有利条件。

在与清政府谈判的过程中，日本人已经看清了当时清政府的外强中干，遂加快了入侵中国的步伐。1887年，日本陆军总参谋部制定了一份《征讨清国策》的战争计划。该计划以武力攻取中国沿海地区并划归日本版图，然后进一步肢解中国为目的。

在中、日、朝三国纠缠不清之时，高野五十六也逐渐长大了。高野五十六出生之时，高野家已经完全败落，生活相当艰苦。但作为家中年龄最小的第二代（高野让的长子高野力都比他大10岁），高野五十六得到了大人们的悉心照料。

由于出生时父亲年事已高，且婴儿期缺乏营养，所以高野五十六身体素质并不好，看上去十分羸弱；再加上严格的家教，使他养成了沉默寡言的性格，看上去活像一个小老头。

高野五十六虽然沉默寡言，但脑袋

伊藤博文

却很聪明。1890年3月，高野五十六入阪上小学，开始了学校生活。他的老师后来回忆说："五十六是一个很聪明的孩子，老实听话而寡言。"

高野五十六学习很刻苦。这主要是因为他十分珍惜这得之不易的学习机会。当时，明治政府虽然已经全面推广义务教育，但许多孩子仍不得不早早辍学，外出谋生。高野五十六的五哥高野季八刚小学刚毕业就离开了家乡，到外面闯荡去了。大哥高野让的长女高野京子也在14岁时中断学业，到东京帝国大学医学院当了一名护士。

高野五十六入学的第一年，日本无论是民间还是官方，对外侵略的野心都空前膨胀。该年（1890）12月6日，时任日本内阁总理大臣的山县有朋公开发表了所谓"保护利益线"的施政方针演说，内称："盖国家独立自卫之道有二：一是守卫主权线，二是保护利益线。何谓主权线？国疆是也。何谓利益线？同我主权线之安危有紧密关系之区域也。""方今立于列国之间，欲维持国家之独立，仅仅守卫主权线已不足，非保护利益线不可。"

山县有朋的演说标志着近代日本对外扩张侵略的"大陆政策"最终形成了。日本的大陆政策绝不是什么"自卫之道"，而是"侵略之道"，按照山县有朋的"施政方针"，势必将邻近的中国和朝鲜都纳入日本的"保护"之下。山县有朋的侵略论调立即得到了日本国内不少好战分子的狂热拥护，在民间掀起了一股军国主义浪潮。

在此后的数年间，日本政府以国家财政收入的60%以上用于发展海军、陆军，扩充军备。1893年，明治天皇又决定每年从自己的宫廷经费中拨出30万元，再从文武百官的薪金中抽出10%，补充造船经费。

明治天皇之所以急着建造军舰，扩充海军，主要目的是为了赶超大清王朝的北洋水师。客观地说，大清王朝的北洋水师确实是当时亚洲最为强大的海军。到1890年，北洋水师拥有2000吨位以上的战舰7艘，总吨位27000多吨；而同时期的日本仅有5艘2000吨位以上的战舰，总吨位17000

山县有朋

多吨。

　　遗憾的是，自北洋水师正式建军之后，清政府便停止了海军建设。战舰逐渐老化，与日本新建造的战舰相比，不但火力弱，而且航速也很慢。更为严重的是，大清军队的近代化仅仅停留在技术层面，根本没有涉及制度层面。清朝陆海军的总兵力虽然在80万左右，但编制落后，管理混乱，训练废弛，战斗力极其低下。

　　中日两国制度上的差异，再加上最高统治者对军队近代化的不同态度，已经决定了中国未来的命运。到甲午战争爆发前夕，日本海军的战斗力已经超越清朝。日本海军拥有军舰32艘，鱼雷艇24艘，总排水量72000吨；而北洋水师依然停留在1890年的水平。与此同时，日本的陆军也得到了极大的发展。

四

成为"长冈军的参谋长"

1894年,朝鲜爆发东学党起义,朝鲜政府军节节败退,不得不向宗主国大清帝国求援。清廷派直隶总督叶志超、太原镇总兵聂士成率2500名淮军精锐于6月6日在朝鲜牙山登陆,准备镇压起义;而日军则以保护侨民为借口,开进朝鲜,寻衅滋事。

7月25日,日军不宣而战,在朝鲜丰岛海面袭击了北洋水师的"济远号""广乙号"。同时,日本联合舰队又悍然击沉了清政府借来运兵的英国商船"高升号",制造了"高升号"事件。至此,甲午战争全面爆发。

8月1日,中日两国互相宣战,在朝鲜半岛和黄海海面展开了水陆大战。这场惨烈的大战持续了数月之久,最后以北洋水师全军覆没和清军陆军严重受挫而结束。

1895年4月17日,中日代表在日本马关签订了《马关条约》。条约规定:中国承认朝鲜独立自主,废绝中朝宗藩关系;中国割让辽东半岛、台湾及其附属岛屿及澎湖列岛给日本;赔偿日本军费白银两亿两;开放重庆、沙市、苏州、杭州为商埠;日本可以在中国通商口岸设立工厂;日本在中国享受片面最惠国待遇。

《马关条约》是外国侵略者强加在中国身上的又一个不平等条约,它使日本得到了巨大的利益。

日本得到了巨额赔款和台湾等战略要地,使本国资本主义发展速度加快,同时

《马关条约》签字时的情景

也加快了日本军国主义对外侵略和扩张的步伐。

　　甲午战争结束后，在侵略战争中尝到甜头的日本政府在军国主义道路上越走越远。《马关条约》刚刚签订，陆军大臣山县有朋就在有关扩张军备的建议书中进一步提出了"扩大利益线"的主张，他说："为了使这次战争（指甲午战争）的效果不致落空，进而成为东洋的盟主，就非谋求扩大利益线不可。"

　　同年9月，日本陆军总参谋部制定了一个所谓"十年规划"的扩军备战计划。该计划提出，日本陆军要在现有7个师团的基础上再增加7个师团，使常备军达到15万以上，而战时可迅速动员起来的兵力达60万。

　　同时，该计划还要迅速扩充炮兵和骑兵以胜任近代化的战争。海军则以击败俄国与法国可能联合派到东方的舰队为目标。为此，日海军加紧配备世界先进水平的大型舰队，以便"掌握东洋的制海权"。

　　在日本天皇制政治体制日趋完备和不断发动对外侵略战争的过程中，日本社会思潮越来越趋向于民族主义。历来主张对外侵略扩张的山县有朋从战地向天皇进呈意见书，主张在釜山、京城、义州之间修筑铁路，以便纵贯中国直达印度，称霸于东洋。日本国内各大报刊也纷纷宣扬"日本耸立于东亚之一隅，雄飞于世界万国""征服中国，将之置于天皇统治之下"。

　　高野五十六的童年正处在日本疯狂地对外侵略扩张及军国主义、民族主义等思想大泛滥的时期。

　　日本统治者在对外扩张政策上不遗余力地向日本国民进行了宣传。这种宣传及军国主义、民族主义等思想不可避免地渗透到了当时日本的学校教育中，并深刻地影响着日本青少年的成长。对在有着传统武士道精神的家庭氛围中成长起来的高野五十六，这种影响尤其明显！

　　高野贞吉只管自己的工作，并不大关心家务事。他的妻子峰子是一个有办法的妇人，总算能把这个贫穷的家打理得还算过得下去。她给每个孩子都分配了劳动任务，年龄最小的高野五十六的任务是照看菜园。

　　在照看菜园的时候，高野五十六常常偷偷溜到信浓川畔，寻找属于自己的天地。对年幼的高野五十六来说，信浓川似乎蕴藏着无穷的秘密。芦苇荡中的鸟巢、偶尔从密林小道上滑行而过的小蛇、举着两只大鳌横行于水陆之间的河蟹、跃出水面又"嘭"的一声沉入水中的大鱼，都是他关注的对象。

　　久而久之，高野五十六便对信浓川了如指掌：鸟儿什么时候搭巢产卵，小蛇什么时候从洞中钻出来，螃蟹栖身何处，如何抓到大鱼。

父母发现他对信浓川有着浓厚的兴趣，便在夏天来临之时把他叫到面前，吩咐说："从今天开始，你就不用照看菜园了，跟着哥哥去捕鱼吧！"

高野五十六高兴极了。以往，捕鱼这项工作是五哥高野季八的专权，他曾多次请求哥哥带着自己一起去，但都被哥哥以不安全为借口拒绝了。现在，他终于可以名正言顺地到信浓川畔"探险"去了。

就是在这一时期，高野五十六练就了一身游泳本领，而且也成了一名捕鱼能手。每天傍晚回家的时候，他的鱼篓总是装得满满的，有时甚至比哥哥高野季八抓的鱼还要多很多。高野贞吉对儿子的表现很满意，多次当着他的面夸赞说："好样的，五十六！"

但没过多久，高野五十六就被父亲高野贞吉从这项充满乐趣的"工作"中解了职。原来，他在捕鱼的过程中，多次偷偷参加了"长冈军"与"川谷军"之间的"战争"。

日本的男孩子喜欢玩打仗的游戏；而且，在传统武士道精神的浸染和刚刚结束的甲午战争的影响下，日本的男孩子玩起打仗游戏来更加疯狂和逼真。从表面上看，他们之间的"战争"和真正的战场并没有什么两样。

川谷村和长冈镇隔河而望，既是友好的邻居，又是竞争对手。两岸的孩子结怨已久，常常因为一些在大人们看来十分可笑的原因而爆发小规模的"战争"。由于缺乏有力的指挥，人数占优势的"长冈军"始终处于劣势，经常被"敌人"莫名其妙地击得落花流水。

高野五十六在捕鱼的过程中很快就发现了信浓川畔的战斗，而且看出了其中的奥妙。他对哥哥高野季八说："长冈军简直就是一帮乌合之众，连川谷军都打不过，真丢人！不过，如果有人来领导他们的话，战争的局势还是可以扭转的。"

十来岁的高野五十六分析起来头头是道，仿佛是一个真正的将军。已经长成大孩子的高野季八听着弟弟的分析，不由地笑了起来，吩咐说："那些都是小孩子的玩意，你可不能参加，万一被父亲发现，就惨了！"

"嗯，知道了。"高野五十六嘴上答应着，但心里却想，"我一定要加入长冈军，打败川谷人！"

一天下午，高野五十六和哥哥收拾完渔具，准备回家。他忽然想到芦苇荡中去看一下不久前发现的一个鸟巢。他对哥哥说："请哥哥先回家吧，我去看看我前几天发现的鸟巢！"

高野季八背起鱼篓，吩咐说："早点回家，别让父亲担心。"

高野五十六很认真地回答说："请哥哥放心，我看一眼就回去，不会很久的。"

哥哥走后，高野五十六便钻进了芦苇荡，去找那个鸟巢。突然，一群孩子的呐喊声传了过来。高野五十六知道，两边又打起来了。他当时既害怕，又兴奋，便忍不住扒开芦苇向外偷看，发现十几名"长冈兵"被七八名"川谷兵"追着向这边跑了过来。

高野五十六一紧张，扭头就想跑，但突然想到："这是一个大好时机，一定要给川谷人一点颜色瞧瞧！"

高野五十六鼓足了勇气，伏下身子悄悄地等待着。几名溃逃的"长冈兵""嗖嗖"地从他眼前跑了过去。"川谷兵"紧追不舍，眼看就要来到他面前了。高野五十六双手抓住一束芦苇，用力摇起来，把一大片芦苇都带动了起来。如果不仔细看，真像是有人从中急速穿过似的。

高野五十六一边摇，一边大声喊道："冲啊！打死川谷人！"

"川谷军"被眼前的情景镇住了，掉头就跑。"长冈军"见势也马上杀了回来。高野五十六"嗖"地从芦苇荡中跳出来，加入"长冈军"的队伍，把"川谷军"赶出了几里地远。

经此一"战"，高野五十六在长冈的孩子们当中占有了一席之地！他由一个不起眼的"编外人员"，一下变成了一名"正规"的"长冈兵"。

在接下来的几场战役中，高野五十六屡施计谋，虚虚实实，实实虚虚，打得"川谷军"溃不成军。在父亲发现这一秘密前的最后一战中，高野五十六又使了一条计策，彻底打败了"川谷军"。

那一天，信浓川两岸的孩子相约，在傍晚举行决战。高野五十六略一沉思，便吩咐众人道："这一次，我们兵分三路，一路为疑兵，佯装撤退，另外两路为伏兵，埋伏在芦苇丛中，待川谷军追来之时，伏兵杀出，疑兵杀回，合围这帮兔崽子！"

孩子们纷纷称赞道："高野君的计谋真是高明！我们都听你的。"

"战役"打响后，"长冈军"的疑兵依计撤退，"川谷军"果然紧追不舍。快追到芦苇荡的时候，一名"川谷兵"盯着微微颤动的芦苇荡，疑虑重重地说："今天'长冈军'的人数很少，其他人会不会埋伏在芦苇丛中？"

其他人不屑地反驳道："你被那个叫高野五十六的小子吓坏了吧！我敢打赌，这次肯定和前几次一样，芦苇丛中只有高野五十六一个人。"

听了这话，"川谷军"的"士兵"们便毫无防备地冲了上去，他们甚至想俘虏埋伏在芦苇荡中的高野五十六。

但他们这次又打错了算盘！刚刚冲到芦苇荡边上，"长冈军"的伏兵和疑兵便一齐杀了过来,将他们合围了。在战斗中,"川谷军"一个小头目受了伤,另外还被俘虏了两个"士兵"。

此战过后,"川谷军"的士气开始低落下去。高野五十六也自然而然地成为了"长冈军"的一个小头目,甚至被称为"长冈军的参谋长"!

高野五十六"参战"之事终于被父亲发现了。他不仅因此而挨了一顿揍,而且还从此丢掉了心爱的捕鱼工作。在相当长一段时间里,高野五十六一直为此遗憾不已。他认为,如果不是父亲发现了他"参战"之事,照事态的发展趋势,说不准他能当上"长冈军"的"司令"呢。

从童年时代的这些"战争游戏"中可以看出,高野五十六有着一定的指挥能力;可以说,他具备当将领的天赋!

五
深受武士道精神影响的中学时代

高野五十六被父亲狠狠地教训了一顿，又重新开始照看家中的那小菜园。一天早晨，高野五十六到菜园去看他心爱的葫芦。他正低头数着刚刚结出不久的小葫芦，突然听到一阵带有威胁性的"嗡嗡"声。

"马蜂，一定是马蜂！"高野五十六既兴奋又紧张。父亲和哥哥们早已告诉他，马蜂是极其危险的昆虫，万万不能招惹。然而，越是危险的事情，他越要去尝试。起初，高野五十六只是静静地站在远处，悄悄地观察黄蜂的生活。

他被黄蜂们建造的独特的"营房"所吸引，然后又被马蜂们所具有的组织纪律性所震撼。一段时间过后，他甚至有些佩服马蜂了！他认为，整个动物界再也没有比马蜂更讲纪律的了。如果这些马蜂化身为战士，那将是世界上战斗力最强的部队。

或许是为了验证这一猜想，或许仅仅是好奇心的驱使，高野五十六在一个午后竟然鬼使神差地握着一把木剑，向马蜂发起了"攻击"。他瞄准马蜂窝，狠狠地劈了下去。

这下，他可"捅了马蜂窝"！蜂群"嗡"的一声，腾空而起，向"来犯之敌"猛扑过去！它们的队形虽乱，但攻击却有条不紊，和战场上的散兵线攻击颇为相似。

高野五十六根本来不及躲避，被蜂群蜇了个鼻青脸肿！他又是生气，又是兴奋！生气的是，满脸都在蜂毒的作用下肿了起来，疼痛难忍；兴奋的是，他的猜测果然没错，蜂群具有强大的战斗力！

报复心极强的高野五十六再次握着木剑准备和马蜂"决一死战"。正在这时，高野贞吉也来到了菜园。他看到儿子的模样，又心疼又气愤！他快步走上前去，厉声道："五十六，你要干什么？"

高野五十六回答说："我要和马蜂决一死战！"

高野贞吉望着儿子肿胀的脸，语重心长地说："不必了！它们已经完全丧失了战斗力。"

"丧失了战斗力?"高野五十六惊讶地说,"怎么可能,您看看我的脸!"

高野贞吉解释说:"是的。它们不但已经丧失了战斗力,而且还会很快死去!因为马蜂的毒刺只能用一次,一旦用过,它们的生命也就走到了尽头。"

"这么说来,它们是在用生命进行战斗呢!"高野五十六喃喃地说,"真是太伟大了!"

马蜂身上表现出来的那种战斗精神深深地征服了高野五十六!多年之后,他拿整个国家和民族的利益作赌注,偷袭珍珠港,发动太平洋战争,或许就是这种"玩命"精神在作祟。

高野五十六的兄弟姐妹很多,但关系大多比较淡薄!当然,这并不是因为他们不是一个母亲所生,而是因为年龄相差实在太大。大哥高野让比高野五十六长三十余岁,就是大哥的长子高野力都比他大10岁!

高野五十六的年龄与姐姐嘉寿子最为相近,而姐姐也是最疼爱他的亲人。因此,高野五十六对姐姐嘉寿子的感情也是最深的,他童年时期经常跟着姐姐到附近的村镇去看祭祀神社的舞蹈。

少年时的山本(中间,9岁)

当时,生活十分单调,祭祀舞蹈这种神秘的活动在孩子眼中就成了娱乐!高野五十六对祭祀舞蹈很感兴趣,每次都要手舞足蹈地模仿一番。回到家中,他还要拿两个盘子,上下左右来回旋转,表演给母亲看。

时间一长,他竟练出了一种独特的"盆舞"。他认真的样子看上去十分滑稽,姐姐嘉寿子和母亲常常被他逗得哈哈大笑。后来,每当家里有客人时,高野贞吉就让他给客人表演，以助酒兴！

　　星期天，高野五十六还经常缠着姐姐嘉寿子，让她带自己去附近的教堂做礼拜。高野五十六去教堂不是信仰基督教，多半是出于好奇，或是想凑凑热闹！

　　教堂里有一名来自美国的传教士，名叫纽埃尔。每每看到纽埃尔，高野五十六就觉得好笑。他常常对着纽埃尔发呆，心里想：同样是人，为什么美国人和日本人长得不一样呢？父亲说的一点没错，这个纽埃尔看上去真的像一只猴子！不过，他似乎并不是野蛮人，在很多方面还很有礼貌的！事实到底是什么样的呢？将来有机会，一定要到美国去看一看。

　　从那之后，高野五十六便对美国这个遥远的国度产生了浓厚的兴趣。当然，那时的高野五十六无论如何也不会想到，他多年后会指挥日本海军在太平洋上与美国人展开一场你死我活的决斗！

　　在父母、哥哥和姐姐的照顾下，高野五十六度过了他艰苦而又不乏乐趣的童年。1896年4月，高野五十六小学毕业。

　　这年，日本又在侵略朝鲜半岛的道路上迈进了一大步。甲午海战结束后，朝鲜统治集团对大清帝国彻底失去了信心。他们看到日本在沙俄的干涉下归还了中国的辽东，便企图借助沙俄的势力，牵制日本。

　　上层统治者向沙俄的靠拢必然导致沙俄在朝鲜的势力日益增强。日本政府对此极为不满，遂于1895年10月8日发动政变，杀死闵妃并清除了宫中的亲俄势力，史称"乙未事变"。朝鲜高宗等人逃离本土，到俄国避祸。由此，沙俄和日本之间的矛盾日益尖锐。1896年，沙俄和日本政府签订了协议，协调两国在朝鲜的利益。朝鲜高宗于9月12日还宫，改元"光武"，并于10月12日称皇帝，改国号为"大韩帝国"。从表面上看，朝鲜在日俄的夹缝中求得了一条生存之道。实际上，却离沦为殖民地越来越近。

　　在日俄两国就朝鲜问题达成协议的这一年，高野五十六升入了当地最好的中学——长冈中学。长冈中学始建于1872年，初名长冈洋学校。一看这个名字就可以知道，这是明治维新的产物。

　　明治年间，长冈藩因为曾在戊辰战争中极力抵制明治政府，遭受了前所未有的制裁，经济衰落。与此形成鲜明对比的是，整个日本的经济在快速发展。在这种情况下，一些有远见的旧武士认为，要改变长冈藩的屈辱地位，振兴长冈，唯一的办法是兴办教育，培养人才。

　　这一主张一提出，就遭到了一部分人的反对——饭都吃不上了，还办什么教育？旧武士们针锋相对地指出，正因为吃不上饭，所以才要办教育。1872年11月，一些旧武士依靠峰冈藩给长冈的救济米，加上柏崎县大参事南部广矛的赞助，建立了长冈洋学校。

为了提高学校的办学质量，旧武士们节衣缩食，高薪聘请了著名学者藤野善藏为校长兼英语老师。据史料记载，藤野善藏的年工资高达125日元，当时的125日元简直就是天文数字。

1871年6月27日，明治政府颁布了《新货币条例》，开始发行日元。新条例规定，新货币采用金本位，以元为单位，一日元与1500毫克纯金等值，并设有辅币单位钱及厘，一百钱可换一日元，而十厘则可换一钱。将125日元换算成黄金，就可以明白这个薪水是多高了！由此可见，长冈旧武士对兴办教育的决心有多大，对教育的期望有多高。

1873年5月，柏崎县被并入新潟县。为了便于管理，新潟县政府颁布条例，将各地学校统统划为新潟分校。长冈洋学校曾多次请愿，要求独立，但未获批准。当年11月，长冈洋学校正式成为新潟学校第一分校。

后来，由于教育经费紧张，新潟县政府决定关闭新潟分校。长冈中学的教师们大多来自长冈旧武士家庭，十分渴望通过兴办教育改变长冈的地位，遂以不取报酬为条件，要求恢复长冈学校的校名。于是，县政府关闭了高田、柏崎、新发田三校，保留了长冈学校。随后，长冈学校几经发展，更名为长冈中学，并成为当地最好的中等学校之一。

高野五十六入学之时距长冈中学建校仅二十余年，学校中的传统武士道精神依然十分浓厚。在这样一所学校里，高野五十六所受的武士道教育有多么深厚就可想而知了。

长冈中学内部有一个被称为长冈社的育英事业团体。该团体成立于1875年，设立的目的是资助那些有希望成为有用之才而经济困乏者。

高野五十六尚未入学之时，长冈社便决定对他进行资助，资助的经费是每月一日元。到高野五十六读中学的时

高野五十六中学时期照片

候，高野家的经济状况已经有所改善，就是不用资助也能供他上学。不过，高野贞吉为了培养儿子的感恩意识，还是答应了长冈社的要求。

1897年9月，高野力病逝。此事对高野五十六的影响相当大。高野力是高野家的长孙，寄托着高野贞吉的全部希望。高野力也不负爷爷所望，成绩十分突出，比叔叔高野季八、高野五十六还要好一些。

1893年8月，高野贞吉为了给孙子创造更好的学习条件，便将他送往东京求学。这个孩子片面追求成绩，学习太用功，忽视了体育锻炼，以至于严重损害了健康。1897年高野力因病去世了。

这件事情对高野五十六的影响很大。他认识到，如果没有一个好的身体，无论学习多么好都是没有用的。不久，他在给五哥高野季八的信中说："身体的强健实在是成功之本，如没有强健的体魄，即使能够取得优异的成绩，要想将来出人头地也是不可能的，那只会重蹈洲峰居士（高野力的号）的覆辙。"

在长冈中学读书期间，高野五十六还参加了学生组织和同会。这个颇具封建色彩的组织大力宣传的是长冈藩务实进取的传统和武士道精神。这些对高野五十六日后的发展起了很大的作用。高野五十六本来就是一个沉默寡言、思维缜密之人。在和同会活动期间，他的这一性格特点又得到了很大的加强。后来，提起在长冈中学读书的岁月，他常对人说："真正培育我的乃是和同会的伟大精神。"

毫不夸张地说，中学毕业前的山本五十六基本养成了他成年后的性格和行事风范，并一步步滑向"战争赌徒"的不归之路。

第二章
初登战场接受战火的洗礼

一

立志从军，目标江田岛

高野五十六读中学期间，中、日、俄三国在东北亚地区的矛盾日益尖锐。沙俄一直想吞并中国的东北，并在沿海寻觅常年不冻港。沙皇尼古拉二世甚至公然宣称："俄国无疑必须领有终年通行无阻的港口，此一港口应在大陆上（朝鲜东南部），并且必须与我们以前领有的地带相连。"

甲午战争后，俄国以"还辽有功"为借口，对清政府敲诈勒索。1896年，沙俄诱逼清政府接受《中俄密约》，随即取得了修筑中东铁路及其支线等特权。1897年底，俄国舰队擅自闯进旅顺口；翌年3月，沙俄政府以军事力量为后盾，强行向中国政府"租借"旅顺、大连及其附近海域，霸占整个辽东半岛，从而在远东取得了梦寐以求的不冻港。

沙俄的举动无疑损害了日本在中国东北的利益，不过，当时的日本尚无法与俄罗斯一争高下，只能默默等待机会。明治天皇就曾在"三国干涉还辽"后不久明确地表示："为期不远，一定会从朝鲜或其他地方再战的时机时拿来。"

日本人显然把中国东北当成了自己的"领土"，竟然无耻地提出了"卧薪尝胆"的口号，要国民勒紧腰带节衣缩食，为10年后再战做准备。于是乎整个日本国内都弥漫着加强军备，准备再战的空气，军国主义思想大泛滥。军人自然而然成了最受青年人青睐的职业！

1900年，中国爆发了震惊中外的义和团运动，矛头直指帝国主义及其走狗。俄、德、英、美、法、意、奥、日八个帝国主义国家互相勾结，决定出兵镇压。8月初，八国联军1.8万余人进犯北京。与此同时，俄国以镇压东北义和团运动为名，以国防部长兼陆军大臣库罗帕特金为总参谋长，征调13.5万余官兵，编成四个军，大举入侵中国东北。

当时，清廷驻扎在东北全境兵力仅9万余人，且分为三部分，兵力十分分散，再加上军事主官和战分歧，不能统一部署抗敌，导致沙俄军队长驱直入，迅速占领奉天（今沈阳）、锦州、铁岭，控制了中国东北所有的战略要地。

当八国联军中其他国家的军队撤出北京后,沙俄军队却赖在东北不愿走,企图独霸东北,实现其所谓"黄俄罗斯计划"。沙俄的阴谋引起中国人民的强烈愤慨,但又无可奈何。

这一年秋天,高野五十六确定了自己未来所从事的职业——当一名海军士兵。当时,日本最好的海军学校就数江田岛海军兵学校了。1870年5月4日,日本兵部省提出"大办海军"的建议,专门将海军军官的教育问题列为一项,指出:"军舰的灵魂是军官,无则水兵无以发挥其所长、舰船将成一堆废铁。况且海军军官应掌握之知识深奥,达到精通熟练程度绝非易事,故尽快创办学校,广选良师,教育海军军官是建设海军之头等大事。"

于是,东京筑地的原幕府海军操练所得到恢复,并于1870年1月11日举行了首届学员开学典礼。学员包括各地选送的年轻志愿者和大约100名走读生。同年11月4日,该校更名为海军兵学寮,取消走读制,并选拔了15名少年生和29名成年学生。被日本人称为"海军之父"的山本权兵卫便是这15名少年生之一。

1888年,即中国北洋水师成立的同一年,日本海军兵学校从东京筑地迁往江田岛。该岛位于濑户内海南端,与日本著名的军港吴港(日本海军镇守府驻此,故又称吴镇)隔海相望。临海抱湾,地理位置优越,十分有利于海军军官的培养。

为了保持良好的教育环境,在迁校以前,兵部省甚至还同当地豪绅签订了一份名为《江田岛取缔方始末书》的合同,规定在江田岛指定范围内,不能开娼馆妓院,以防学员萎靡堕落。至此,日后在日本众所周知的"江田岛海军兵学校"终于成形了。

江田岛海军兵学校完全效仿世界头号海军强国的制度,甚至

山本权兵卫(1852年11月26日—1933年12月8日),日本海军大臣、内阁总理大臣(首相),藩士出身,海军兵学寮毕业

连建造学员宿舍用的红砖都是从千里迢迢之外的英伦三岛高价运来的。由此可见，日本建设海军的意愿是多么强烈！

在那个为天皇献身的帝国时代，江田岛海军兵学校十分注重忠于天皇和侵略扩张意识的教育。它不仅被视为海校培养海军军官的灵魂所在，还被贯彻到了学校的训令和学员的意志之中。

每逢重大节日，学校都要组织学生举行升军旗仪式，向天皇的照片行叩拜之礼；每个星期，学生都要集体朗读、背诵天皇的《军人敕谕》……为了磨砺学生"意志"，强化其适应环境的能力，除了正常的军事课程之外，学校还经常举行残酷的体能训练，以锻炼学员的体魄，坚定他们的意志和信念。

江田岛海军兵学校有一条"五省"训令。

第一省：至诚不悖否（有不可告人的事情吗）？

第二省：言行不耻否（有不好的言行举止吗）？

第三省：气力无缺否（精力充沛吗）？

第四省：努力无憾否（是否已努力做到最好）？

第五省：亘勿懈怠否（有没有变得懒惰）？

学校要求每个学员，每天都要逐条对照"五省"训令，进行深刻反省，以时刻保持警醒的精神风貌。至今，日本海上自卫队仍然沿袭着这个训令。

江田岛海校面向全日本招生，学生录取年龄为16~19岁，无特殊应考资格限制。不过，招录考试极为严格，竞争也十分激烈，据说比东京帝国大学还要难考。尽管如此，日本青年们还是挤破了头，想进入该校学习。

因为一旦考入，在军队中就会高人一等。按照规定，江田岛海军兵学校的学员会被分别授以海军兵曹长（相当于伍长）以下、海军一等兵曹（相当于一等兵，后改为海军上等兵曹，相当于上等兵）以上的军衔，而当时的日本陆军军官学校的学员军衔却是二等兵以下。两者相较，海军兵学员自然而然就产生了一种优越感。

在日本海军发展的鼎盛时期，考入海军兵学校更是成为海军高级将领的必要条件，再加上海军军服设计得体，同日本陆军的土黄色军装相比，海校学员们纯白的海军军装格外耀眼。每年夏季放假之时，海军兵学员返乡都会引起极大的轰动。正是在这种风气的影响下，高野五十六选择了海军作为未来的职业。

二
江田岛毕业的少尉候补生

1900年前后，整个新潟县在江田岛海军兵学校就读的学生不超过10人，从长冈中学毕业的则只有两人，其中有一个叫加藤哲平的。高野五十六与此人较为熟悉，遂写信询问有关海军兵学校的情况。

加藤哲平热情地给高野五十六写了回信。他在回信中不但介绍了当年在吴镇守府海军演习的情况，还勉励高野五十六努力学习，以便能够顺利考入该校。从这个时候起，高野五十六便开始着手准备报考江田岛海军兵学校了。

1901年，高野五十六从长冈中学毕业了。据他的老师后来回忆，这个个子矮小瘦削、沉默寡言、老实朴素的少年在全班40个学生中名列第五，其中品行课得96分，为全班最高成绩。

品行课主要考察的是学生对天皇和祖国的忠诚度。就这一考察标准本身而言，忠于天皇和祖国本无可厚非。然而，当整个国家都在侵略的道路上越走越远之时，品行课的考察标准也必然陷入军国主义的泥潭。也就是说，高野五十六 96 分的品行课并不能说明他品行高洁，只能说他受军国主义思想的毒害已达惊人的程度。

为了准备江田岛海军兵学校的入学考试，高野五十六专门跑到他姐姐嘉寿子家里复习功课。此时，嘉寿子已经嫁给了旧长冈藩的藩士、学校教员高桥牛三郎。婚后，高桥夫妇一直没有生育，因而对高野五十六爱护备至。

嘉寿子听说弟弟要来她家准备考试后，高兴极了，立即清扫了一间数年不曾使用的房间，作为他的书房。高野五十六终于在1901年7月9日通过了江田岛海军兵学校的考试，拿到了录取通知书。

1901年11月，高野五十六带着诸多期望，来到了向往已久的江田岛海军兵学校。当他在江田岛海军兵学校接受军国主义教育之时，日俄矛盾迅速激化。当年，清政府同德、意、美、日、俄等11个国家签订了丧权辱国的《辛丑条约》。各国除了获得巨额赔款和许多政治利益之外，还获准在北京及北京到山海关一线数十个战略要地驻军，其中日本向中国派驻的军队称清国驻屯军（清朝灭亡后改称支那驻屯军，中国方面称中国驻屯军，有时又称华北驻屯军）。1902年4月8日，沙俄在英、日等国的压力下被迫签订了《交收东三省条约》，同意分三期撤兵，一年半撤完。然而，沙俄此举只不过为了拖延时间而已，俄国人根本没打算从中国东北撤兵。1903年8月，沙俄政府悍然以旅顺为中心成立了所谓的远东总督区，并任命阿列克塞耶夫为总督。

沙俄已经在实际上把中国东北的广大土地当成了俄国领土。紧接着，他们又出兵重占奉天等地。为了保住这一既得利益，沙俄甚至向英国和日本摆出了一副不惜一战的架势！

很明显，沙俄侵占了中国东北，继而插手朝鲜事务，严重威胁了日本"大陆政策"的实施。此时，日本发动对俄战争的准备已经基本完成，两国之间的大战已经无法避免。

日本人希望在西伯利亚铁路全线通车之前打响战争。相对于沙俄位于欧洲部分的领土而言，西伯利亚等广袤的亚洲领土地广人稀，经济、政治、军事实力均相当薄弱，几乎不可能支撑一场规模浩大的战争。也就是说，只有断绝俄军来自欧洲的援助，日本才有可能打败驻扎在中国东北和

1901年11月至1904年11月，高野五十六（二排左六）在江田岛海军兵学校学习，这是与同学和教官合影

西伯利亚的沙俄军队。

明治政府意识到"每拖延一天,甚至一小时,都会增强俄国取胜的机会",因此在英美支持下加紧备战,同时对俄国展开外交攻势。

反过来,沙俄政府自然想尽量拖延时间,以便修筑好西伯利亚铁路,做好战争准备。沙皇尼古拉二世曾公开表示:"时间是俄国最好的盟友,每一个年头都会加强我们的实力。"

可是,尼古拉二世同时认为,推迟战争的最好办法就是采取强硬政策,因为"让步总是引起新的让步"。所以,沙俄在1903年5月前后也掀起了战争狂潮,呼吁人民"流血、牺牲""保卫祖国",大造战争空气。

英国则希望借助日本,遏制沙俄在东亚地区的扩张,美国也在暗中支持日本。整个形势对日本是十分有利的。

在日俄谈判过程中,日方故意提高条件,挑战沙俄政府的底线。由于战争准备不足,沙俄政府玩弄外交手腕,故意拖延谈判,以争取时间。到1904年2月之时,日本人终于等不及了。他们利用沙俄战争准备不足和有利的国际形势,于2月6日正式与沙俄断交,两天后的深夜不宣而战。

对交战双方而言,日俄战争都是非正义的,完全是一场帝国主义争夺战。具有讽刺意味的是,这场战争的主战场位于中国东北。腐朽透顶的清政府竟置国家主权和人民生命财产于不顾,听任日俄两国铁蹄践踏东北的锦绣河山。1904年2月12日,清政府竟无耻地宣布"局外中立",划辽河以东地区为日俄两军"交战区",并严令地方军政长官对人民群众"加意严防""切实弹压"。

日俄战争的爆发让即将毕业的高野五十六和他的同学们兴奋不已。这些深受军国主义思想影响的战争狂热分子各个摩拳擦掌,跃跃欲试。

在日俄战争的背景下,海军兵学校的模拟训练自然会把俄军作为假想敌。1904年,海军兵学校组织了黄海海战和攻占旅顺等数次模拟训练。此时,高野五十六已经升任第九分队队长。他的指挥风格沉着、冷静、顽强,屡立战功,深受高级指挥官的器重。他的同学也给他取了一个绰

在海军兵学校时的山本(18岁)

第二章 初登战场接受战火的洗礼

号叫"顽强的五十六"。

　　值得一提的是，高野五十六在社交方面也很有能力。他与掘悌吉结成了莫逆之交，这对他日后的发展产生了较大的影响。

　　学习期间，高野五十六染上了赌博的恶习。一般认为，高野五十六爱上赌博，与他争强好胜的性格有很大的关系。高野酷爱日本的将棋，经常找人搏杀。据说，他性格阴沉，头脑清醒冷静，博闻强记，果敢凶狠。一旦认定了目标，即使撞得头破血流，也决不回头，完全是一副赌徒的性格。久而久之，高野五十六便迷上了赌博，"好赌成癖，从不计较胜负"。

　　1904年11月4日，当日俄战争打得难分难舍之时，高野五十六和其他第三十二期的同学们毕业了。第三十二期共有四十余名毕业生，高野五十六名列第七，被授予少尉候补生资格。

三

走上日俄战争的战场

日俄战争进行到1904年冬季之时，局势已经渐趋明朗。战争爆发前，日本已经实现了所谓的"六六舰队"目标，即以6艘战列舰和6艘巡洋舰为主力的舰队。手中有了"六六"舰队，日本人已经不再把俄国庞大的太平洋舰队放在眼里了。1904年1月，即战争爆发前的一个月，日本联合舰队在佐世保港集结，共有舰只72艘，其中包括战列舰6艘、巡洋舰10艘、炮艇7艘、驱逐舰19艘、鱼雷艇30艘。

当时，担任联合舰队司令的是海军中将（1904年6月6日晋升为海军大将）东乡平八郎。此人是侵略中国的老战犯，曾在甲午战争中，指挥"浪速号"战舰以偷袭方式将运输中国军队的英国商船"高升号"击沉，制造了轰动一时的"高升号事件"。

1900年，在八国联军侵略中国、镇压义和团的血腥屠戮中，东乡平八郎又立"功勋"，被日本天皇授予一等旭日大绶章、明治三十三年清国事变从军纪念章，被沙俄授予神圣安娜一级勋章。

强劲的军事实力，充分的战争准备，再加上得力的指挥，日本联合舰队在战争之初占尽了优势。战争打响几个月之后，俄国的太平洋舰队几乎全军覆没，连俄国海军中将、太平洋舰队司令马卡洛夫也葬身鱼腹。

东乡平八郎（1848年1月27日—1934年5月30日），元帅、海军大将、侯爵

至此，日本联合舰队牢牢掌握了黄海的制海权，为日本陆军在辽东和朝鲜各港口登陆、实现包抄位于"南满"的俄军创造了有利条件。沙俄政府不甘心将千辛万苦攫取的利益拱手让给日本，遂决定派遣波罗的海舰队增援远东战场，与日军决一死战。

面对来势汹汹的波罗的海舰队，东乡平八郎颇为顾忌，立即请求军部为联合舰队增派军官，以补充战斗减员。高野五十六正是在这种情况下以少尉候补生资格进入联合舰队的。

起初，高野五十六被编入"初濑号"战舰，但他尚未登舰，"初濑号"就在旅顺港触雷沉没了。后来，他被分配在"春日号"，继而又在1905年1月被改派到"日进号"。

"春日"和"日进"是两艘重型装甲巡洋舰，意大利制造，排水量均为7700吨。这两艘铁甲巡洋舰属于第一舰队的编成，归东乡平八郎直接指挥。

能在东乡平八郎的麾下作战，高野五十六高兴极了！他刚到"日进号"就给父母寄了一张照片。这张照片的背后写着："生死有命不足论，唯有鞠躬报至尊。"

"日进号"是第一舰队司令三须宗太郎少将（1905年1月晋升为海军中将）的旗舰。高野五十六登舰不久才能就被三须宗太郎发现，任命为该舰舰长的传令兵。

此时，俄国的波罗的海舰队已经改称第二太平洋舰队，正缓慢地从遥远的欧洲向远东跋涉而来。1905年5月14日，沙俄海军当局命令正在航行途中的第二太平洋舰队开赴海参崴（俄国称符拉迪沃斯托克）。

第二太平洋舰队拥有战列舰8艘、装甲巡洋舰5艘、防护巡洋舰3艘、巡洋舰4艘，其他作战舰艇18艘，共38艘。

如果让这支装备精良的舰队开进海参崴，日本陆海两军在前一阶段的战果很可能会化为泡影。不过，俄国人要顺利抵达海参崴也绝非易事。第二太平洋舰队要抵达海参崴有三条路线可供选择：一是穿过对马海峡；二是穿过日本本州岛和北海道之间的津轻海峡；三是穿过北海道与库页岛之间的宗谷海峡。

取道对马海峡的路程最近，但风险也最大。走津轻海峡和宗谷海峡虽然远一些，但相对安全。到底走哪一条路呢？第二太平洋舰队司令罗日杰斯特文斯基海军中将费尽了脑汁。西方有句谚语叫"最危险的地方往往就是最安全的地方"。几经思考，罗日杰斯特文斯基决定遵循这句古老的谚语，取道对马海峡。

与此同时，罗日杰斯特文斯基还派出两艘巡洋舰，开赴日本东海岸近海一带，迷惑东乡平八郎，使其误认为俄军要走津轻海峡。

东乡平八郎素来稳重，但面对来势汹汹的第二太平洋舰队，也略显慌乱。他估计，狡猾的俄国人很可能会走对马海峡。按照第二太平洋舰队的编成情况，该舰队平均航速应该在10节（节为航海单位，一节即每小时一海里，约1.852公里）左右。照此计算，第二太平洋舰队应在5月20日到达对马海峡。

但到了20日之后，联合舰队的侦察船在对马海峡并没有发现俄军的踪迹。东乡平八郎有些犹豫了！难道自己的判断有误，俄国人不会取道对马海峡？就在这时，巡弋在日本东海岸的侦察船发来电报："在东海岸发现两艘俄军巡洋舰。"

时间一点一滴地过去了。5月26日凌晨，东乡平八郎正准备改变作战计划，令舰队开赴津轻海峡时，突然从上海传来消息说："6艘俄国运输船已经开到上海。"

东乡平八郎吓了一跳！他差点就犯了一个不可饶恕的错误。如果联合舰队真的开赴津轻海峡的话，第二太平洋舰队将会畅通无阻地抵达海参崴。还好，日军的情报网建设得极为严密，及时发现了第二太平洋舰队的动向。

于是，东乡平八郎立即下令："全体出动，开赴对马海峡，准备拦截俄国人。"

第二天凌晨4点45分，联合舰队侦察船"信浓丸号"发来电报："发现敌舰队！"

东乡平八郎兴奋不已！当天海面上的风浪虽然较大，但天气晴朗，是一个杀人的好日子。几分钟后，"信浓丸号"再次发来电报："敌舰队航向东水道。"

东乡平八郎站在地图前，右手食指在对马海峡的位置缓缓划过，下发了一道简短的命令："全体出击！"

参谋人员看了看怀表，东乡平八郎下达命令的时间是5时5分。东乡转过身，向参谋口述电报："接获发现敌舰队之报告，联合舰队立即出击，欲将其击灭。本日天气晴朗，但浪甚大。"

缓缓转过身，面对着地图，眼睛死死盯着对马海峡的位置。他似乎在等待着什么。此时，日本联合舰队的第一、第二、第三舰队，共7个战

·35·

队，已经自镇海湾进入日本海，并在对马海峡找准了战位。

三须宗太郎中将在旗舰"日进号"上紧张地忙碌着。上午10点，他令舰长召集全体人员做最后动员："我们久已等待的敌舰队即将来到，以国运相赌与之进行的大决战，3小时后即见分晓。我们无所顾忌，因为我们既有料敌如神的东乡大将，又有在旅顺方面参加过大大小小许多海战的勇士，况且我们在这以前日夜在镇海湾进行炮击、水雷发射训练，今日实在是显露我们精妙技术的时候，如果对战胜巴尔迪克舰队（即第二太平洋舰队）还有什么要求的话，那就是要沉着冷静。仰望祖国无所畏惧。谨让我们高呼天皇陛下万岁。"

舰长的话刚说完，站在他身旁的高野五十六就率先高呼道："天皇万岁！"

士兵们异口同声地跟着高呼："天皇万岁！天皇万岁！天皇万岁！"

三呼万岁之后，旗舰上立即安静了下来。不管是参加过旅顺海战的老兵，还是像高野五十六这样刚刚来到战场不久的下级军官，心里都很清楚，在接下来的时间里，他们随时可能会灰飞烟灭。

四

在海战中失去两根手指

临近中午的时候，海面上突然起了浓雾，这在无形中帮了联合舰队的大忙。联合舰队的战舰全部漆成灰蓝色，在浓雾中不太容易辨认，而俄舰黑色的舰身上涂着鲜黄色油漆的烟囱就成了日舰跟踪和瞄准的目标。

上午11时，俄舰"奥瑞尔号"战舰率先向跟踪的日本巡洋舰开火。日舰立即予以还击。这仅仅是试探性的交火，很快就停止了。

由于当天是沙皇尼古拉二世的加冕纪念日，第二太平洋舰队的全体官兵都在寻思着如何大肆庆祝一番，根本无心开战。罗日杰斯特文斯基也命令"奥瑞尔号"停火，继续航行。

东乡平八郎随即下令，紧跟俄军，伺机而动。所以日本联合舰队整个上午都像幽灵一样，不远不近地跟在第二太平洋舰队的后面，给俄国官兵带来了极大精神压力。中午，罗日杰斯特文斯基和他的士兵们在忐忑不安中吃了一顿丰盛的大餐，庆祝沙皇的加冕纪念日。

11点30分，罗日杰斯特文斯基下令改变阵形，以利战斗，命令第一、第二分队加速到11节，行驶到第三战队前面。然而，这个迷糊的舰队司令却没有让第三战队减速。结果，可想而知，整个第二太平洋舰队的阵形就陷入了混乱之中。直到下午1时30分，日、俄双方接近至10海里，而俄国舰队尚未把混乱的阵形恢复过来。

下午1点40分，日本联合舰队逼近第二太平洋舰队。15分钟后，东乡平八郎的旗舰"三笠号"上升起"Z"字旗。按照预先的约定，"Z"字旗传达的信号是："皇国兴废，在此一战，各员励精努力！"

下午2点5分，为获得有利攻击阵位，东乡毅然下令在敌前大转向，即"U"型大转弯。东乡此举令日本军官与俄国人都大吃一惊。敌前大转向，一来会妨碍未转向之舰只的射击，二来会成为敌人的靶子，实在太危险了。

2点8分，罗日杰斯特文斯基下令旗舰"苏沃罗夫公爵号"率先向正在转向的联合舰队开火。海面上立即被烟雾和火光笼罩了。由于两军相距较远（8000米），俄军士气低落，射击精度不够，未能重创联合舰队，日舰只有"出云号"、"浅间号"受损较为严重，其中"浅间号"因舵机转动失灵，不得不退出了战斗序列。

2点11分，率先完成转向的联合舰队旗舰"三笠舰"发炮还击。此时，日舰已经逼近俄舰，两军相距不过6000米，再加上日本人士气正盛，射击精准，立即给俄国人造成了极大的压力。

2点21分，联合舰队终于完成了"U"大转弯。东乡平八郎立即命令舰队渐次采用抢占"T"字横头的战术穿过俄国舰队，向俄先头战舰发起攻击。第二太平洋舰队旗舰"苏沃罗夫公爵号"在下午2点20分即被日舰击毁，失去控制，被迫退出战斗，在海面上随风飘浮。

更为严重的是，舰队司令罗日杰斯特文斯基在此时也身受重伤，无法正常指挥战斗。指挥系统瘫痪了，第二太平洋舰队各舰只陷入了各自为战的混乱局面。而此时，距离开火不过短短的12分钟。

惨烈的战斗打到下午4点左右，胜负已见分晓。联合舰队切断了俄军前往海参崴的航道，俄军旗舰"苏沃罗夫公爵号"、2号舰"亚历山大三世号"等舰只遭受重创，不得不退出了战斗序列。5号舰"奥斯里亚别亚号"（第二分队旗舰）被击沉，全舰九百余人只有300人获救，其他全部葬身鱼腹了。

日暮时分，海面上的情况愈发混乱。东乡平八郎果断将第五、六战队投入战斗，并令各战队自由攻击。

俄国人或死或伤，或驾船逃跑，逃不掉的只能做困兽之斗了。战斗接近尾声之时，高野五十六所在的"日进号"被几艘俄舰盯上了。在俄军炮火的集中攻击下，"日进号"立即乱成一团。这时，甲板上突然响起一个冰冷的声音："为天皇陛下尽忠的时间到了！"

惊魂甫定的士兵们循声望去，只见第一舰队司令三须宗太郎来到了甲板上。顿时，全体官兵士气大增，填弹、发射……在"轰隆隆"的巨响中，不断有人倒下，但马上就有人冲上去补上他的位置。

高野五十六站在舰桥上，担任记录，能清楚地看清整个战斗场面。突然，"轰隆"一声巨响，一发炮弹击中了"日进号"舰首20厘米口径的左炮。舰上顿时硝烟弥漫，遮住了战舰的前半部分。

紧接着，一股巨浪猛烈袭来，几乎要把"日进号"掀翻了。立在舰桥上的高野五十六没有站稳，踉跄着摔了出去。他又不自主地伸直左手，想撑住自己。不想，一颗流弹飞来，"咔嚓"一声，他左手食指和中指便同时折为两段了，只连着一点皮。

高野五十六躺在甲板上，痛苦地低头望了望自己。他这才发现，一直挂在脖子上的记录板不知道飞到哪儿去了，左腿受伤严重，被弹片削去了巴掌大的一块肉，鲜血正汩汩地流着，把他身下的甲板染红了一大片。

高野微睁双眼，扫视了一下甲板，但浓烟很快就挡住了他的视线。几分钟后，他被医务兵抬到底舱，那里已经密密麻麻地躺着几十名伤员了。

1936年，时任海军省次官的山本五十六接受军人负伤纪念章

高野五十六不知道，"日进号"是对马海战中受损最严重、伤亡最大的舰只。全舰伤亡总数近100人，连第一舰队司令三须宗太郎也负了重伤。三须宗太郎的左眼被流弹所伤，救治无效，成了"独眼龙"。

战斗断断续续地进行着，一直持续到28日上午10时53分，俄军"尼古拉一世号"、"海军上将阿普拉克辛号"、"海军上将谢尼亚文号"和"鹰号"等4艘战列舰才挂出白旗，宣布投降。联合舰队看到俄国人的投降信号后，并没有立即停止攻击。直到俄国军舰挂出日本国旗，东乡平八郎才满意地下令停火。

航行1.8万海里，从波罗的海远赴亚洲的第二太平洋舰队几乎全军覆没。在38艘军舰中有19艘被击沉，5艘被俘，11艘逃往中国而被解除武装，只有巡洋舰、驱逐舰、运输舰各一艘逃到了海参崴。舰队司令罗日杰斯特文斯基以及6000人被俘，4000人葬身海底，而日本联合舰队在本次战役中只损失了3艘鱼雷艇，伤亡也比俄国人小得多。

对马海战是日俄战争中的决定性战役。此战结束后，日俄战争也随之以俄国的惨败而结束了。1905年6月9日，美国向日俄两国政府提议媾和。在美国的斡旋下，经过双方一番激烈的讨价还价，最后签订了《朴茨茅斯和约》。

条约规定：俄国承认日本对朝鲜"政治军事经济上均享有卓绝的利益，如指导、保护、监理"的权利，凡是日本认为必要的措置，俄国均"不得阻碍干涉"（此时的朝鲜已经事实上沦为了日本的殖民地）；"俄国政府以中国政府之允"，将俄国从中国攫取的旅大租借地及其附属的

战争赌徒 山本五十六

1905年9月5日，日俄两国签订《朴茨茅斯和约》

一切权益、公产均转让给日本；俄国政府将从长春至旅顺段的中东铁路支线及其所属的一切权利、财产，包括煤矿，均移让给日本。日、俄两国可在各自霸占的铁路沿线每公里驻护路兵15名；俄国取消在东北的一切有违机会均等主义的权益；俄国将北纬50度以南的库页岛及其附近一切岛屿并该处一切公共营造物及财产之主权，永远让与日本。

这场罪恶的帝国主义争夺战为日后日本完全侵占朝鲜和中国东北铺平了道路。时任美国总统西奥多·罗斯福曾说："日本取得了令人惊异的胜利，获得了显著的成果。日本获得了满洲及韩国的驾驭权，得到了旅大和库页岛南部，又因为击败俄国的海军而自然地拥有强大的海军力量，在太平洋内除英国之外，造成了任何国家也难以匹敌的优势。"

在这场战争中，受损最严重的是中国。一方面，战场主要在中国境内，遭受战争荼毒的是中国人民；另一方面，《朴茨茅斯和约》的签订让英、美等帝国主义国家承认了日本入侵中国东北的事实，为日后日本发动全面侵华战争埋下了隐患。

日俄订约后，日本又强迫清政府承认《朴茨茅斯和约》中有关中国的各项规定，并取得经营安（东）奉（天）路、修筑长春到吉林的铁路以及在鸭绿江右岸伐木等特权。自此，中国东北成为日俄两国的势力范围，出现从一国独占变为两国分据南北的局面。

日俄战争的胜利让日本政府尝到了甜头，同时也看到了海军在现代战争中的巨大作用。此战结束后，日本海军的发展又跃上了一个新台阶，开始向拥有"八八舰队"的大海军发展。初提这一计划时，日本海军打算建成由8艘战列舰和8艘装甲巡洋舰组成的舰队，后来曾多次更改，但目的未变，均是为了提高海军实力，与敌对决。

第三章
留学哈佛,全面了解美国

一

继承山本之香火，改姓山本

对马海战提高了日本海军在国内的地位，同时也为高野五十六日后在海军内的发展提供了必要的"资历"。战争刚刚结束（1905年8月31日），高野便被正式授予海军少尉军衔。

当这名负伤的少尉同其他伤病一起返回国内疗养之时，日本民众沸腾了！人们纷纷走出家门，来到街上迎接他们心目中所谓的"英雄"！眼前熙熙攘攘的人群，以及不绝于耳的"天皇万岁"的呼声，让高野五十六不禁有些飘飘然了。

这一次，高野五十六在医院里待了两个月的时间。出院后，他又获准回乡疗养。上一次回乡时，他还是个孩子；而这一次，他已经成了故乡的"战斗英雄"！面对着迎接的人群，他故意伸出少了两根手指的左手，同众人打招呼。如果允许的话，他很可能还会脱下长裤，让众人看他下身的一百二十余处伤疤。

1906年4月10日，高野因在战斗中受伤，表现突出等原因被天皇授予六等功勋旭日章，并颁发奖金350日元。从此后，高野五十六便开始了他缓慢而又颇具传奇色彩的升迁之路。

1907年8月5日，高野五十六进入海军炮术学校进修。同年9月28日，他被授予中尉军衔。当年年底，高野从炮术学校结业，转入海军水雷学校继续进修。很明显，他的表现已经得到了海军高级指挥官的认可。这频繁而又全面的进修便是为了提高他的军事素养，以便将来担任指挥职务。

1908年4月20日，高野五十六从海军水雷学校结业。一年半后（1909年10月11日），高野五十六顺利晋升为大尉，并被任命为训练舰队宗谷分队的指导官。他的职责是指导来舰上进行远洋实习的少尉候补生，帮助他们尽快熟悉各项业务，提高实战能力。

当时，担任"宗谷号"舰长的是铃木贯太郎大佐。此人也毕业于江田岛海军兵学校，曾参加过甲午战争和对马海战，乃是日本海军中为数不多的指挥天才之一。后来，他的军衔升至海军大将，成了日本在二战期间最后一位首相。

铃木作为少尉候补生实习航海时，曾得到长冈在明治年间唯一一位海军舰长野村贞的提携。因此，他对来自长冈的官兵非常关照。更加凑巧的是，高野五十六不但来自长冈，还是野村贞的表弟。

正是因为有这层关系，铃木和高野相处得非常融洽。后来，铃木回忆说："他最引人注目的是深思熟虑而果敢行动的性格。平常，他沉默寡言，认真指导候补生，默默地履行分队长的职务。在指导官开会时也很少发言，但一旦开口，就会亮出明确的观点，坚持己见，让人不得不采用他的建议。"

铃木贯太郎（1868年1月18日—1948年4月17日），日本海军大将，曾任天皇侍从武官长，在二二六事件中被重伤

在担任宗谷分队指导期间，高野五十六曾多次随舰远航，环游了整个太平洋，中国的珠海、广州，美国西海岸和澳大利亚等地都曾留下他的足迹。游历开阔了高野五十六的视野，对其日后的发展产生了不小的影响。

1910年12月1日，高野五十六被海军大学录取为乙种学生。海军大学创立于1888年，是一所主要培养日本将校级军官的高等学校。最初，学生分为甲、乙、丙3种，其中甲种学生主要是大尉军衔或考上炮舰修理、航海等高等学科的学员，乙种主要是校官或大尉，可选修任意学科，丙种主要是少尉。前两类学生学习期限是一年，后者为半年。

1890年，海军大学进一步修改条例，将学生种类改为将校科甲种学生、将校科乙种学生、机关科学生和选科学生。按照规定，将校科甲种学生是必须有2年以上海上经历，且身体健康、业务成绩优异、富于敏锐的判断力、将来有充分发展才能、经所属长官推荐的海军大尉。将校科乙种学生是有海上经历一年以上者，主要学习舰炮、水雷和航海。

高野五十六在海军大学学习期间，日本第二任朝鲜统监寺内正毅（第一任为伊藤博文）向朝鲜首相李完用提交了日韩（朝鲜半岛的国号为"大

· 43 ·

韩帝国")合并的备忘录。李完用在请求寺内考虑国号、皇室的待遇、官吏的处置等问题后,进宫向皇帝上奏了统监的意见,并取得了同意。

8月22日,寺内正毅和李完用签署了关于日韩合并的条约,一周后条约正式颁布。至此,朝鲜半岛完全沦为日本的殖民地。

半年后,高野五十六从海军大学毕业了。紧接着,他又于1911年5月22日进入海军炮术学校高等科进一步学习舰炮专业。1911年12月1日,由于他成绩突出,被留任海军炮术学校教官兼分队长,同时还兼任海军经理学校教官。

1912年7月30日,将日本带入明治时代的明治天皇驾崩了,其子嘉仁继位,是为大正天皇。明治天皇的死给日本朝野带来了极大的震动。

明治天皇驾崩后不久,高野五十六就被调任佐世保预备舰队参谋。1914年5月27日,他又被调往横须贺镇守府,担任副官兼参谋。由于资料不足,现已无法考证高野五十六在这几年间的表现了。

1914年7月,第一次世界大战爆发了。欧洲列强无暇东顾,这为日本在东亚的扩张提供了有利的时机。8月23日,日本对德宣战,声言要"消灭德国在远东的一切力量",实则意在攫得中国胶州半岛及德国在太平洋

寺内正毅(1852年2月24日—1919年11月3日),陆军军人和政治家,曾任第18届日本内阁总理大臣、陆军元帅

李完用(1856年6月7日—1926年2月12日),字敬德,号一堂,朝鲜京畿道人,本贯牛峰李氏

上霸占的一些岛屿。

9月2日，日军在龙口登陆；10月6日，占据济南车站，强夺了胶济铁路；10月底，开始围攻驻守青岛的德军，并于11月7日将其一举攻陷。至此，日本在第一次世界大战中的战斗基本结束。通过这场短暂的战争，日本攫取了中国的胶州半岛以及德国在太平洋上的大部分殖民地。

高野五十六和他的战友们也参加了对德之战（日本称大正三—四年之战）。不过，由于此战主要在陆地上进行，并未发生大规模的海战，日本海军未能唱主角。

1914年12月1日，高野五十六再次来到了海军大学，被录取为甲种学生。战场历练加上充分的理论学习为高野五十六日后在军界飞黄腾达奠定了坚实的基础。

1915年11月7日，高野五十六因在第一次世界大战中的突出表现被授予四等瑞宝勋章。12月13日，他又晋升为海军少佐。此时，高野五十六年仅31岁。

高野五十六在日本海军中良好的发展趋势引起了长冈人的关注。明治天皇驾崩后，长冈人的社会地位稍有改善，但依然得不到公平的待遇。旧武士们千方百计地想要重振旧长冈藩的"威名"！

恢复长冈名门山本家族的威望是旧武士们重振长冈计划的重要组成部分。山本带刀在戊辰战争中被明治军斩首后，山本这一族名一度被明治政府废止。

当稳定了统治之后，明治政府便对戊辰战争中参与叛乱的各旧藩武士做了宽大处理。1884年2月，明治天皇颁布特赦令，准许山本家族恢复家名和族徽。五年后，明治政府再次大赦天下，免去了山本带刀的叛国罪名。此时已经远嫁他乡的山本带刀的长女返回了故乡，挑起了重振山本家族的重任。

尽管长女继承了家业，但在实行长子继承制的日本，山本家族在外人，尤其是旧武士们看来，仍然是后继无人。长久以来，旧武士们对此耿耿于怀，始终不能释然。旧藩主牧野忠笃很早就开始在长冈武士的后代中寻找合适的人选，过继到山本家。但想要找到一位能够不辱山本家族"名誉"的年轻人并不是一件容易的事情。

这件事情拖了二十余年，直到高野五十六即将以海军少佐的军衔从海军大学毕业，牧野才看到了希望。一则，按照当时形势来看，高野五十六前途不可限量；二则，山本家族与高野家族颇有渊源，让他来继承山本的香火简直是顺理成章的事情。

然而，拿什么来打动高野五十六呢？现在，山本家族除了山本这个姓氏和一套褪了色的破旧麻质武士礼服之外，还有什么可继承的？要是高野五十六这小子不愿意可怎么办呢？

为了说动高野，牧野绞尽了脑汁，也付出了异常的努力。他甚至动员曾担任高野家长老的田中浪江和山本家的旧臣渡边廉吉等人一同来到海军大学，求见高野五十六。

让牧野意想不到的是，当他说明来意，聪明的高野五十六几乎毫不犹豫地答应了他的请求。非常明显，高野家族与山本家族历代的关系起到了一定的作用，但并非决定因素。高野五十六更看重的是山本这个姓氏。此时的高野满脑子都充斥着武士道思想和飞黄腾达的理想，但一个出身旧长冈武士之家的海军军官想在军界依靠自己的努力登上权力的巅峰简直就是痴心妄想！

如果有了山本这个姓氏，一切都将不同了。作为长冈第一名门，山本这两个字本身就是一张亮丽的名片。高野回复牧野说："继承长冈第一名门是长冈藩士的天命所在。"

牧野高兴极了，立即返回长冈，召集旧武士，为高野的改姓仪式做准备。1916年5月19日，高野五十六改姓山本的仪式在长冈举行了。这一天是长冈城落成纪念日，是该藩最有纪念意义的日子。

那天长冈的成年男子悉数走出家门，一则为了庆祝长冈城落成，二则为观看高野五十六改姓仪式。为了体现自愿原则，仪式是由高野五十六的五哥高野季八主持的。

宣读完改姓宣言和山本家族历代祖先的名讳后，高野五十六便成了山本家的后嗣，改称山本五十六。按照高野家与山本家的辈分关系，山本五十六并不是以山本带刀长子的名义过继的，而是以其长孙的名义过继的。

二
并不浪漫的爱情和婚姻

山本五十六正式继嗣山本家族之后，长冈的社会名流们便开始迫不及待地为他物色合适的伴侣了。这个女子最好出身名门，温柔贤淑，恪守妇道，以便不辱山本这个响亮的姓氏。

山本五十六的青年时代几乎都是在艰苦的奋斗过程中度过的。他明白，对于像他这样出身旧武士之家的青年来说，爱情太过奢侈，根本无福消受。为了实现自己的理想，他心无旁骛，专心致力于把自己磨炼成一个"真正的军人"。

如今，形势不一样了。山本在军界已经小有成就。1916年12月1日，从海军大学毕业的山本五十六被派往第二舰队，担任参谋之职。1917年7月，他又奉命前往海军省军务局任职，并兼海军教育本部部员、海军技术本部技术会议委员。

更为重要的是，此时的山本已经成为名门之后。既然如此，山本五十六自然要娶一位身份、地位能够与山本的家世相匹配的名媛为妻。为了给山本找到贤内助，牧野忠笃再次绞尽了脑汁。

在1918年之前，牧野为山本五十六提了好几门亲事。姑娘们大多出身名门，而且一个个都是花容月貌的大美人。然而，山本五十六对这几门亲事连考虑都没有考虑，就一口回绝了牧野的好意。

消息传开后，长冈人对山本颇有微词，认为他的择偶标准实在太高了，甚至有人在私下里嘀咕说："高野家的小子继承了山本家的香火，前后表现完全不一样了！"

真的是山本五十六择偶标准太高吗？事实上并非如此。后来，山本五十六在给五哥高野季八信中曾提到这件事情。他说："牧野家曾给我提过几门亲事，前任次官铃木和其他一些老师、长辈也时常劝我早日订婚。他们给我介绍的几个姑娘大多出身名门，或者多注重于家族的财产与势力，或者寄希望于我未来的飞黄腾达。对于我这样一个'白手起家'、居无定所又无恒产的军人来说，我觉得，我与她们是不相配的。"

由此可见，并不是山本的择偶标准太高，而是他对自己的未来没有足够的信心，不敢"高攀"名媛。这个秉承传统武士道精神的海军军官并不看重家庭生活，他只想找一个能够持家的能手，打理家庭事务就可以了。他后来的婚姻选择也证明了这一点。

不久，在好友堀悌吉的介绍下，山本五十六认识了一名叫三桥礼子的姑娘。三桥礼子出生于会津若松的一家农户，其父三桥康守是一名畜牧业专家。他有一个不大的农场，兼营种植和奶牛养殖业务，日子过得倒也殷实。

三桥康守曾是会津藩的士族，明治维新后远赴朝鲜从事畜牧业，后来返回日本。这个旧武士对中国的古代文化具有十分浓厚的兴趣，这从他为孩子所起的名字上便能看得出来。他用中国儒家的"仁、义、礼、智、信"来分别为他的5个孩子取了名字。礼子排行老三，所以叫"礼"。

堀悌吉是如何向山本提起这门亲事的呢？原来，三桥礼子的母亲三桥龟久和海军军官四灶幸辅是远房亲戚，而堀悌吉则与四灶幸辅是好友。山本与礼子的这桩亲事最初是由四灶幸辅提出来的，四灶幸辅托堀悌吉给礼子与山本牵线搭桥。

山本对家世一般、相貌平平的三桥礼子似乎很满意。见面之前，山本给五哥高野季八写了一封信，表达他对这门亲事的看法："这个女孩子1913年毕业于会津女子高中。毕业后一直代替女佣帮助母亲照料家里的生意，而从未来过东京。据说其家风朴实。她本人身高1.54米，身体结实，能够吃苦耐劳，我觉得她对于我似乎还比较合适，因此我想前往相亲。假如没有什么明显的问题的话，就打算定下来。"

若松这个地方对山本而言，是一个值得纪念的地方。在戊辰战争中，长冈武士在此流血牺牲者不计其数。山本的父亲高野贞吉、大哥高野让、二哥高野登均在此作战负伤。他的养祖父山本带刀也是在此被俘，并被斩首的。这很可能是促使山本前往若松去见礼子的重要原因之一。

山本来到若松后，特意参拜了饭寺村安葬着山本带刀等人的"无名英雄之墓"和若松市内为供奉在会津平原阵亡的长冈藩官兵而设立的阿弥陀寺。礼子不但对山本的这种武士作风非常理解，还表现出了莫名的敬意。

相亲归来，山本果然在内心中将这门亲事定了下来。他在给礼子的信中说："钝笔谨致亲切的问候。天气日渐炎热。与大家分别后，吾的身体一直很好，特此告知于你，请勿挂念。我们的事由于诸位好友的热心帮助，进展顺利，可谓一切如意，吾深感慰藉。倘你同意，吾今后将不会再另有所爱,吾已对你倾尽肺腑之言,望你亦如吾,尽你所欲言,不必羞怯,倘能如此,实符吾心。"

礼子很快就给山本回了信。据说,当山本看到礼子写来的情书上娟秀的字体时,娶其为妻的想法就更加坚定了。此后,两人的来往逐渐密切起来。

据说,有一次他们共同乘车出去游玩。当时正值炎热的夏季,天气十分闷热,山本五十六在车上打起盹来,而坐在他身边的礼子则不停地为他扇扇子。山本醒来后,深受感动。

由于"诸事进展均十分顺利",山本五十六和三桥礼子便于1918年8月31日在东京芝区水交社举行了婚礼。

1918年8月,山本五十六与三桥礼子结婚合影

尽管山本五十六和礼子对彼此都比较满意,但他们婚后的生活并不幸福。因为山本五十六是一个务实之人,即便在婚姻生活中也是如此。所以,他对礼子并没有什么真正的感情,有的只是夫妻之间的权利和义务罢了。

但比山本小十余岁的三桥礼子却很注重婚姻中的感情生活。如此一来,两人之间不免要产生矛盾。山本夫妇新婚生活的前几个月还勉强称得上温馨浪漫,但没过多久就逐渐平淡下来了。

随着时间的推移,山本五十六甚至不愿带妻子在公开场合露面。有人向他和夫人表示敬意,问:"您夫人身体好吗?"

山本总是一脸鄙夷地回答说:"她看上去像棵大松树一样,结实着呢!"

还有一次,山本看到许多年轻的海军军官在船舱里摆着妻子或未婚妻的照片,感慨地说:"多好啊!你们都是自由恋爱结婚的,情投意合,而我已经无可挽回了。"

言语之中表达了对婚姻的严重不满。不久,一个叫河合千代子的女人出现了。她成了山本的情人,三桥礼子便成了"被爱情彻底遗忘的女子"。

三
留学哈佛，关注石油工业

1919年初夏，结婚尚不足一年的山本五十六被海军省选派到美国哈佛大学深造。当时，日本已经加入世界强国行列，可以与英、美、德、法等国并驾齐驱了（即所谓的脱亚入欧）。在此情况下，日本在东亚进行侵略扩张的野心更加膨胀了。在此前后，日本政府开始大量派遣海陆军精英到欧美发达国家取经。

山本五十六从海军大学毕业后，又经过数年的历练，已经很成熟了。此时的山本五十六在仕途上虽然没有太大的进展，但已经成为了日本海军重点培养的年轻军官之一。

5月20日，山本以外交官的身份登上了日本邮船公司的"诹访丸号"豪华游轮，自横滨启程，远赴美国的波士顿。在海上，乘客们为了度过漫长的旅行时间，便自发地组织了一场联欢会。

为了引起人们的关注，平日里沉默寡言的山本五十六在此时却很活跃。当联欢会将要冷场的时候，他快步走到临时舞台上，做了一个倒立动作。人群中立刻爆发出一阵热烈的掌声。

山本得意极了。他站起来，顺手拿起旁边桌子上的盘子，一手一只，跳起了"盆舞"。只见两只盘子前后左右上下翻转，犹如耍杂技一般，乘客们都看花了眼。几名年轻的西方女性还特意走上前去，饶有兴致地问："这太神奇了，你是怎么做到的？"

山本内心虽然欢喜，但脸上却没有一丝表情，冷冷地回答说："勤学苦练。"

当山本踏上波士顿的土地后，内心突然涌起一股莫名的激动。少年时代，他曾不止一次地在脑海中描绘美国的情景。如今，他终于看到了真实的美国。

此时，第一次世界大战刚刚结束不久，新的世界秩序尚未完全建立。1919年6月28日，在英、法、美三国的主导下，参战方在巴黎的凡尔赛签订了《凡尔赛条约》。这份条约对德国进行了严厉的制裁。政治和经济上制裁自不必说，对德国军事力量的限制也非常严格。按照规定，德军必须解散总参谋部；取消义务兵役制；将陆军的规模限制10万人以下，并且不得拥有坦克或重型火炮等进攻性武器；不得拥有海军，船舰方面只能有6艘排水量一万吨以下的战列舰，不准拥有潜水艇；不得组织空军等。

1919年7月9日，德国的国民议会不得不通过了《凡尔赛条约》。此后，德国便被一股恐慌与复仇的情绪笼罩着。历史学家一般认为，英、法、美等国对德国的过分制裁，以及沉重的赔偿给德国经济戴上了一副沉重的枷锁，并间接导致了纳粹党在德国的崛起，为第二次世界大战的爆发埋下了隐患。

日本取得了原先德国在中国山东半岛的权益，又趁着欧洲列强自顾不暇，无法兼顾太平洋局势之际，侵占了原德国在太平洋上的一些殖民地，如加罗林群岛、马绍尔群岛和马里亚纳群岛等。

此后，日本在中国的势力日益膨胀，一跃成为对华贸易的第一大国。英国被排挤到第二位，美国居第三位。通过战争大发横财，成为世界第一经济强国的美国一直想要寻求在太平洋地区的霸权，自然无法容忍日本在东亚和太平洋上一国独大的现状。于是，美国政府便发表声明，不承认日本专享原先德国在中国山东享有的一切权益。

因此，第一次世界大战刚结束，日本就与美国围绕着太平洋的霸权展开了激烈的军备竞赛。山本五十六正是在这种国际背景下来到哈佛大学深造的。

1919年12月1日，即抵达美国半年之后，山本五十六即被晋升为海军中佐。如此一来，山本的地位又升高了一级。

在哈佛大学期间，山本五十六十分用功。不过，此时的山本早已改变了幼时的"书虫"形象。他认为，既然千里迢迢地来到美国，研究美国的国情，就应该到外面去"行万里路"，而不是躲在房间里"读万卷书"。

因此，山本在努力学习的同时，还经常走出课堂，和美国各阶层的人士广泛接触，了解最真实的美国。在美国几年中，美国地域之广袤和经济实力之强大无不给山本留下了极其深刻的印象。

当时的美国和日本差不多，很

山本五十六在美国学习进修期间同美国马萨诸塞州的孩子们合影

像是一个暴发户。年轻的美利坚合众国本土因为独特的地理优势躲过了第一次世界大战的战火，但却在战争中大发横财，逐渐超越英国，成为世界上最强大的国家。

第一世界大战结束后，美国拥有世界黄金储备的40%，是二十多个国家的债主，债务总额约一百亿美元，成了名副其实的世界金融中心。与此同时，美国的工业生产能力也得到了极大的提高，汽车产量占全世界的85%，石油产量占66%。国民财富总值在20世纪20年代初就达到了3208亿美元，已超过欧洲各国的总和。

基于对美国的客观认识，山本突然产生一个想法："如果日本和美国开战的话，日本拿什么来和这个富强的国家作战呢？"

基于这种担心，山本开始实地考察美国的石油工业。在第一次世界大战中，坦克、飞机都奇迹般地出现在了战场上。这两种新式武器，尤其是飞机，起到了非常大的作用。据统计，各国在战争期间生产的军用飞机竟达18.19万架，投入到战场的飞机数量约为十万架。战争末期，英国人还建成了世界上第一艘真正意义上的航空母舰——"百眼巨人号"。

舰载机在第一次世界大战期间作为舰艇的附属兵器，配合舰艇行动。这在一定程度上限制了舰载机的实战效果。不过，将舰载机投入战场，优势是任何传统武器都无法与之媲美的。一方面，舰载机在母舰上起降，这就意味着飞机的航程增大了。换句话说，距离对战争而言已经不再是什么阻碍了。另一方面，由于飞机的速度远比传统的舰船、战车快，无疑可以提高战役的突然性。

因此，第一次世界大战刚刚结束，坦克、飞机的生产技术和作战理论都有了极大的提高。对各国海军而言，大力发展航空母舰和舰载机便成了当务之急。

坦克和飞机在军事上广泛应用，使得被誉为工业血液的石油变得愈发重要了。如果没有石油，无论是陆地上的坦克、天空中的飞机，还是海上的战舰，都将成为一堆废铁。

日本是一个自然资源十分匮乏的岛国，尤其是石油等战略物资，根本无法实现自给。当时日本海军正朝着"八八舰队"的目标迈进，如此庞大的舰队对石油的需要是显而易见的。如果没有石油，拥有再强大的舰队都没有用处。

在接下来的日子里，山本五十六实地考察了美国大部分的油田和炼油厂，写了大量的意见报告，查遍了美国所有有关石油的文献著作，每天阅读四十几种美国的新闻杂志。据说，为了挤出更多的时间来搜集情报，他有时候会接连几天都不睡觉。

四

只身深入墨西哥腹地考察

大致了解了美国的石油工业情况之后，山本五十六又打算越过美墨边境，前往墨西哥。于是，他便以公出名义向海军部申请旅费。

可是，他的上司以经费匮乏为由，拒绝了山本的申请。但山本决定自费赴墨西哥考察。

于是，山本拿出自己的一部分钱，加上在日本侨民和日本驻美大使馆参赞加来美雄的资助，凑了一点可怜的旅费，越过美墨边境，来到了墨西哥。

在日本驻墨西哥大使馆，山本遇到了日本驻墨陆军武官山田健三少佐。山田健三既是山本五十六的同乡，又在日俄战争期间和山本的哥哥并肩战斗过。因此，两人一见如故，立即成了无话不谈的好朋友。

在交往中，山本五十六得知，山田健三因为赌博无度，输得一塌糊涂，连回国的路费都拿不出来。

说起赌博，山本五十六堪称行家里手。在哈佛大学学习期间，山本五十六和同样来自日本的留学生小熊信一郎同居一处，闲暇经常对弈取乐，互有胜负。有一天，小熊信一郎以2∶3落败，心有不甘，随口说道："下五六盘棋很难说明真正的水平。"

争强好胜的山本五十六立刻反问道："那么你说几盘能分胜负？"

小熊信一郎决绝地说："当下到筋疲力尽、手不能动弹为止。"

山本断然答道："好吧，改日我们就下到有一个人倒下为止。"

几天后，山本五十六给小熊信一郎下了战书，约定比赛自下周日晚9点开始，在决出胜负之前，除大小便外不能离席，吃饭也只能吃事先准备好的面包。

这一消息传出后，哈佛大学的日本留学生沸腾了。决战之日，日本留学生们纷纷带着三明治来到山本和小熊的房间观战。山本五十六带着事先准备好的水果、面包和一副冷冰冰的面孔，坐到桌前，从包里取出一份精心制作的成绩记录表。

小熊信一郎看了成绩记录表后，不觉倒吸一口凉气！这张表大约能记录100盘，一盘以30分钟计算，100盘要足足两整天才能赛完。由此可见，山本五十六这次是动真格的了。

时间一分一秒过去了。当时钟敲了9下之时，山本五十六指着摆好的棋局，冷冷地对小熊信一郎说："小熊君，时间到了，我们开始吧！"

小熊信一郎装出一副平静的样子，一屁股坐到山本的对面，回答说："来吧！"

小熊信一郎不愧是棋国高手。起初，他的心里还有些忐忑，但一旦坐下，心里和眼里就只有棋局，再无其他了。他和山本五十六你来我往，在棋盘上展开了厮杀。在最初的几局中，两人旗鼓相当，棋局也频频出现令人窒息的场面。观战的人个个屏住呼吸，目不转睛地盯着棋盘，生怕错过任何一个精彩瞬间。

一个小时过去了，两个小时过去了……到深夜的时候，观战之人终于熬不住了，相继带着倦容离开了。等到东方破晓之时，房间里就剩下山本和小熊了。两人眼睛里布满了血丝，但依然露着凶光，大有不把对方打败誓不罢休的架势！

每下完一盘棋，山本五十六都要把成绩和用时记录在表格上。他的精神依然非常饱满，小熊已有认输之意。然而，如果如此认输的话，他实在有些不甘心。就这样，两人又从破晓战到中午11点，整整下了26小时75盘棋。

小熊实在撑不住了，双手一推，棋子"哗啦啦"地落了一地。山本得意地笑了，问道："小熊君，分出胜负了吗？"

小熊起身向床上一躺，迷迷糊糊地答道："我输了！"

山本五十六这才心满意足地站起来，睡觉去了。

从此之后，山本五十六嗜赌如命的名声便传播开来。他还不断学习新的赌博方法，最后，无论是桥牌、扑克，还是围棋、象棋，他都成了在行的专家。

正因为嗜赌如命，所以山本五十六很能理解一个赌徒输光路费的痛苦。一天下午，山本把山田健三叫到寓所，神秘兮兮地拿出一沓钞票，递到他的面前。山田看着钞票，两眼放光，惊讶地问："山本君，您这是这干什么？"

山本淡淡地回答说："我手上的经费不多，只能给你这么多。如果省着点用的话，我想，已经足够你回乡的路费了！"

山田接过钱，不无惭愧地说："十分感谢！山本君，等日后回到国内，我一定把欠款如数归还给您。"

山本五十六挥了挥手，笑着说："这点钱就不劳你惦记着了。等有时间了，我也去赌上两把，把你输掉的钱给赢回来。"

山田健三大笑道："原来山本君也是赌国中人啊！"

山本五十六哈哈大笑起来。几秒钟过后，他止住笑声，意味深长地看了山田健三一眼，半开着玩笑说："山田君，你那也叫会赌博吗？等我回到日本，你可得好好向我学习学习呢！不能老给外国人做贡献啊，这样哪对得起国家啊！"

山田健三忍不住哈哈大笑起来。

山田因为山本的资助顺利地回到了日本，但山本在墨西哥的旅行却变得艰难起来。为了节约经费，完成考察，他住在最便宜的旅馆，徒步前去油田参观。早晨不吃饭，中午和晚上以最便宜的面包和随处可见的香蕉充饥。

山本五十六奇怪的举动引起了墨西哥警方的怀疑。他们特地致函日本驻美大使馆查询，信函中说："一位叫山本五十六的日本海军中佐，以考察石油为目的，在墨境各地旅行。但其服饰极为平常，且在墨西哥各地专住三流旅馆中最差的房间，从不在旅馆吃饭，一日三餐以面包和生水为主食，以墨西哥最便宜的香蕉为副食。因其过于朴实，我们怀疑是不是日本的逃犯？请协助调查该人的身份。"

当日本驻美大使馆确认山本的身份后，一名墨西哥警察感慨地说："日本人实在太可怕了！"

考察虽然十分艰辛，但山本认为他的旅行是很有价值的。他在墨西哥东海岸的坦皮科市考察时，曾给五哥高野季八写过一封信。他在信中说："我为考察石油来到墨西哥的坦皮科市。这里的一口油井每天约产原油500余石，有的井已连续喷油13年。油的行情为一石原油一日元，出口税一日元。在日后实在无法想象。"

从这封信中可以看出，山本五十六已经开始考虑日本海军在未来战争中的油料来源问题了。当时，石油正逐渐代替煤炭，成为军舰最主要的动力燃料。对日本这样一个资源匮乏的岛国来说，要想支撑起庞大的舰队作战，除了进口石油，别无出路！但单纯依靠进口的话，这又将会是一个沉重的经济负担。

如何才能解决这一问题呢？这个难题始终困扰着山本五十六，直到考察结束，他也没能找到答案。

第四章
关注飞机和航空兵的发展

一
关注舰载机的发展和应用

山本五十六从墨西哥返回美国之时，日本政府已发来一封电报，令其作为驻美大使币原喜重郎的助手，就华盛顿会议有关事宜和美国副国务卿戴维斯举行前期谈判。谈判的焦点是寻求各国海上力量的平衡。

20世纪20年代初，英、美、日等国在东亚和太平洋地区的矛盾愈发尖锐了。为了重新分配在这一地区，尤其是在中国的利益，并解决巴黎和会上未能解决的海军力量对比问题，美国于1920年提议在华盛顿召开会议，展开谈判，史称华盛顿会议，又称太平洋会议。

1920年7月，山本五十六正式走马上任，开始搜集情报，撰写报告，为即将召开的华盛顿会议做准备。这一经历对山本五十六的军事生涯影响极大，也在一定程度上促使他全面地了解美国和美国军队，为其日后发动太平洋战争提供了宽阔的视野。

据说，山本五十六一工作起来就忘记了疲倦，办公室的灯经常彻夜亮着。在最后撰写报告书的时候，除了偶尔站起来抽根烟，他竟然三天三夜没有离开过办公桌，也没有合眼。由于他的努力，会议的前期准备工作非常充分。时任驻美大使的币原喜重郎称赞他

1920年，山本五十六在美国华盛顿筹备日美谈判

说:"这是一个不可思议的人,不管如何熬夜都毫无倦色,而且还屡屡提出一些中肯的意见。"

1921年7月,日美之间关于华盛顿会议的前期谈判结束,即将举行正式会议。就在此时,海军省发出命令,令山本五十六结束在美国的研修生活,返回日本。这一次,由于有了海外"镀金"的经历,山本被委以重任,任命为军舰"北上号"的副舰长。此时的中国正处于军阀混战时期,北洋政府无暇顾及对外关系。日本趁机到中国沿海一带大肆活动,搜集情报,为日后发动侵华战争做准备。

山本返国之时,美国正式向英、日、中、法、意等国发出邀请,在华盛顿召开讨论限制军备及远东太平洋问题的会议。山本五十六虽然没能参加这次重要的会议,但会议结果对他和日本海军的发展都产生了深远

1920年,就召开华盛顿会议与美国副国务卿戴维斯谈判时,山本五十六在美国朋友家中做倒立表演

的影响。此次会议决定,日、美、英三个海军大国的舰船吨位必须保持3:5:5的比例。

很多人对日本接受这一约束强烈不满,但山本五十六却从三国的实力对比出发,认为日本接受这一比例是最现实,也是最无奈的选择,甚至连一向积极推行"八八舰队"计划(即八艘战列舰和八艘巡洋舰为主体的舰队,以美国为假想敌,加强海军实力)的海军大臣加藤友三郎都说:"……国防不单单是军队的事,战争胜败也并非完全取决于军人。不动员全国的物力、人力和财力,是无法赢得战争的。如果我们以美国为敌,就必须有强大的足以同美国抗衡的经济实力。否则,只能徒有其愿而无力实施。不能指望像日俄战争那样,用少量资金而取得了大的胜利。同今天的美国相抗争,没有资金,就如同以卵击石,不能取胜。总之,可以得出这样的结论:决不可同美国交战,唯此是我们的出发点。"

华盛顿会议的结果传到日本后,海军内部的强硬派立即群起而攻之。以海军专门委员身份列席华盛顿会议的加藤宽治率先发表了一通演说,坚决反对华盛顿会议的决议结果,并得到了海军中少壮派的支持。

华盛顿会议九国首席代表：美国国务卿休斯、英国枢密院大臣贝尔福、中国驻美公使施肇基、法国总理白里安、意大利前财政大臣卡洛·香泽、日本海军大臣加藤友三郎、荷兰外交大臣柯尼碧克、比利时驻美大使卡德、葡萄牙驻美大使阿尔戴

不明真相、一味狂热的日本民众也认为，华盛顿会议是日本外交的失败。从此，日本海军内形成了所谓的反对裁军条约的"舰队派"和与之相反的"条约派"。

山本五十六是"条约派"的成员之一，即主张日美亲善、保持克制。然而，他同时又是一位彻头彻尾的极端民族利己主义者。他的内心深处还是渴望同美国人打一仗的。摆在他面前的问题是，如果找不到弥补两国海军实力差距的办法，贸然发动战争无异于以卵击石。

华盛顿会议尚未结束，山本五十六便接到了另一项任命——担任海军大学教官，教授军政学。军政学教官的课时任务不重，是个闲职。由于资料匮乏，现在尚无法知道海军省为何会把一个列为重点培养对象的年轻军官任命为军政学教官。据推测，海军省的用意很可能是要山本消化吸收美国之行的收获，从而形成新的军事理论。

可是，山本并不是一个以创建理论见长的军官。他在海军大学待了一年多的时间，似乎并没有什么建树。1923年7月，日本政府决定遣使考察华盛顿会议后的欧美现状。山本五十六被选为特使,与军事参议官井出谦治大将一起出洋考察。

在9个月的时间里,山本一行先后到过英、法、德、意、奥、美和摩纳哥等7个国家。山本五十六对所考察的每一个国家都细致观察、详细记录。据说,在那段日子里,山本五十六每天都工作到很晚,决不把当天的任务拖到第二天。他整理出来的考察记录足有数十万字。

山本的这种行事作风不但赢得了井出谦治大将的赞誉,也得到了海军省的认同。同年12月,正在海外考察的山本五十六被任命为海军大佐。尽管当时的日本正在积极扩军备战,但一个年轻军官能在和平年代升到大佐,依然是很少见的。

或许是技痒,又或许是因为被升为大佐太过高兴,山本五十六特意钻到赌城摩纳哥的几大赌场,大显身手。在蒙特·卡尔罗赌场里,赌技高超的山本看上去气定神闲,旁若无人,每战必胜,令赌场老板大伤脑筋,不得不禁止他入内。据说,他是自蒙特·卡尔罗赌场开设以来第二个因赌技高超而被拒绝入场的人。

山本对自己的赌技十分自信,他甚至得意洋洋地向井出谦治大将夸口说:"如果给我两年的时间游遍欧洲各地,我能赢到建造一艘战舰的费用。"

山本五十六一向沉默、谨慎,突然说出这样的话来,不禁让井出谦治大吃一惊。过了半晌,他才大笑着说:"山本君,我完全相信你的能力。"

山本五十六似乎觉察到了自己的失态,尴尬地笑了几声,便再次陷入了沉默。山本五十六酷爱赌博,并总结了一套具有山本特色的"理论"。他认为,赌博只有一个目的,那就是取胜。至于物质利益,那完全是不应该考虑的事情。一旦赌博与物质利益纠缠不清,就容易判断失误。正确的态度应是出于内而超乎其外。他自己从不为物质上的利益而去赌博,因此常常大获全胜。

山本还认为,赌博赌的不仅仅是运气,还是一个人的数学思维。如果运用高等数学进行冷静的分析,就可以清楚地预测到每场赌局的胜负。当然,在这个结果降临之前,赌徒必须进行长时间的等待和忍耐。

在此次欧美之行的最后一站美国,山本五十六还将这一理论推而广之,应用到了军事指挥之中。早在哈佛大学留学期间,山本五十六就亲眼目睹了日本和美国之间的差距。如今又看到了英、法等国强劲的经济和军事实力，他的内心不禁有些担忧。从当前的实力对比来看，无论是海军本身的战斗力，还是经济力量，日本都无法和英、美等国抗衡，一旦和英美开战，日本必然会是失败者。

然而，日本和美国在太平洋上的角逐日益激烈，两国的矛盾也一日深过一日。照此发展下去，两国之间必有一战。如果战争真的爆发了，日本该如何应对呢？日本海军又该如何同美国海军抗衡呢？

敢于正视现实的山本五十六并没有被眼前的困难吓倒。当他的双脚再次踏上美国的土地之时，一个大胆的想法便在心中产生了——以舰载机作战距离受限小和发动战役突然性大的特点来弥补日本海军的实力缺陷，与美国海军"赌"上一局。

20世纪20年代初，欧洲军政界正就航空兵在未来战争中的作用和地位问题进行了激烈的讨论。在讨论中，一种从战略高度去认识飞机的军事价值、主张大力发展航空兵以夺取制空权进而赢得战争的理论出现了。

代表人物首推意大利著名的军事理论家朱利奥·杜黑将军。1921年，杜黑将军在他闻名于世的军事理论著作《制空权》中，第一次全面地阐述了制空权理论。他认为，飞机作为一种进攻兵器具有无可比拟的潜在能力。在战争中，可以利用强大的航空兵可以夺取绝对的制空权，轰炸敌人的军事、经济、政治中心，摧毁敌人的地面防线，加速战争的进程。制空权理论的基本观点是空军将成为未来战争中主要的、决定性的力量。因此，这一理论又被称为"空军制胜论"。

空军制胜论的出现首先在海军中产生了广泛而深远的影响。在空军制胜论出现之前，各国一直强调的是"制海权"，即海军在战争中的决定性作用。因此，空军制胜论刚一出现，各国海军便就飞机和航空兵的作用展开了广泛而深入的讨论，争论的焦点是"飞机与战列舰究竟谁的威力更大"。

美国陆军上校比利·米切尔积极主张以"空军制胜论"为指导思想，发展航空兵。这位一战时期的飞行员积极奔走于陆军和海军之间，兜售自己的军事思想。可惜的是，不管是陆军，还是海军，都没人理会他。

为了证明战舰在遭到轰炸时总是处于束手无策的状态，米切尔甚至向美国海军当局建议就此进行试验，但却遭到海军反对。无奈，他只好向公众求助。通过报刊的大力宣传，美国公众开始相信米切尔的观点是正确的。

在强大的舆论压力下，海军部终于在1921年7月批准了米切尔的计划。海军部将一战时期缴获德军的3艘舰艇调拨给米切尔使用,其中包括号称"不沉"的"东弗里斯兰号"战舰。

试验在切萨皮克湾进行,结果让海军部大吃一惊!米切尔驾驶一架"马丁"型轰炸机从陆地机场起飞,一举将3艘军舰全部炸沉了。事后,海军部找了一个又一个借口,替自己辩护,就是不承认飞机在机动性方面优于舰艇。

此事拖了两年,毫无结果。1923年,米切尔又进行了一次试验。结果,两艘退役的美国战舰遭到了德国舰艇同样的命运。

米切尔和他的支持者们公开发表言论:"如果需要的话,这就是证明,大型舰只称霸海上的日子已是屈指可数了。"

二
出任霞浦海军航空队副队长

山本五十六到美国考察之时正值米切尔进行第二次轰炸试验，美国公众的视线全部集中在此次试验上。可惜的是，保守的海军依然不承认航空兵的优越性。他们争辩说："米切尔上校的轰炸机攻击的不过是静止不动，而且毫无自我保护和反击能力的目标，如果这些战舰有能力做相应的规避动作，并进行反击的话，结果也许会截然不同。"

由于海军部获得了国会的支持，米切尔的两次试验未能促成联邦政府成立海军航空兵。然而，米切尔的试验结果却让山本五十六兴奋不已。他敏锐地意识到，以航空兵来弥补日本海军的实力缺陷似乎并不是不可能的事情。

兴奋不已的山本五十六在考察了美国海军的装备情况后，还特意前往德克萨斯油田进行实地考察。日本投资经营的奥伦治油田就设在得克萨斯，这也是吸引山本前往得克萨斯考察的主要原因之一。

回国后，山本五十六立即就两件事情展开了活动。第一件事情是劝说日本石油公司到美国开发油田，为将来可能爆发的战争储备战略资源。遗憾的是，日本石油公司的高层并没有山本五十六那样的远见，这件事情最后便不了了之了。

第二件事情是劝说日本政府重视并大力发展海军航空兵。日本的君主立宪制在很大程度上依然是独裁政体，天皇（当时大正天皇在位，但因病重无法主持军政事务，由年轻的太子裕仁亲王摄政）具有至高无上的权力。不管什么事情，只要天皇一声令下，就没有办不成的，而摄政裕仁又是一个军国主义思想十分浓厚的青年。因此，日本具有集中全力发展海军航空兵的先天优势。

在这种背景下，当英美两国的陆海军还就是否要发展航空兵争执不休时，日本已在1921年成立了霞浦航空队，以培养优秀的海军航空兵。1923年，日本海军又建造成了"凤翔号"航空母舰。该舰长160米，排水量

7000多吨，航速25节，能搭载21架飞机。此后，日本的航空母舰和海军航空兵步入了发展的快车道。

山本五十六的建议刚好符合日本海军的发展趋势，自然引起了军界高层的注意。按照规定，身为大佐的山本五十六在结束欧美之行后有两个去向：一是到海军省任副官，一是到海上任舰长。

不过，凡事皆有例外！海军省为了发展航空兵，破例将山本五十六派到了霞浦海军航空队，担任副队长兼教育长。1924年12月1日，山本五十六来到霞浦，走马上任了。

对山本五十六来说，这次任命是他一生的转折点，但对霞浦航空队的士兵来说，这一任命多少有些让人难以接受。山本虽然到欧美考察过，了解各国海军的发展情况，但毕竟从未接触过飞机。因此山本的到任就像一颗投入湖面的巨石，立即在航空队内部掀起了波澜。

见习教官三和义勇中尉被安排为山本五十六的副官。此人自视甚高，说什么也不愿意接受任命。在见山本之前，他跑到内务主任松永的办公室，抱怨说："一个快要当飞行教官的人，偏要去当'甲板军官'，这实在让我无法接受。"

松永笑着说："三和君，我很能理解你的心情。不过，你最好亲自去向大佐（指山本五十六）回绝！"

三和沉思了半晌，喃喃地说："自己去就自己去！"

当时，山本已经到航空队几天了，对部队的情况已经有了初步的了解。由于日本政府非常重视航空兵，海军航空队的飞行员们都有一种天之骄子的优越感，再加上受到英国皇家海军航空队的影响，飞行员们大多都蓄着长发，军容不整，纪律松弛。

三和义勇来到山本的办公室，嘴巴张了张，想说什么。一脸严肃的山本五十六不等他开口，就以一种不容置疑的语气说道："三和副官，现在我有一个强烈的感觉，航空队的军纪亟待加强。军纪不好，怎么可能打造一支优良的军队呢？好了，军纪必须改善，就从禁止迟到、早退着手吧！"

三和看着山本五十六那不容置疑的目光，不由自主地把到嘴边的话硬生生地咽了下去。

山本顿了顿，又强调说："从我们两个开始做起吧！"

三和完全被山本严肃的态度震慑住了。他沉默了一会儿，竟不由自主地回答说："好的，我会全力以赴，尽职尽责。"

山本点了点头，冷冷地命令道："立即集合全队，我要宣布第一道命令！"

三和向山本行了一个军礼，答道："是的，大佐，我立即去办。"

一分钟后，集合号响了起来。山本快速来到训练场的讲台上，眼睛盯着左手腕上的手表，掐算时间。数分钟后，全队集合完毕。

山本目光扫视着全体官兵，语气格外平静地说："本人从今天起担任副队长兼教育长。"

士兵们面无表情地挺了挺胸，似乎在说："有什么话赶紧说吧！最好不要太久，我们可不想听一个外行说太多冠冕堂皇的废话！"

山本五十六突然提高了嗓门，宣布道："各位士官及士兵请注意，凡是蓄长发的人限在一周内全部剃掉。我的报告完毕。"

说完，山本五十六便快步离开，忙别的事情去了。士兵们站在训练场上，你看看我，我看看你，脸上露出一副不知所措的表情。一周后，当山本五十六再次集合全队的时候，士兵们全部剃成了光头。

就这样，在山本五十六的严格要求下，霞浦航空队的风气迅速得到了改善，士兵们也不再把山本当外行看了。

实际上，这时再将山本视为外行确实是不合适的。对40岁的山本五十六来说，再从头学习飞机驾驶技术似乎是不可能的事情。但山本却再一次创造了神话。无论工作有多忙，他每天都会挤出几个小时的时间，接受飞行训练。结果，几周之后，他就可以单飞教练机了。当山本驾驶着教练机在空中飞行之时，所有的飞行员都大吃一惊！

随着对航空兵的了解越来越深入，山本五十六愈发相信，未来的海军航空兵完全有可能弥补日本海军主力舰与英美的差距。当然，这一切必须建立在近乎残酷的严格训练上。只有这样，日后的日本海军才有可能建立一支航空母舰特混舰队，出其不意地战胜强大的美国海军。

为达目的，山本五十六率领全队利用码头和模拟飞行甲板的驳船夜以继日地进行着实战演练。不管是阴雨连绵的白天，还是伸手不见五指的黑夜，霞浦航空基地的上空从未宁静过。几个月下来，因训练事故而死亡的事件大幅度增加，但山本五十六和年轻的飞行员们依然我行我素，疯狂地训练着。

山本将死亡名单挂在自己的办公室。每当有新学员入队时，他都会领着众人来到办公室，向死亡名单敬礼，以激发队员的斗志。

1925年秋，霞浦航空队因训练事故而亡者已二十余人。10月2日，山本发起创建了霞浦神社。在倡议书中，山本写道："本队自创建以来，为国殉职者已有20余名！我们每年之所以设坛招魂祭祀以迎其在天之灵，不仅是出于对捐躯者应尽之礼仪，而且还在于继承已故战友之遗志，加倍奋起吾人之雄心壮志，以期我航空界之飞跃发展，慰先辈僚友之神灵。为进一步彻底贯彻这一宗旨，兹在队内创设神社，不论是壮烈殉职者还是不幸病故者，一概合祭其灵魂，如日夜膜拜此神殿得经常维持清新之心志，即足以告慰故友在天之灵。"

在任航空队副队长的一年多时间里，山本五十六训练出了一个个亡命徒——不顾生死、一心只想置敌于死命。若干年后，当这些亡命徒飞在太平洋的上空时，令美国海军吃尽了苦头！

三

调任日本驻美大使馆副武官

1925年12月,山本五十六接到调令,准备前往美国任日本驻美大使馆副武官。此时的山本已经是两个孩子的父亲了。他的长子山本义正出生于1922年10月,长女山本澄子出生于1925年7月。

和大部分日本军人一样,山本五十六从不轻易流露内心的真实情感。他虽然很爱两个孩子,但在他们面前却一直表现得很冷淡。据说,三桥礼子怀上山本义正后,山本非常高兴,但同时又担心会把左手少两个手指头的缺陷遗传给孩子。尽管他自己心里也清楚,后天的缺陷是不会遗传的,但是,当他听说义正出生的消息时,还是急急忙忙地赶回家,他见到产婆的第一句话就是:"孩子的手指头全吗?"

由此可见,山本五十六对孩子的浓浓爱意。1926年初,山本赶回家与孩子们过了一个团圆年。

节后,山本在横滨港登上"天洋丸号",启程前往美国。突然,天空中响起了飞机的轰鸣声。山本抬头望去,不禁流下了眼泪。原来,霞浦航空队为了给他送行,整整出动了一个中队的飞机。

飞行员们驾驶着飞机在"天洋丸号"上空盘旋着,不时以俯冲动作掠过船头。山本五十六向众人挥了挥手,一头钻进了舱中。

当"天洋丸"驶离码头,来到一望无垠的太平洋上时,山本才缓缓来到甲板上,回望为他送行的战友们。尽管他看不见他们的身影,但脑海里依然能清晰地回想起每个人的音容笑貌。

第三次踏上美国的土地后,山本五十六发现,这块吸纳了世界各地优秀人才的地方,无论是经济,还是科学技术,都在以一种蓬勃之势发展着。就航空业而言,20世纪20年代中期的美国已经远远将意大利、法国等飞机制造的强国甩在了后面。

1927年5月,年轻的美国人查尔斯·林德伯格驾机征服了大西洋,首次进行了一次单人从西向东飞越大西洋的中途不着陆飞行,全程约5800公里，历时33个半小时。不久，巴德也成功地征服了大西洋。林德伯格等人横穿大西洋的成功让山本五十六担心不已。

与美国的航空技术相比，日本无论在装备上，还是飞行员的素质上，都明显落后一大截。为了了解美国航空界的最新动向，尽量缩小两国在飞行技术上的差距，山本五十六命令助手三和义勇等人就林德伯格横穿大西洋之事展开调研。

三和在调研报告中写道："经过深入的调查和研究之后，我发现：做这种跨越重洋的远距离飞行，以导航仪表飞行结合天体导航是至关重要的。美国人早已认识到了这一点，而且在研究工作方面也卓有成效。巴德在飞越大西洋的过程中，就应用了这种先进的飞机导航设备。然而，在日本，海军航空界仍墨守英国'圣培尔'飞行团的旧规，完全依靠飞行员的直观感觉……"

三和义勇在报告的最后强调，日本海军航空兵如不摆脱飞行中完全依赖飞行员的直观感觉的旧框框，转而

查尔斯·林德伯格

1926年，时为海军大佐的山本五十六（二排右二）与海军兵学校同期生合影

第四章 关注飞机和航空兵的发展

注重研究和使用导航仪器的话，将势必陷于绝境。

山本五十六看了这份报告后，惊喜地说："很有道理，我完全同意。报告暂留在我这里，我打算进行一些修改。"

不久，山本五十六修改了结论部分，使言词更加具有说服力，理由更加充分。然后将报告发往国内，刊登在海军内部发行的月报上。这篇报告在日本海军内部引起了强烈的反响。

山本五十六这次在美国待了两年之久。通过对海军航空事业的关注，他已为自己谋划了一条航空之路，也为日本海军迅速发展航空兵谋划了一条道路。

山本五十六任驻美副武官之时，世界形势发生了新的变化。20世纪20年代中后期，随着当时世界上帝国主义列强实力对比的变化，凡尔赛——华盛顿体系所确定的对殖民地和势力范围的分割瓜分再也难以维持了。在欧洲，德国和意大利不断提出修约要求；在亚洲，日本则充当了修约的急先锋。

此时的日本政府面临严重的内外危机。20年代，由于军费负担沉重，经济结构不合理，日本发生了好几次金融危机。与此同时，国内工农运动蓬勃发展，中国人民反对日本侵略的斗争浪潮日益高涨。为了摆脱危机，日本急于武装侵略中国，进而征服亚洲大陆。

1926年12月25日，大正天皇去世，尚武的摄政皇太子裕仁亲王正式继位，改元昭和。裕仁就是在历史上臭名昭著的昭和天皇。这位野心勃勃的侵略家一上台就开始重用少壮派军官，企图发动侵略战争。

1927年4月，推行对华"强硬外交"的田中内阁上台。内阁首相田中义一生于长州藩（今山口县），是长州派军阀和官僚政治家。因参加过中日甲午战争和日俄战争，颇受大军阀山县有朋的赏识，进入陆军中枢机关。1918年，田中任原敬内阁陆军大臣，1921年晋升陆军大将，1925年任立宪政友会总裁。

田中上任仅仅一个月后，便出兵中国山东，同时开始加紧策划武装侵略中国。6月，田中在东京召集外务省、军人、驻华公使、总领事举行一个讨论对华政策的会议，大约为6月27日至7月7日在外相官邸中举行，名为东方会议。

当时的参与者包括外务政务次官森恪、驻华大使、南满铁道社长等人，其中更有在战后出任首相的驻奉天总领事吉田茂及内阁书记官长鸠山一郎。

外务政务次官森恪为该会议实际的主导者,他是所谓"满蒙政策强硬论者",主张中国的东三省(即辽宁、吉林、黑龙江省)从中国分离。

7月7日,会议发表了"对支(华)政策纲领"。这个由8条组成的"纲领",有些内容是欺骗国际舆论的外交辞令,只有一部分条文反映实质性内容。例如,当日本"在中国之权益及日侨之生命财产,有受非法侵害之虞时,将断然采取自卫措施,以维护之",意即以"保护侨民"为借口实行武装干涉。

"纲领"指出,"关于满蒙(中国东北和内蒙古地区),特别是东三省,由于在国防和国民的生存上有着重大的利害关系,我国不仅要予以特殊的考虑,而且要使该地维持和平与发展经济,成为国内外人士安居的地方";"万一动乱波及满蒙,治安混乱,我国在该地之特殊地位与权益有受侵害之虞时,不问来自何方,均将予以防护;而且为了保护这块国内外人士安居、发展之地,应当有不失时机地采取适当措施的思想准备"。

于是,日本当局制造了旨在把中国东北和内蒙古地区分离出去的"满蒙特殊论",成为后来日本侵略中国和亚洲的理论根据。

对田中内阁这样一个杀气腾腾的侵华计划,即便是关东军总司令武藤信义也感到担心。他说:"如果这样一个杀气腾腾的计划付诸实施,日本必须准备面对一次世界大战。首先美国不会容忍,如果美国不同意,那么英国和欧洲其他列强也都不会同意。你要准备对抗美国和终将引起一场世界大战吗?"

田中沉思了片刻,回答说:"我准备迎接这个后果。"

武藤又问:"你确信你此后不会动摇,是吗?"

田中义一(1864年7月25日—1929年9月29日),日本大正、昭和期间的官僚政治家及军阀,第26任日本内阁总理大臣(1927年—1929年)

战争赌徒 山本五十六

武藤信义

田中坚定地回答说:"我为对付这一最坏情况作了充分准备。"

为贯彻这次会议所确定的侵略方针。同年8月16日,田中又在中国的大连召开第二次东方会议。大连会议由森恪主持,驻华公使芳泽谦吉、驻奉天总领事吉田茂、关东厅长官儿玉秀雄等人参加。会议要求扩大日本对京张(北京到张家口)铁路之权利;同时确定,如中国在东北三省自办铁路,凡与日本利益有冲突者,应予干涉,不许修建。

东方会议的内容表明,自华盛顿会议以来,日本政府所宣布的,尽管是虚伪的不干涉中国内政的方针,田中内阁也把它抛弃了。这次会议决定了对中国的强硬的赤裸裸的侵略方针。这一方针直接导致了后来的"九一八事变"和伪满洲国的建立。

四

"赤诚号"航空母舰舰长

1928年3月，山本五十六驻美副武官任职期满，返回日本。随后，他被海军省任命为"五十铃号"舰长。同年12月，山本又在例行的职务调动中被任命为"赤城号"航空母舰舰长，正式成为日本海军的重量级人物。

山本五十六兴奋不已，他终于有机会实践他的舰载机理论了。根据日本海军制定的"八八舰队计划"，原本打算将"赤城号"打造为天城级战列巡洋舰的二号舰。1920年12月6日，该舰在吴港海军船厂正式开工建造。两年后，由于华盛顿海军条约的签订，不得不暂时停工。

1923年，日本政府根据华盛顿海军条约的规定，将原本用来发展主力舰的经费节省下来，用于发展航空母舰。随后，停建的巡洋战舰"赤城号"便被改建为航空母舰，主甲板以上全部重新建造，设有双层机库。最初"赤城号"安装3段飞行甲板呈阶梯状分为3层，上层是起降两用甲板，全长190米，宽30.5米，中、下两层与双层机库相接可供飞机直接从机库起飞，中层甲板供小型飞机起飞，长约15米，下甲板层较长供大型飞机起飞，长56.7米，宽23米。

上层飞行甲板前端下面是横跨舰体两舷的舰桥。后来实践证实短距飞行甲板暴露出许多不足之处，而且舰桥位置太低，不利于观察和指挥。为了消除烟囱排烟对飞机着舰造成的不良影响，锅炉的废气从

1928年，山本五十六担任"五十铃号"舰长

右舷伸向舷外并向下弯曲的烟囱排出。

"赤城号"完工时安装了10门200毫米口径火炮，用来打击巡洋舰等水面目标，其中两座双联装炮塔并列安装在舰桥之前的甲板上，单装炮廓式炮组分别装在舰体后部两侧。

"赤城号"航空母舰于1925年4月22日下水，1927年3月25日正式完工，标准排水量29500吨，航速31.7节。

在紧张的工作中，山本总不忘抽出一些时间到东京去探视他的朋友们。稍稍留意一些二三十年代的资料就能发现，山本的交际圈并不大，但结交的人不是军中权贵，就是皇室贵戚。

除了海军大学的同学之外，山本五十六的大部分朋友都是通过赌博认识的。日本皇室的各宫亲王和贵戚大多喜欢棋艺，他们听说山本五十六精通各种赌技，而且争强好胜，纷纷邀请他到家中去玩。

有一次，伏见宫亲王邀请山本到家里下棋。伏见宫不但是日本皇室的成员，也是日本海军军令部总长，手握大权。他很喜欢下象棋和围棋，几乎到了痴迷的程度。以往陪他下棋的人都有意让他几分，故意输给他。时间一长，伏见宫亲王就有些自命不凡了，总要找一些强手对弈。

伏见宫亲王早就听说山本五十六赌技高超，是海军棋坛、赌场上的一把好手。他早就想和山本在棋盘上厮杀一场了。

落座后，山本五十六就像一根木桩一样，一动不动地盯着棋盘。伏见宫亲王和他连下三盘，竟然没有听他说一句客气话。更让他感觉不可思议的是，山本五十六三盘都以绝对优势取得了胜利。

伏见宫亲王瞪着眼睛，盯着山本，颇为不悦地说："山本君，果真是闻名不如见面！你的棋艺要比传说的好得多！明天再战！如何？"

山本五十六微微一笑，回答说："奉陪到底！"

结果，在第二天的比试中，山本五十六又连赢三盘。这使伏见宫甚为不悦，但仍不服输，他又约山本第三天再战。

当时，伏见宫亲王的贴身副官奥名清信刚好是山本五十六在海军兵学校的同班同学。这位副官看出亲王的情绪不太好，便打算给老同学提个醒。

第三天，山本五十六如约而至。奥名清信在门口相迎。山本五十六与他寒暄一番，便迈步往里走去。奥名清信快步跟上来，小声说："请阁下三思而后行，礼让为上。"

山本五十六转过头，诧异地盯着奥名清信，半响没有说话。奥名清信缓缓道："请阁下记住我的话！"

山本微微一笑，走进书房，再次和伏见宫亲王"厮杀"起来。一来二去，他又连赢三盘。

伏见宫亲王这次终于意识到，以往那些陪他下棋的人都是有意让着他，只有山本五十六才在他面前使出了真本事。怀着一种对强者的崇拜心理，伏见宫亲王不但输得心服口服，而且更加喜欢山本五十六了。从此之后，两人竟然成了无话不谈的好朋友。

山本五十六和久弥宫良子皇后的父亲久迩宫邦彦王的关系也不错。1929年7月，山本五十六前往东京探视久迩宫。在闲聊中，山本得知，他将作为日本代表团的随员参加伦敦海军裁军会议。

久迩宫邦彦王

得知这一消息，山本五十六不禁陷入了沉思。他要利用这层关系随团参加会议。山本五十六不禁陷入了沉思。在抢夺制海权的思想主导下，日本举国上下都十分重视海军的发展。日本政府也企图通过海军与英美展开竞赛，实现其称霸世界的目标。怎样才能实现这个目标呢？很明显，对日本来说，当务之急就是要修改华盛顿会议所定的主力舰5：5：3这一不利于日本的限制。

华盛顿会议主要讨论了主力舰的造舰标准，但对非主力舰并没有加以限制。华盛顿会议之后，各国又于1927年在日内瓦召开了裁减海军军备会议，主要讨论限制非主力舰问题。然而，由于各方心怀鬼胎，日内瓦会议无果而终。

为了解决日内瓦裁军会议未能解决的问题，英国首相麦克唐纳于1928年9月赴美与美国总统胡佛磋商，决定在伦敦再召开一次海军裁军会议。胡佛同意了这一建议，并将会议日期定在1930年1月。

随后，各国海军便紧锣密鼓地展开了会议筹备工作。由于山本五十六曾到欧美考察，又曾任驻美副武官之职，对美国和英国的海军发展情况都比较了解，遂被海军省指定为代表团随员。

当时，日本举国上下一致认为华盛顿会议的结果是对日本人的侮辱，必须要在伦敦会议上找回尊严。然而，山本五十六并不这样认为，他认为，正是由于华盛顿会议对日本海军的发展作出了限制，海军省才得以将大量经费用于制造航空母舰，发展海军航空兵。而且，航空母舰必然在未来的海战中发挥决定性作用，至于各国正趋之若鹜地建造的大型战列舰，到时候顶多只能做做陪衬罢了！也就是说，日本根本不必在主力舰或其他舰艇的建造上与英美一争长短，只需要发挥自身的优势，继续加强航空母舰和潜艇部队的建设就可以了。

然而，作为一名大佐，山本五十六无力改变日本政府和军界的既定方针，他只能接受并严格执行海军省的命令。他得到的命令是，日本在舰艇的吨位上必须保持对美7∶10的比例。

五

出席第一次伦敦裁军会议

1929年10月,就在各国代表团成立之际,一场前所未见的经济危机迅速从美国席卷整个资本主义世界。这次经济危机就是1929年到1933年的世界性大萧条。这次大萧条不但对英美影响甚大,而且也促使日本和德国这两个军事独裁国家加速了对外侵略的步伐。

1929年11月,日本赴伦敦参加会议的全权代表团正式宣告成立。作为海军随员,山本五十六大佐、丰田贞次郎大佐等人均名列代表团成员之中。除了4名全权代表和首席随员左近司政三中将之外,其他成员全部是佐官。由此可见,日本政府对少壮派军人的看重。这也说明,日本政府对这次在大萧条背景下召开的裁军会议信心满满,志在必得!

11月30日,日本代表团从横滨启程,取道美国前往英国。在船上,山本五十六接到了一个特殊的任务——套取美国对此次裁军会议的基本态度,并与美国在会前达成一个非正式的协定。

在华盛顿停留期间,山本五十六一行受到了美国总统胡佛的宴请。在宴会上,因大萧条而焦头烂额的胡佛总统勉强做出一副笑脸,端着酒杯,周旋于日本人之间。虚伪的日本人则面带微笑,表面上一个劲地为"两国友谊干杯",内心里却一直想知道美国人对伦敦裁军会议的态度。

山本五十六在人群中穿梭着,不时用流利的英语和白宫的官员们打着

1929年大萧条下美国一家银行出现挤提

战争赌徒 山本五十六

加拿大失业游行

招呼。突然,他看到了胡佛总统的海军副官艾伦·史坎南上校。山本担任驻美副武官之时就认识艾伦,而且私交不错。

山本快步上前,微微举起酒杯,微笑着打招呼道:"上校,多年不见,你风采依旧啊!"

艾伦耸了耸肩膀,微笑着说:"还行吧!"

两人一边互相敬酒,一边聊着一些无关紧要的话题。在交谈中,山本五十六敏锐地发现,艾伦对自己很警惕,话题只要涉及伦敦裁军会议,他就会马上用另外的话题岔开。

山本在心里嘀咕道:"看来无法从他口中得到什么有用的情报。"

想到这里,山本面带微笑地说:"上校,真怀念和你共同'作战'的那些岁月啊!"

艾伦举起酒杯,呡了一口,诡异地笑道:"何时再共同'作战'呢?"

原来,艾伦·史坎南也特别喜欢赌博。山本五十六任驻美副武官期间,他们常常一起出入华盛顿名流举办的各种聚会,打牌作乐。

山本立即来了精神,低声道:"等我电话。"

几天后,山本给艾伦打电话说:"上校,今晚我可以离开代表团,你安排一下吧!"

当天晚上,艾伦便带着山本五十六去了一个华盛顿官员的会所,和白宫高层打起了桥牌。凭借出色的赌技和"诚恳"的态度,山本五十六仅仅用几个小时的时间就套出了美国人对伦敦会议的基本态度。

受到经济危机和国内孤立主义的影响,美国政府无力阻挡日本在东亚地区和西太平洋上的扩张,基本可以满足日本准备在伦敦会议上提出的要求。

获知这一消息,山本五十六兴奋异常,立即向代表团汇报。就在此时,海军省发来命令,将山本的军衔晋升为了少将。

1930年1月21日,伦敦海军裁军会议正式开幕。日本代表团率先提出了内阁事先批准的三大原则,即:日本非主力舰的总吨位必须保持在美国海军总吨位的70%,大型巡洋舰的总吨位也要保持在美国海军巡洋舰总吨位的70%;潜水艇维持现有的7.8万吨。

不能不说，这是一个如意算盘！当时，日本潜艇的数量和总吨位均远远超过美国，名列世界第三，仅次于英、法。如果日本政府的这一要求得到满足的话，也就意味着，日本联合舰队和美国海军的实力悬殊将大大缩小。

聪明的美国人不可能不明白这一点。他们立即对日本代表团的提案表示了强烈的反对。美国方面坚持非主力舰的吨位比例应按照主力舰的比例，并提出了全面废除潜水艇的建议。很明显，如果美国人的要求得以实现的话，美日两国的海军实力悬殊将进一步拉大。

日美双方各执一词，互不相让。于是，10年前华盛顿会议上的争论又重新上演。美国人坚持日美的军舰应保持6∶10的比例，而日本在坚持7∶10的比例。会议上的争吵十分激烈，甚至到了要休会的程度。由于日本代表团事先了解美国人的意图，所以寸步不让。

看着眼前的情形，山本五十六不免有些担忧。他在给好友海军省军务局长堀悌吉少将的信中提到："这次会议真如同老牛拖车，未来的结果实令人担忧。"

时间一天天过去了，日美两国的争论也因3月份的一个幕后妥协方案而结束了。妥协方案规定，日本辅助舰的总吨数可保持在美国的69.75%，但大型巡洋舰的比例仍维持6∶10，潜艇的比例与美国相等。

3月14日，日本代表团就上述方案向政府请示。日本当局接到请示电文后，海军方面立即分裂成旗鼓相当的两派。海军省从稳定内阁的角度出发，指出在现阶段采取妥协态度是迫不得已的事情，而军令部则从战略、战术的角度出发，指出一旦对美开战，潜艇将成为日本海军的唯一优势。如果按照这个限制日本大型巡洋舰和潜艇的妥协方案签订协议的话，日本潜艇的总吨位将从现有的7.8万吨降低为5.27万吨。如此一来，日本海军对美国海军的优势将不复存在。

时任日本首相滨日雄幸经过仔细考虑后，同意了海军省的看法。4月1日，首相复电通知日本代表，批准了该方案。4月2日，日本代表团与英美两国的代表团互换了备忘录，并于20天后签署了《限制和裁减海军军备的国际条约》。

应该说，与华盛顿会议相比，日本是伦敦裁军会议的胜利者。然而，日本国内军国主义势力却不这样认为。他们立即在国内掀起了一场大规模的抵制运动，攻击政府对英、美实行投降外交，指责内阁不顾军令部的反对，与英、美妥协，实在是侵犯天皇对军队的统帅权（军令部为统辖海军的最高组织，直接对天皇负责）。

这场运动的直接后果是，进一步激化了军令部和海军省之间的矛盾。5月20日，海军军令部少壮派代表人物、青年参谋草刈英治少佐企图暗杀伦敦裁军会议全权代表之一的海军大臣财部彪大将。暗杀行动失败后，疯狂的草刈英治为唤起国内右翼势力的注意，竟然剖腹自杀了。一个月后，军令部部长加藤宽治向天皇提出辞呈，将这一矛盾推向了又一高度。

虽然《限制和裁减海军军备的国际条约》最后签字生效了，但滨口雄幸首相本人也于当年11月14日在东京车站被杀，这预示了法西斯逆流在日本的抬头。

目睹这一系列变局的山本五十六，深受刺激。回国后，他并没有到海军省报到，而是直接返回家中，闭门谢客，重新考虑日本的出路。外界甚至盛传，山本五十六少将将要告别海军，辞去军职。

作为一名海军"新秀"，山本五十六的行为引起了海军省高层的关注。几天后，军务局长堀悌吉少将来到山本家中。寒暄之后，堀悌吉开门见山地说："山本君，你知道吗？因为你未向海军报到，大家都谣传你将引咎辞职。"

山本五十六重重地叹了口气，缓缓道："怎能就这样辞职呢？回国后我一直在思索如何来弥补此次会议的缺憾。国人只知道一味地批评条约的不是，这根本无济于事。"

堀悌吉沉思了片晌，问道："你又要发表你的飞机论？"

山本五十六回答说："在这种军备比例下，假如有一天和强劲的美国海军作战应该怎么办？假如我们不理会裁军条约而建造主力舰，他们也同样会造，何况美国的工业生产能力远远超过日本。我们建造一艘主力舰，他们能造出两艘，甚至更多。解决这一问题的唯一办法是，在开战之初以空袭痛击对方，使对方的海军实力劣于我国，至少是大致相当。因此当务之急，日本必须优先发展空军。"

伦敦裁军条约未对海军航空兵的发展作出任何限制，而且英美两国对此也不甚热衷。狡猾的山本五十六便从中找到了一条战胜美国海军的捷径。可以说，这是山本在第一次伦敦裁军谈判期间获得的最大收获。

第五章

出任海军次官

一
从技术处长到航空战队司令

第一次伦敦裁军会议结束后,日本的政治局势发生了颠覆性的改变。一方面,在世界性的经济危机的冲击下,日本经济迅速崩溃,工厂倒闭,工人失业,整个国家一片萧条!另一方面,少壮派军官认为日本政府在华盛顿会议和伦敦会议上一再受辱,再也无法领导整个国家和民族了。他们决定发动政变,推翻政府,建立军法统治。

1930年夏季,陆军总参谋部的少壮派军官成立了军内最大的法西斯组织——樱会。这个以日本国花命名的极右组织极力鼓吹对内实施革命,"改造国家","如为此需要使用武力,亦在所不辞";对外应当实施侵略政策,因为"战争乃创造之父,文化之母"。

疯狂的樱会成员企图以武力解决所谓的"满蒙"问题。1931年3月,樱会策划了一次武装政变,但最终以失败告终了。由于整个日本社会都倾向于对外发动侵略,政府对参与政变的右翼法西斯势力一律予以宽大处理。随后,樱会的主要成员悉数被调往驻中国东北的关东军。

这就等于把一群嗜血的恶狼放在了肥羊的身旁。中国东北的局势骤然

柳条湖事件爆破现场

紧张起来，日军的挑衅事件接连不断。1931年9月18日，关东军铁道"守备队"炸毁沈阳柳条湖附近的南满铁路路轨，并嫁祸于中国军队，这就是所谓的"柳条湖事件"。

随后，日军以此为借口，突然向驻守在沈阳北大营的中国军队发动进攻。由于东北军执行蒋介石的"不抵抗政策"，当晚日军便攻占北大营，次日占领整个沈阳城。日军继续向辽宁、吉林和黑龙江的广大地区进攻，短短4个多月内，128万平方公里、相当于日本国土3.5倍的中国东北全部沦陷，3000多万东北父老成了亡国奴。这就是震惊中外的"九一八事变"。

"九一八事变"爆发后，日本少壮派军官在政坛和舆论界的影响力大增，法西斯势力空前膨胀。法西斯分子的罪恶活动也更加肆无忌惮。他们策划、发动了一连串的暗杀事件，给日本法西斯运动涂上了一层血淋淋的印迹。

1932年2月9日，法西斯势力"血盟团"开始实施"一人一刀"计划。原大藏大臣井上准之助、三井财阀的董事长团琢磨等人相继在暗杀行动中遇刺身亡。

3月9日，日军扶植清朝末代皇帝爱新觉罗·溥仪在东北建立了伪"满洲国"。尽管国联在对日本侵略中国问题上极尽妥协绥靖之能事，但这次也站了出来。这主要是因为日本的侵略野心并不局限于中国东北，而且日本要独霸中国的企图也与英美发生了矛盾。

1933年1月，国联在特别大会上通过了谴责日本侵略和要求日本退出中国东北的决议。日本蛮横地拒绝了国联的要求。3月29日，日本宣布退出国联。从此，日本逐步走上了与英美武力对抗的道路。

同年5月15日，一批法西斯青年军官与农本主义者橘孝三郎所领导的爱乡塾学员合谋，袭击了首相官邸及内大臣官邸、政友会本部、三菱银行、首都警视厅、变电站等处，妄图制造混乱，乘机发动政变。结果首相犬养毅被暗

日军在九一八事变后进入沈阳

杀，这就是日本历史上有名的"五一五事件"。

"五一五事件"11天后，即5月26日，日本成立了以海军大将斋藤实为首的所谓"举国一致"的内阁。至此，日本政党内阁时代结束，取而代之的是军事独裁政府。

此后，日本在军国主义的道路上越走越远。1933年7月，一批法西斯分子再次发动政变，企图在日本建立直接的法西斯统治。政变虽然未能成功，但政变者没有一人被处决，全部被判得很轻。这种情况直接导致了日本政坛在不久后上演了更大规模的血腥兵变。

在动荡的政局中，山本五十六运气颇好，第一次伦敦裁军会议结束后，山本五十六受命出任海军航空本部技术处长，这是他梦寐以求的职务，欣喜自不必说。

在20世纪30年代之前，日本的工业生产技术还比较薄弱，根本无力独立完成飞机制造任务。第一次世界大战以前，日军的飞机要么从意大利进口，要么仿制英、法的飞机。第一次世界大战结束后，德制装备在世界军事界声名鹊起，日本又转而学习德国的生产技术。

不得不承认，日本人的模仿技术堪称世界一流。他们模仿英、法、德等国的飞机甚至比原机还要出色。那时，只要有较先进的新式飞机出现，日本政府都会斥巨资购进一两架，然后将之拆卸，反复研究，在此基础上稍加改装，便定型投入批量生产。

飞机制造业的落后局面严重束缚了日本航空兵的发展。与陆军航空兵相比，海军航空兵由于起步较晚，发展更为落后。山本五十六敏锐地意识到了这一问题。当时，航空母舰搭载的飞机主要是带有轮胎的舰载机和带有浮筒的水上飞机。这两种飞机的活动范围十分有限，大约只有200海里，武器装备也比较陈旧，除了承担侦察、搜索任务之外，只能勉强执行一些近距离的轰炸任务。

正因为如此，大部分人都认为飞机只能当作主力舰的辅助

五一五事件

兵器使用，根本无法充当海军的主力。美国的比利·米切尔正与美国海军当局围绕着海军航空兵在未来战争中的作用究竟有多大展开激烈的争论，一心想要扩充海军实力，称霸西太平洋的日本对海军航空兵的发展前景也持怀疑态度。

山本五十六却坚信，飞机成为海军的主要武器只是时间问题。不需要十年，人们便可以造出更为先进的飞机，使其成为决定未来海战胜负的主要力量。他曾不止一次地对身边的朋友说："只要看看飞机在过去10年间的迅速发展，就应该相信，飞机在未来的10年中一定会取得更惊人的发展。"

对此，有人以潜水艇的例子予以反驳。他们说："潜水艇刚刚出现的时候，世界各国对这种新兵器的威力也曾十分吃惊，有人甚至提出潜水艇在未来可能会替代主力舰，成为海军的主要兵器。第一次世界大战期间，德国的U型潜水艇也曾独步一时。然而，当反潜武器出现之后，潜水艇的作用便大为降低了，又有谁能够保证，飞机不会遭到和潜水艇一样的命运呢？"

山本五十六反驳说："飞机和潜艇最大的不同点是速度。1927年，林德伯格横渡大西洋时，举世震惊，靠的就是速度。飞机速度增加后，军舰1天的行程，飞机1小时或半小时就能完成。我敢断言，要不了多长时间，现在的'海空军'就会成为'空海军'。"

上任伊始，山本五十六就提出，技术处不但要大力革新飞机制造技术，制造有耐久力的全金属高性能的作战飞机，还要实现一切零部件的国产化。当时，技术处和各大飞机生产基地都挂着这样两句标语："一切国产化"，"使用国产品，否则就没有日本航空的独立和发展"。

为此，山本在海军省的支持下于1931年创建了第十四基地航空队，又于1932年成立了集飞机维修、制造于一体的综合实验机构，大力进行开发研究。

山本五十六虽然主张通过签订条约的方式和美国保持相安无事的状态，然而，他比谁都清楚，随着矛盾日益激化，日美之间必有一战。日本海军未来的敌人是拥有强大优势的美国海军。

在这个前提之下，山本五十六首先考虑生产一种大型化的远程陆基机。他希望依靠这种远程飞机来有效地削弱美国海军的力量，以便扭转日本海军的劣势地位。山本设想，如果美国凭借强大的海军优势横渡太平洋，向西进攻日本的话，日本海军便可以使用这种飞机，到近海以外的海域上空予以阻击。

山本的目的很明确。他希望这种大型的远程陆基机可以在美国舰队抵达日本近海之前，将其力量削弱到与日本海军的力量大致相当，甚至是劣于日本海军。要实现这一战略目标并不容易，但也并非全无可能。日本海军与美国海军相比，虽然处于劣势，但在某些方面也具备一定的优势。比如，日本占领的南太平洋各群岛便可作为远程陆基机的基地，即山本五十六所说的"不沉的航空母舰"。

1933年，山本五十六设想的远程陆基机终于研制成功了，被命名为"八试特种侦察机"（1933年为日本天皇纪年昭和八年）。

除了主持研制"八试特种侦察机"之外，山本五十六还参与了几种中型攻击机、战斗机和轰炸机的研制工作，其中包括著名的"零"式战斗机。"零"式战斗机的战斗机速度、火力强度和性能堪称世界之最。在中国战场以及后来的太平洋战场上，这种性能卓越的战斗机曾给刚刚起步的中国空军以毁灭性的打击，也令美、英、荷等国空军闻风丧胆。

1933年10月3日，山本五十六卸任航空本部技术处长之职，转任第一航空战队司令官。巧合的是，第一航空战队的旗舰正是山本曾经待过的"赤城号"航空母舰。尽管山本离开了技术处，但他并没有放下"八试特种侦察机"的研制工作。

第二次登上"赤城号"之后，山本一边加强对飞行人员的培训，尽量缩小与世界强国的差距，一边继续关注"八试特种侦察机"的研究进程。1934年，"八试特种侦察机"被改造成"九试中型陆基轰炸机"，并于1936年投入批量生产。日本军界将这一远程轰炸机称为"九六式陆基轰炸机"（1936年是日本天皇纪年2596年）。在侵华战争中，装备有这种飞机的日本木更津和鹿屋两个航空队大肆屠杀中国人民，犯下了累累罪行。当然，这些都是后话了。

"九六式陆基轰炸机"定型了，第一航空战队的飞行训练也取得了很大的进展。不过，由于技术不熟练和飞机性能上的缺陷，再加上山本的要求极为严格，训练中时常发生伤亡事故。第一航空战队也因此遭到了民众的指责并引起飞行员的不满，舰队司令部只好恳求山本五十六放宽训练。

对舰队司令部的要求，山本五十六不置可否。在呈递舰队司令部的非正式报告中，山本五十六说："这是命令吗？如果是命令，我只好遵从。如果仅是建议的话，最好由我们自己去解决。我国的航空部队起步比欧美晚了很多，想要打造一支世界一流的空军，除了严格训练之外，别无出路。"

不久，山本这篇报告的内容被人捅了出来。士兵们怨声载道，纷纷指责山本五十六不近人情，不顾普通士兵的死活。山本闻言大怒，不禁斥骂道："大日本帝国的联合舰队在航空兵方面远远落后于欧美海军，这是不争的事实。战争不会留给我们太多时间来弥补这一差距。这种紧张的训练，甚至是伤亡，是我们必须付出的代价！"

此后，虽有飞行员在背地里抱怨，但再也没有人敢公开谴责山本五十六了，而他们对待训练的态度也有了极大的改善。正是在这种魔鬼式的训练之下，第一航空战队训练了大批亡命徒似的飞行员。他们在太平洋战争初期，尤其是偷袭珍珠港的过程中，给美军造成了极大的威胁。

有一次，由内阁议员组成的参观团登上"赤城号"航空母舰参观。为了显示训练成果，山本五十六特意为议员们安排了一场惊心动魄的飞行表演。两名飞行员驾驶着战斗机，突然升空，不经编队便做起了各种高难度动作。他们时而急速爬高，时而翻转飞行，时而快速俯冲，紧紧贴在一起，动作敏捷，看得众人大气也不敢喘。

表演结束后，有人说："有这样的军人和军队，真是国家之幸，民族之幸！"

也有人兴奋过度，口不择言地喊道："嘿，真是好看极了，简直像是马戏团的表演。"

山本五十六听到这话，脸色一沉，极为不悦地说："各位先生，这并不是游戏！我们的飞行员在空中做的每一个动作都充满危险。像刚才那样的急速俯冲会让他们的肺部充血，缩短寿命。一个人一旦过了30岁，不管身体多么强壮，都不能再接受这样的训练了。实际上，我并不忍心让这些小伙子做这种高难度的危险动作！不过，为了国家，我们又不能不这样做。"

听了山本的这番话，众人立即陷入了沉默。山本此番言论并不是为了博取议员们的同情。实际上，他确实不愿意他的飞行员进行高强度的飞行训练，但为了应对潜在的战争，他又不得不这样做。他鼓励飞行员们将训练场当作战场，并把在训练中的死亡当成阵亡，规定了很高的抚恤金。

顺利被擢升为海军中将

山本五十六判断，随着日美两国在太平洋上矛盾的日益尖锐，两国之间的战争已经无法避免。他预计，这场战争降临的日期已经不远了，多则10年，少则5年，战争就会爆发。当时间的脚步来到1934年的时候，这种趋势就更加明显了。

按照各缔约国的约定，《华盛顿条约》将在1935年到期。条约到期后，它将失去限制各国主力舰力量对比的约束力。那么，在各国矛盾日益激化的情况下，一旦各国的军事力量失衡，就很有可能会爆发新一轮的世界大战。

实际上，此时的欧洲大陆已经笼罩在战争的阴云之下了。早在1929年，即大萧条爆发之时，第一次世界大战的发起国和战败国——德国，在经济危机的打击之下，政局也再次动荡起来。阿道夫·希特勒趁机鼓动中下层人士，利用德国人的复仇情绪扩充纳粹党，走上了军事独裁之路。

希特勒大肆活动，一方面宣称经济危机是"政府无能"，是政府接受《凡尔赛条约》和战争赔款及奉行"社会主义"政策的结果；一方面对各阶层人民不断做出符合其愿望的慷慨许诺，宣称纳粹党不是一个阶级政党，而是"大众党"，并重点向中下层的中产阶级发动讨好攻势，以争取得到他们的支持。

纳粹党迅速壮大。经济危机爆发之前，纳粹党只有10.8万人，到1932年时已经超过了100万。在1932年7月31日举行的国会选举中，纳粹党获得了37.3%的选票，一跃成为国会中最大的党派。希特勒趁机施展手段，于1933年1月30日登上了德国总理的宝座。魏玛共和国宣告垮台，德国正式进入了希特勒法西斯独裁统治时期，史称德意志第三帝国。

希特勒上台后，大力排挤其他政党，并通过"长刀之夜"等一系列暴力事件，完成了自上而下的夺权活动，建立了纳粹党一党独裁的法西斯极权统治。不可否认的是，希特勒在政治和经济上采取的一系列措施确实让德国暂时摆脱了经济危机的威胁,并在一定程度上恢复了德意志民族的民族自豪感。

令人惊奇的是,英、法两个欧洲传统大国对德国挑战《凡尔赛条约》的行径一再忍让。两国民众也因对第一次世界大战所造成的破坏记忆犹新,几乎全部站在和平主义的立场上,主张大规模地裁军。

一些有识之士,如第二次世界大战期间出任英国首相的丘吉尔敏锐地看到了在欧洲上空密布的战争阴云。他愤怒地写道:"我们以吃惊和忧伤的心情看到:残忍的暴力和好战的狂热甚嚣尘上,对少数民族进行残酷无情的虐待,仅以种族为借口而拒绝对文明社会为数众多的个人提供正常的保护。"

英、法两国对德国的挑衅一忍再忍,时任美国总统罗斯福则在大萧条和孤立主义的双重压力下不得不对欧洲的态势保持适度的沉默。如此一来,德国纳粹就更加肆无忌惮了。

德国纳粹的挑衅行径进一步刺激了日本政府的侵略野心。日本军界,尤其是海军,急切地希望在《华盛顿条约》即将到期之际,摆脱国际裁军条约的束缚,扩军备战。因此,日本政府准备在即将召开的第二次伦敦裁军会议上提出要求:放弃"比例主义",主张各国军舰总吨位一律平等,只规定"不威胁,不侵略"的标准。

1934年9月7日,山本五十六被任命为伦敦海军裁军会议预备会议日本方面的海军首席代表。内阁指示山本五十六,在裁军会议上务必顽强抗争,贯彻日本政府的既定方针,实在不行的话,就宣布退出条约。

素有"顽强的山本"之称的山本五十六坚定地回答说:"保证完成任务!"

山本五十六并不知道,在他受命担任海军首席代表的当天,内阁就已经决定废除《华盛顿条约》。外相已经向法国、意大利等国发出呼吁,要求各国联合起来,共同抵制《华盛顿条约》。政府任命山本五十六为海军首席代表,远赴伦敦谈判,不过是为了掩人耳目罢了。他们期待着山本既能使日本达到废除条约的目的,而又不背上舆论和道义压力。

海军省对此次裁军会议寄予了很大的希望。山本出发前,海军大臣特地为其举行了欢送会。军人面对军人,所有不必要的寒暄都被省略了。众人沉默着,一杯一杯地喝着酒。山本五十六也始终保持着沉默。当欢送会要结束的时候,山本五十六来到海军大臣的面前,高举酒杯,以不容否定的口吻要求道:"将军阁下,在符合总谈判方针、原则、指导思想的前提

战争赌徒 山本五十六

1934年9月，山本五十六（右侧白衣站立者）准备参加伦敦条约会谈前，军官同事为其送行

下，请允许我根据谈判的具体情况，无需向国内请求便做出某种决定的权限。"

海军大臣沉默了半响，回复说："山本君，我本人可以答应你的请求。但在最终答复你之前，我必须向天皇和首相请示一下。"

几天后，山本得到了正式通知：天皇和首相已经批准了他的要求。一个星期之后，山本在东京车站登上了开往横滨的列车。他将在横滨乘船，取道美国前往伦敦。出发之时，东京车站和横滨港挤满了送行的人群。狂热的军国主义分子对山本之行寄予了很高的期望。对此，山本五十六忧心不已！

当然，这并不是说山本五十六是一个和平主义者。他并不反对日本政府和英、美等国翻脸，但他深知，日本与英、美的经济、军事实力相差太大，一旦处理不好，势必会引火烧身！在海上，山本五十六给好友堀悌吉写了一封信，表达自己对国内和国际形势的看法。他说："此次远赴伦敦，我心着实不安。出发的时候，无论是东京火车站，还是横滨码头，都有很多赶来为我送行之人。他们或称某某同盟，或称某某联合会，密密麻麻地聚在一起，看不清面目。他们宣读决议或宣言以壮我行，令我颇感不快。在当前的国际环境下，这样的忧国志士实在令人担心。"

山本五十六刚到美国，就被一群记者围了起来。此时，美日两国的矛盾日趋公开化。以比利·米切尔为首的一大批有识之士，正诉诸舆论，急切要求美国发展航空兵，以对付日本。

然而，由于飞机本身存在的一些问题，再加上整个美国社会都被和平主义和孤立主义所笼罩着，米切尔的呼吁不但没能唤起公众的注意，反而为自己招来了不少灾祸。早在1925年，刚刚晋升为准将不久的米切尔就因为和一名高级官员发生冲突，被送上了军事法庭。经过几个月的辩论，这位杰出的军事家被军事法庭判处有罪,军衔由准将降为陆军上校,并被克扣了5年的薪金。

尽管如此,但米切尔依然没有停止发展航空兵的宣传。山本五十六十分关注米切尔上校的言论,但却极力掩饰着,以防被人看破。当有记者问他有关日美之间日益紧张的关系时,他用日语宣称:"我从来没有认为美国是潜在的敌人,日本的海军计划也永远不会包含日美战争的可能性。"

一名记者追问道:"比利·米切尔上校认为美国应该大力发展航空兵,以应对来自日本的潜在威胁。对此,将军阁下有什么看法?"

从哈佛大学毕业的山本五十六装出一副听不懂英语的样子,又学美国人的习惯,耸了耸肩,拒绝再说任何别的话。天真的记者们听信了日本人的谎言,并以此为依据,猛烈攻击米切尔,说他的建议纯粹是为了一己私利而损害美国民众的普遍利益和日美关系。

米切尔伤心极了,但又无可奈何,最终于1936年在凄凉中死去了。直到2003年10月8日,美国国会才批准时任美国总统小布什的提案,将米切尔晋升为少将军衔,并追认其为"现代空军之父"。

当然,这些都是后话了。这里先看看山本五十六在第二次伦敦裁军会

1934年9月,山本五十六(二排右四)与参加伦敦裁军会议的日本代表团合影

议上的表现。这位日本海军少将离开美国后,便乘坐"贝伦加里亚号"邮轮横渡大西洋,来到了伦敦。和在美国遇到的情况一样,他刚下船就被一群记者围了起来。这一次,他操着十分标准的新英格兰口音,给英国的记者们提供了一条头版新闻:"日本再不能屈从于海军比例制的约束。在这一点上,我国政府没有任何妥协的可能。"

遗憾的是,粗心的美国记者们并没有注意到山本五十六前后判若两人的表现。如果他们注意到了这一点的话,或许就能识破山本的谎言。也许,美国海军在太平洋战争初期就不会那么被动了。可惜的是,历史没有"如果",时间也不可能倒流。

1934年10月25日,第二次伦敦裁军会议预备会议开始了。英国代表团的阵容十分强大,首席代表乃是首相麦克唐纳,成员包括外交大臣西蒙、海军大臣蒙塞尔、参谋长查特菲尔德和外交部参事克莱齐等。美国代表团也不乏重量级人物,首席代表是驻英大使戴维斯(曾参加第一次伦敦裁军会议,当时为美国副国务卿)和参谋长史坦德。

和这些人物相比,山本五十六的身份显然有些低了。在最初几轮的谈判中,这位日本海军军官明显感觉到了英美两国代表对他的歧视。不过,他对此并不在意。好斗的山本五十六凭其赌博养成的善于观察和估量对手的才能,很快就在谈判中令对手头疼不已了!

这时,日本政府似乎也意识到了山本五十六的权限和地位不匹配的问题。11月15日,日本海军省正式颁布命令,擢升山本五十六为海军中将,全权负责谈判事宜。

1934年10月,山本五十六出席伦敦裁军会议时在寓所拍摄。11月15日晋升为海军中将

三
在预备会议上心怀鬼胎，巧舌如簧

晋升为海军中将之后，山本五十六的身份虽依然无法和英美代表对等，但已经足够引起英美的注意了，说话的底气也足了很多。三方代表首先就潜艇的存废问题展开了争论。由于日本方面在主力舰上受到了限制，对发展潜艇的兴趣十分浓厚，而在主力舰上占优势的英、美两国则要求废除潜艇。

三方各执一词，互不相让。山本五十六坚称潜艇为防御性武器，并以此为理由，宣称日本在发展潜艇方面不应受到任何条约的限制。美国代表史坦德针锋相对地指出："世界军事界早已达成共识，潜水艇是攻击性武器，这一点我们确信无疑。但日本方面却把它视为防御性武器，这是为何？我们想听听将军阁下的意见。"

山本五十六面带微笑，不紧不慢地说"阁下也是海军军人出身，而且不论在年龄方面，还是在经验方面，都是我的前辈。我想，关于潜艇的性能，阁下应当比我更为清楚。从续航力方面来讲，潜艇比驱逐舰大，但不要忘了，潜艇的构造不适宜船员长期生活，贮备粮食的性能也远远不如驱逐舰。因此潜水艇根本不能远离基地，深入到敌国海域作战。换句话说，潜水艇的主要任务就是部署在近海，防御敌舰来攻。"

说到这里，山本五十六环视了一下与会代表，似在征询众人的同意。史坦德想要说什么，山本没等他开口，又抢先补充道："畏惧潜艇是毫无道理的。这就像是小偷害怕院子里的狗一样，只要不随意侵入，就不会有被狗咬的顾虑。这是我国政府和我个人将潜水艇视为防御性武器的理由。"

英、美两国的代表被山本五十六这个既生动又略显低俗的比方弄得哭笑不得，但又找不出更好的理由来反驳他。

随着会谈的深入，山本五十六又提出了日本海军在主力舰方面应该和英美两国完全对等的要求。英国海军参谋长查特菲尔德上将逐步意识到，日本政府的目的是想在不担负破坏会议之责的前提下摆脱《华盛顿条约》

的束缚，用一句俗语来说，就是"做了婊子还想立牌坊"。

于是，查特菲尔德上将便向美国方面施加压力，要他们缓和态度，拖住日本，看山本五十六还有什么伎俩可施。然而，美国方面丝毫不愿让步。他们抱怨说："美国海军必须分遣在两个大洋使用，所以我们无论如何也不能接受舰队总力量与日本完全相等的方案。"

山本则毫不动摇地坚持要完全对等原则。在一次宴会上，与会各方又提及主力舰的比例问题。山本五十六指了指餐盘内的食物，对众人说："你们看，我个子虽然比你们小，但我需要的食物并不比你们少。我想，你们不会坚持只让吃盘内五分之三的食物，你们会让我按自己的需要来吃的。"

英、美两国的代表尴尬地笑着说："我们实在无法理解东方式的思维。"

由于日美分歧太大，会议行将结束的时候，各国代表们依然没有达成共识。山本五十六有些着急，遂电告东京，请求指示。海军省在回电中指示山本：以取消航空母舰为杀手锏，迫使英美接受日本的要求。

山本五十六在接下来的会谈中提出了这一要求。美国代表戴维斯知道山本是一个"空海主义"者，遂讽刺道："据我所知，山本将军曾担任'赤城'号航空母舰的舰长，也曾任过第一航空战队的司令官。我实在无法理解，拥有将军这种经历的人竟然会提出废除航空母舰的建议！"

山本五十六笑了笑，不慌不忙地答道："不错，我曾任'赤城'号航空母舰舰长及第一航空战队的司令官。正因为有这样的经历，我才能比在座的各位更深刻地体会到飞机的威力在今天已经取得了很大的进步。我相信，在未来，它还会有更大的发展。按照这种趋势发展下去，航空母舰在将来势必会成为整个舰队的中心力量，其威力是无可预知的。一想到航空母舰将在战争爆发之际给人类带来巨大的不幸，我就感到不寒而栗。所以，我才不得不主张废除航空母舰。"

戴维斯找不出任何理由来反驳山本五十六这番冠冕堂皇的话。他低下头，向身边的美国代表小声嘀咕道："不知是我的能力不及休斯（华盛顿会议期间的美国首席代表），还是山本的水平比加藤（即加藤友三郎，华盛顿会议日本首席代表）高。在华盛顿会议时，是美国左右谈判局势，而现在却完全相反，山本五十六完全掌控了谈判的局面。"

在非正式场合，戴维斯还多次对他的朋友们说："东方人常说'士别三日当刮目相待'，这个山本五十六在华盛顿会议时只是一只小鸟，如今却已经成了一只老鹰。要对付他，可不是一件容易的事情。"

戴维斯的话传出去之后，最高兴的是英国的新闻记者们。自预备会议开始以来，各大媒体的报道大多是"会议陷入僵局""各方僵持不下"之类的语句。如今，记者们终于找到一个新鲜话题了。他们在报纸上大肆宣传，称"变成老鹰"的山本虽然说话时面带微笑，但那却是"钢铁微笑"。

英国前首相劳合·乔治读了这些报道，对山本五十六产生了浓厚兴趣。在会议间歇，他特意邀请山本到其私邸赴宴。他对山本说："戴维斯感叹说，他在华盛顿会议上遇到的那只小鸟现在变成了一只老鹰！我并不这样认为，要我胡诌，你是一只鹫——伦敦之鹫！"

加藤友三郎（1861年4月1日—1923年8月24日），日本海军军人、政治家

"过奖，过奖！"山本五十六连声道，但脸上的笑容表明，他对"伦敦之鹫"的说法十分满意。

当山本在伦敦备受关注之时，美国人终于意识到了日本人的真实意图。于是，戴维斯便将计就计，公开表示愿意就主力舰的吨位限制和日本展开谈判。山本五十六闻讯大惊，慌忙电告东京，寻求指示。

本来，日本人打算以无理要求来激怒英美两国代表，以便推卸破坏谈判的责任。如今，美国人宣称愿意就此和日本人展开谈判。那么，摆在日本人面前的路只有两条：一是暂时取消扩军计划，"哑巴吃黄连"，默默地和美国人进行毫无意义的长期谈判；一是单方面退出《华盛顿条约》，承担国际舆论的指责。

很显然，无论哪一种选择，其后果对日本来说都是十分不利的。所谓"两害相权取其轻"，狡猾的日本人选择了后者。1934年12月29日，日本政府宣布退出《华盛顿条约》。

就这样，第二次伦敦裁军会议预备会议不欢而散，山本五十六也完成了他的使命，打算取道苏联，返回日本。

四
主张适当克制侵略野心

第二次伦敦裁军会议预备会议召开之时，纳粹德国已经在欧洲大陆上埋下了一个巨大的"火药桶"，随时准备发动第二次世界大战。德国裁军事务代表驻国际联盟大使里宾特洛甫在希特勒的授权下也参加了这次会议。不过，里宾特洛甫参加此次会议的真实目的不过是为了掩饰德国扩军备战的意图罢了。

心怀鬼胎的里宾特洛甫是最早发现山本五十六真实意图的人之一。对山本在预备会议上的表现，里宾特洛甫十分满意。会议刚结束，他就热烈邀请山本在回国途中顺便访问柏林。

山本五十六欣然接受了里宾特洛甫的邀请。1934年冬，山本乘坐火车横穿欧洲大陆，来到柏林，受到了里宾特洛甫和纳粹海军部长拉达尔的热情接见。关于这次会面，公开史料较少（也可能已在战争中被毁），现在

1935年1月，山本五十六（右一）从伦敦返回日本时途径德国柏林

已经无法知道他们会谈的细节问题了。

离开柏林后，山本又乘火车穿过苏联，取道西伯利亚，返回日本。漫长的旅途耗去了两个多月的时间，山本抵达东京火车站之时已经是1935年2月12日了。

那天的东京飘着鹅毛大雪，但这丝毫不影响人们迎接"英雄"的热情。站台和广场上人山人海。有的低着头窃窃私语，不知道在说些什么；有的手持彩旗，静静地望着火车开来的方向；有的左顾右盼，似乎已经等得不耐烦了……

在远处的火车上，山本五十六静静地坐在包厢里，微闭双眼，似乎在思考着什么。

"咚咚咚"，有人轻叩包厢的门。

山本睁开双眼，望了望门的方向，用低沉地声音说："进来！"

一名随从走进来，向山本行了一个军礼，报告说："将军阁下，东京发来电报称，海军大臣大角岑生、外务大臣广田弘毅等人已在车站等候，要为将军接风洗尘！"

山本五十六顿时来了精神，他两眼放光，但又极力克制着自己的感情。过了半响，他装出一副漫不经心的样子说："知道了！"

海军大臣和外务大臣亲临车站迎接山本，这说明他此次伦敦之行的表现得到了政府和军方高层的肯定。第二次伦敦裁军会议预备会议是日本政府自华盛顿会议以来第一次在外交上实现了自己的意愿。不光日本政府，就连普通民众也视山本为"民族英雄"。

约莫过了半个小时，火车缓缓开进了东京车站。站台上立即响起一片欢呼声："来了，来了！山本将军来了！"

火车停稳后，山本五十六缓缓步出车厢，向人群挥手示意。他的每一个动作都很到位，显然是经过深思熟虑的。

海军大臣大角岑生、外务大臣广田弘毅等人快步上前，来到山本的面前。山本五十六面带微笑，一一与众人握手。

众人一边寒暄着，一边在士兵的护卫下通过人群走向停在广场的汽车。汽车开得很慢，因为通往皇宫的道路两旁也挤满了狂热的欢迎人群。山本五十六得意洋洋地对司机说："停车！"

司机轻轻踩下刹车。山本五十六伸手开门，准备出去。一名随从不安地说："将军，恐怕不安全！"

山本笑着说："不妨！"

山本钻出汽车，一边冒雪缓步向皇宫的方向走去，一边向欢迎的人群挥手致意。海军大臣等人乘坐的汽车则缓缓地跟在后面。直到皇宫外的二重桥，山本才重新钻进汽车，驶向宫城。

2月14日，海军省和军令部联合在海军大臣官邸为山本五十六举行了一场庆祝会，名为"归国报告会"。山本五十六的好友、军令部长伏见宫亲王亲临会场。按照惯例，山本五十六向海军大臣大角岑生汇报了伦敦裁军会议预备会议的情况。同日下午，山本又在军事参议官会议上作了同样内容的汇报。

2月19日，山本又将汇报的内容以"复命书"的形式上呈给了昭和天皇。一时间，山本五十六出尽了风头。

不过，山本五十六又陷入了深深的担忧之中。在海军之中，山本五十六和他的好友堀悌吉均属所谓的"条约派"，即主张通过国际条约，与英美等国的军事力量保持适当的平衡。然而，"条约派"的影响很小，而且处处受到"舰队派"（主张废除《华盛顿条约》，在主力舰方面同英美展开竞争）的排挤。

在第二次伦敦裁军会议预备会上，山本五十六虽然严格按照日本政府和军方的指示，极力谋求在主力舰方面与英、美保持一致，但这并不能代表他本人的意见。山本五十六很清楚，一旦废除《华盛顿条约》，日美两国在太平洋地区的军备竞赛必然进入公开化和白热化状态。然而，无论是工业生产能力，还是战略资源储备，日本都远远赶不上美国。

山本五十六曾不止一次地说过："只要看看底特律的汽车工业和得克萨斯州的大油田，就能明白，我们和美国展开毫无限制的军备竞赛是个巨大的错误，从一开始就是个巨大的错误。我们建造一艘，他们就能造出两艘，甚至更多。这种竞赛不是我们的国力所能承受的。"

因此，山本认为，日本政府和军方在表面上应该适当地克制自己的侵略野心，以防过分刺激英、美。同时，日本政府应当慎重地充实自己的实力，特别是加速航空兵的发展。

可惜的是，山本五十六、堀悌吉等的主张和日本政府、军方的计划完全相悖，日本军国主义势力无论如何也不愿放缓对外侵略的脚步，山本五十六在伦敦参加裁军会议期间，他最好的朋友和最忠实的战友堀悌吉被迫退出了现役。

对此，山本五十六痛心不已。

在"舰队派"的把持下，直到1935年12月9日伦敦裁军会议正式开幕，日本方面始终毫不退让。

五
军部法西斯控制傀儡内阁

"舰队派"在海军中垄断了所有的重要职务，再加上好友堀悌吉被迫退出现役，山本五十六有些心灰意冷。1935年底，他甚至想过退出海军，与家人共享天伦。此时，山本已经是4个孩子的父亲了。长子山本正义已经13岁，长女山本澄子也已经10岁了。次女山本正子出生于1929年10月，6岁；次子山本忠夫出生于1933年11月，刚满两岁。

尽管山本和三桥礼子的婚姻已经名存实亡，表面上待孩子也十分冷淡，但他内心始终装着一个父亲对孩子浓浓的爱意。军旅生涯占去了他太多的时间，以至于和家人聚少离多，家人间的感情愈发淡薄。

"刚好趁这个机会好好陪陪孩子们。"山本默默地想。

就在这时，海军省的一纸调令改变了他的想法。1935年12月，山本五十六接到海军省的委任状，着其前往海军航空本部就任部长之职。在"航空第一主义"思想的支配下，山本立即放弃了隐退的打算。

当时，欧洲形势已经剑拔弩张。早在1935年4月，希特勒就正式向全世界宣布，德国将再次实行普遍兵役制，建立一支规模为12个军、36个师约五十万人的强大军队。这一惊人的举措宣告德国已经完全废弃《凡尔赛条约》对其所施加的军事限制，德国的扩军备战从偷偷摸摸的地下状态进入了公开阶段。希特勒此举让英、法等国政府高层慌乱不已，但他们同时又对此存有幻想，希望欧洲大陆能够保持相对的和平。

亚洲的局势比欧洲

山本五十六的4个孩子和佣人在一起

1935年国民党政府代表何应钦与日军代表梅津美治郎订立《何梅协定》

大陆还要糟糕。"九一八事变"爆发后，日本迅速扩大对中国的侵略。1935年7月至12月之间，日本政府暗中以利诱、威逼、欺骗等卑劣的手段胁迫华北五省（察哈尔、绥远、河北、山东、山西）的军阀，企图实现所谓的"华北五省自治"，将中国华北地区变成"张作霖时代之东北"。

与此同时，日本政府又通过外交手段，不断向中国国民政府施压，逼迫蒋介石就范。软弱无能的国民政府先是派何应钦与日本天津驻屯军司令梅津梅治郎签订了"何梅协定"，取消河北境内的国民党组织、撤出河北境内的中央军，取缔一切反日团体和组织。

到了年底，蒋介石又被迫撤消了军事委员会北平分会和行政院北平政务整理委员会，组建以宋哲元为委员长，由日方推荐的王揖唐、王克敏等人为委员的"冀察政务委员会"。至此，冀察两省已经在实际上脱离了中央政府的领导。历史上将这一系列事件统称为"华北事变"。

"华北事变"极大地加深了中华民族的危机，同时也刺激了日本军国主义者进一步发动侵略战争的野心。日本对中国的侵略无疑会损害英、美两国的在华利益。如此一来，日本和英、美等国在东亚和西太平洋地区的矛盾也进一步激化了。

在东西方均剑拔弩张的态势下，整个世界就像是烈日下的干柴堆，只要一颗火星，就能燃起熊熊大火。嗜赌如命的山本五十六认为，军人的时代马上就要来临了。于是，他决定在海军航空本部部长的职位上干下去，将日本海军航空兵建设得更加强大，为大日本帝国对外扩张"尽忠职守"。

1936年1月15日，日本政府正式宣布退出伦敦裁军会议。由此，世界海军强国进入了毫无限制的造舰竞赛时期。日本国内的军国主义分子也趁机掀起了新一轮"清洗"狂潮。

自1932年的"五一五事件"迫使政党内阁倒台之后，军内法西斯分子分裂成"皇道派"和"统制派"。两派狂热的军国主义分子互相攻讦，甚至使用暴力手段暗杀对方的领袖。

　　1936年2月26日清晨，日本陆军少壮派军官发动兵变，执行他们所谓的"天诛"使命。前首相、现任藏相、81岁的高桥是清老人最先受到了冲击。这位老人平日里不修边幅，留着一把大胡子，但个性和业务能力均令人刮目，被誉为"理财圣诞老人"。他因反对上一年度的大笔军费预算而招致军国主义者的愤恨。

　　当时，高桥还没有起床。一批暴徒闯进他的卧室，掀开床单，高呼"天诛"。

　　高桥刚睁开那双朦胧的眼睛，便中了三枪，挨了两刀，命丧黄泉了。

　　与此同时，另外一批暴徒冲进了前首相、内大臣、海军大将斋藤实的住宅。据说，残忍的暴徒企图割断斋藤的喉咙，但未能如愿。这位身体结实的海军大将身手不凡，接连打倒了好几个人。暴徒们不敢上前，便用轻机枪射死了他。后来，法医从斋藤实的尸体上取出了47颗弹头。

　　第三批暴徒闯进了教育总监渡边锭太郎陆军大将的官邸，残暴地杀害了他。

　　第四批暴徒则直奔侍从长铃木贯太郎海军大将的住宅。这位68岁的天皇侍从长要来者讲明来意。暴徒们掏出怀表，看了看，迫不及待地吼道："阁下，没时间了，我们要开枪了。"

　　"砰砰砰"，话音刚落，暴徒们便射出了3发子弹。幸运的是，3枪均未打中要害，铃木侥幸逃过了一劫。山本五十六闻讯，立即率部前往铃木的住宅，救下了这位海军大将。

　　叛乱部队随即占据了陆军省、参谋本

1936年2月29日，戒严司令部发布劝降布告

1936年2月29日，气球上挂出的劝降标语

第五章　出任海军次官

· 101 ·

部、国会大厦和首相官邸等政治、军事中心。这场因军国主义者内部纷争而引起的兵变就是日本历史上有名的"二二六事件"。

皇道派宣称，他们发动兵变的目的是"尊皇攘奸"，实际上却是打击统制派的势力，企图进一步控制政权，巩固军国主义独裁统治。

事件爆发的第三天，东京已经归于平静。第四天，昭和天皇下旨，开始镇压叛乱。统制派趁机攻击皇道派，以便剪除异己，控制政府。少壮派的政变虽被镇压下去了，但军内法西斯势力却得到了极大地加强，建立完全由军部控制的"军人内阁"的时机已经成熟。

此时，继任首相人选有两个考虑，其一是近卫文麿，另一即是广田弘毅。近卫文麿与军部和右翼势力联系密切，并且在国内声誉较高，颇受重臣西园寺的赏识。不过，近卫文麿考虑到军部内部斗争剧烈，又得处理棘手的"二二六"事变的善后，不愿在情况不明的时候去趟这浑水。所以，他就以生病为由，坚辞不就。

西园寺便转向了广田弘毅。广田弘毅是现任外交大臣，一向与军部的关系不错，因为他在任外相时极力配合军部的对外政策。如果由他组阁，军部应该可以接受。另一方面，他有丰富的外交经验，应能处理好对英、美等国的关系问题。

因而，西园寺就委托近卫征求广田的意见。若在平日，能当上大权在握的首相，自然是一件风光无限之事。但这时，就算是傻瓜也能看出，形势错综复杂，尤其在前首相接连遇刺身亡的情况下，出任首相的风险极大。广田当然不愿冒着生命危险去当一个烫手的首相，因而他以"难以胜任"为由，拒绝了西园寺的邀请。

在西园寺的一再坚持下，广田最后才勉强同意接受组阁的重任。3月5日下午，广田弘毅拜谒天皇，正式接受组阁大命。

广田弘毅的组阁工作开展得很不顺利，法西斯右翼力量不断扩张的陆军以推荐主张对华强硬的寺内寿一大将入阁任陆相为条件，并且提出加强国防、明确国体、安定民生、革新外交四项要求。吉田茂等"带有自由主义色彩"人员的入阁，则受到军部势力的极力抵制，广田弘毅最后不得不屈从于军部的压力，将吉田茂等4人排除在内阁人选之外。直到3月9日，所有阁僚人选才最终确定。

为了控制内阁，军部要求实行"陆海军大臣、次官现役武官担任制"。5月18日，根据敕令，陆军省、海军省修改官制，从"陆海军大臣官制附表备注栏"中消除了"预、后备役"的文字，恢复了陆海军大臣、次官必须由现役武官担任的制度。

现役武官的人事权分别由陆、海军两省掌握，即使是首相也不能越过两省直接选拔担任大臣的人选。陆海军两省可以要求现任陆海军大臣辞职，并拒绝选派继任人选。军部用这种手法掌握了内阁的生杀大权。

海军军令部在"二二六事件"后派出的第一位海军大臣是永野修身大将（现役军官出任内阁大臣，这是军国主义的一大特色）。此人满脑子的军国主义思想，时刻想着扩充海军，发动侵略战争。

永野修身

六
山本五十六出任海军省次官

广田内阁上台伊始，为服从法西斯的意志，加快对外扩张的步伐，于8月通过了《帝国国防方针》和《国策基准》，确立了"在确保帝国在东亚大陆地位的同时，向南方发展"的根本国策。紧接着，广田内阁又于11月和德国签订了《反共产国际协定》，迈出了和德国法西斯结盟的第一步。

"向南发展"这一国策的制定，表明日本政府已经将矛头公开指向了美国（南方的菲律宾等地是美国的殖民地）。

为了执行所谓的《国策基准》，广田内阁要求大力发展日本的海军和航空事业。当时，大炮巨舰主义在日本海军中仍居主流地位。大炮巨舰主义主张将排水量大、火炮威力猛的战列舰作为海战中的决胜兵器。

实际上，这一策略在第一次世界大战结束之前确实起过非常重要的作用。在1905年的日俄战争中，日本海军便凭借装备了巨炮的战列舰，一举击沉多艘敌舰，大显神威。第一次世界大战时，英国皇家海军在日德兰海战中投入使用的"无畏"级和"超无畏级"的巨型战舰也曾大显身手。

不过，在航空母舰和航空兵诞生以后，这种大炮巨舰主义便受到了严峻的挑战。但在整个日本海军当中，除了山本五十六等少数军官之外，绝大部分人都没有意识到未来海战将是航空兵的时代。

20世纪30年代，日本海军军令部多次实施造舰计划，以期提高主力舰的战斗力。到了30年代中期，军令部又提出了《帝国海军第三次造舰补充计划》。该计划规定，海军将建造总吨位达7.2万吨的"大和号"和"武藏号"巨型战舰，并装载18英寸（约合457毫米）大口径火炮。

该计划一出，立即震惊了军界。别说工业基础薄弱的日本，就是造舰大国英美两国也没有制造3.5万吨以上巨舰的经验。当时，英国计划制造一艘5万吨级的主力舰，但因财力和技术的限制，一直未能实现。日本一下子要造两艘总吨位为7.2万吨的巨舰，军界怎能不震动呢！

日本之所以要建造7万吨以上的军舰，其目的有二。其一，与英、美相比，日本海军在数量上处于劣势，唯有通过提高海军的战斗力来与美国海军相抗衡。18英寸大口径火炮的杀伤力巨大，能在一定程度上弥补日本海军数量不足的缺陷。其二，美国东临大西洋，西邻太平洋，海军防守任务极重；而且，两洋之间最重要的通道——巴拿马运河的航道较浅，根本无法通过7.2万吨的巨型战列舰。如此一来，美国就必须同时建造两艘这样的战舰，升级海军的装备。

不过，对任何一个国家而言，同时建造两艘7.2万吨的巨型战列舰都是不可能的事情。更不用说，当时的美国尚未完全从大萧条中走出来。

从战略上来看，日本海军军令部的算盘打得是够精明的，然而，他们却没有看清世界海军发展的趋势。当时，英美等国虽然不太重视航空兵的发展，但飞机这一具有强大生命力的新式武器依然获得了突破性的发展。在这种形势下，无论多大的战舰都无法抵抗飞机的攻击。力主航空第一的山本五十六敏锐地看到了这一趋势。因此，当军令部就是否建造这种新型巨舰在海军内部征求意见的时候，山本五十六立即站出来反对。

山本五十六说："不管是多大吨位的战舰，只要浮在海面上，就有被飞机击沉的可能。在战斗中，超级战列舰可能还来不及发射炮弹，就会被成百架机动性和灵活性俱佳的飞机击沉。届时，超级战列舰就会成为代价昂贵，却又毫无用处的庞然大物。"

因此，山本建议大力发展海军航空兵，并集中力量解决油料、器材不足和技术瓶颈等问题。只有这样，才能从根本上提高日本海军的战斗力，弥补数量不足的缺陷。

时任舰政本部部长的中村良三大将对山本的意见不屑一顾。他从第一次世界大战的经验出发，固执地认为主力舰是海上决战的主力，而航空母舰和飞机只能充当舰队的辅助性武器。当敌我双方的舰队在海上决战时，飞机只能承担侦查任务，或者实施鱼雷攻击，但这些只是削弱地方战斗力的一半措施，无法炸沉敌人的舰队，而决定胜负的关键是看主力舰上的火炮能否击沉敌舰。

在上呈军令部的报告中，中村说道："迄今为止，在世界海战史上，从来还没出现过飞机击沉地方战列舰的情况。虽然我无法绝对保证，但要建造不易被飞机击沉的军舰还是比较容易的。"

山本五十六的反对最终未能奏效。军令部决定，立即筹措资金，召集技术人员，准备建造"大和"和"武藏号"战列舰。

"这帮蠢材早晚要为自己的错误决定付出代价的！"山本五十六愤恨地想。

不过，山本并没有因为自己的意见被否决而改变立场。俗话说，道不同而谋不合。他要以实际行动向"舰队派"证明，自己的意见才是正确的。

在出任航空本部部长期间，山本五十六想方设法地在其职权范围内加强航空兵的建设，尤其是飞机的研制和改进工作。他经常亲临三菱和中岛两大飞机制造厂，了解生产情况。无论技术人员提出什么问题，他都尽其所能地帮助解决。

第二次世界大战期间，日本的飞机生产量曾一度跃居世界第二位，仅次于美国。这其中很大一部分功劳都属于山本五十六。当然，这是后话，暂且不提。

话说当海军军令部极力主张建造巨型战列舰之时，日本的政局也进入了一个频繁更迭的时期。军部法西斯充分利用现役大臣武官制操纵内阁的内外政策，动不动就以撤回陆军、海军大臣的方式解散内阁，使得政府出台的政策无法一以贯之地实施下去。

1936年12月，海军省迎来了"二二六事件"后第一次定期人事变更。海军大臣永野修身需要一位得力的助手来出任海军次官。他遍观海军内部的青年军官，没人比山本五十六更适合出任此职了。

因此，永野打算邀请山本到海军省任职。不过，他对山本是否愿意协助自己执掌海军省却一点把握也没有。永野为人极易冲动，行事喜欢自吹自擂，与务实的山本五十六截然相反。1935年，第二次伦敦裁军会议正式会议开幕前夕，永野受命为全权代表，他曾邀请山本作为随员，一起前往伦敦。结果，山本毫不犹豫地拒绝了他。

令永野气愤的是，当他邀请山本出任海军次官之时，再次遭到了拒绝。永野修身很不高兴。他嘀嘀咕咕地对山本说："去年，我受命作为帝国全权代表前往伦敦参加海军裁军会议，想让你作为海军随员一同前往，你拒绝了我。现在，我让你出任我的次官，你又拒绝了。你是不是对我个人有看法，存心不配合我的工作？"

永野说到这里，山本五十六再也想不出什么理由来拒绝了。就这样，山本五十六当上了日本法西斯内阁的海军省次官。

有意思的是，山本与永野的合作仅仅持续了3个月。1937年春，国会中残存的政党势力指责军部干预政治，并指名陆军大臣寺内寿一应该切腹自杀。结果，广田内阁垮台了，永野修身也失去了海军大臣的职位。

随后，林铣十郎大将出面组阁（林内阁是日本历史上最短命的内阁之一，到该年6月即被近卫内阁所取代）。经山本斡旋争取，原联合舰队兼第一舰队司令米内光政海军大将取代永野就任海军大臣。山本五十六为什么拥护米内光政当海军大臣呢？原来，米内光政是一个学者型的海军将领，他学识渊博，视野开阔，喜欢安静，平日里沉默寡言，看起来十分木讷、柔弱。由这样一个缺乏"战斗力"的人来当海军大臣，山本五十六这个海军次官自然就能发挥较大的作用，甚至是主导海军省。

后来的情况也确实如此。米内光政在社会上得了一个"金鱼大臣——装饰"的绰号，而这一时期的日本海军省也被军界和史学界称为米内-山本体制时代。

第六章
出任海军联合舰队司令长官

一
"蒋介石不投降，我绝不抽烟"

山本五十六担任海军省次官期间，日本军国主义势力正在以中国东北为基地，积蓄力量，执行所谓的"五年战备"计划，准备对付其对外扩张的主要障碍——苏联和美国。与此同时，他们又不断在中国挑起事端，企图尽快解决所谓的"支那问题"（即灭亡中国）。

对发动全面侵华战争，日本军部内部分为两派，一派为强硬派，一派为不扩大派。强硬派认为，中国不堪一击，日本应在积蓄力量对付苏联和美国的同时，顺便彻底解决中国问题。不扩大派的人则认为，中国看似不堪一击，但地大物博，将其消灭绝非一朝一夕之事。当前，日本应该全力以赴地执行"五年战备"计划，不能将力量消耗在中国战争的泥潭中，而给美苏以可乘之机。

1937年7月7日，"卢沟桥事变"结束了日本军部内部的纷争。当天，驻丰台日军第一联队第三大队第八中队由中队长清水节郎带领在宛平县城北举行军事演习。

晚上11时许，日军以"仿佛"听到宛平城内的枪声而使一名日本士兵失踪为由，要夜闯县城搜查。中国驻军第二十九军三十七师一一〇旅二一九团金振中营果断拒绝了日军的无理要求。

已决心利用这次机会制造战端的日军立即向中国守军开枪。翌日凌晨，日军又加强攻势，炮轰宛平城，挑起战争。第二一九团团长吉星文忍无可忍，下令还击。这便是历史上著名的"卢沟桥事变"，又称"七七事变"。

"卢沟桥事变"拉开了日军全面侵华的序幕，同时也标志着中华民族全面抗战的开始，也有历史学家将这一事件视为第二次世界大战亚洲战事的开端。不过，主流观点依然将后来的德国入侵波兰之战视为第二次世界大战的开端。

8日清晨，日军不断向宛平方向增兵，并使用大口径火炮猛轰县城。中国守军冒着猛烈的炮火英勇奋战，打退了敌军多次猖狂的进攻。第一一〇旅旅长何基沣动员全体将士奋勇杀敌，以死报国。他说："国家多难！民族多难！吾辈受人民养育深思之军人，当以死报国，笑卧沙场，何惧马革裹尸还？战死者光荣，偷生者耻辱！"

惨烈的战斗从凌晨一直打到黄昏时分。日军凭借优势装备和强大的战斗力，步步紧逼。宛平城外围阵地相继丢失。但中国守军依然坚持战斗，驻城北的一个连队仅4人生还，其余全部壮烈牺牲。

是日晚，第二十九军大刀队乘夜暗袭击日军，官兵义愤填膺，勇猛冲杀，连克铁桥、龙王庙等处。日军惊呼："宛平虽小，但守军勇猛，数攻不下！"

"卢沟桥事变"震动了中国国民政府和中国共产党领导的人民武装。中国共产党发表抗日通电，号召全国人民团结起来，筑成民族统一战线的坚固长城。通电表达了中国共产党要求停止内战，实现国共第二次合作，共同抗日的真诚愿望。

蒋介石也提出了"不屈服、不扩大"和"不求战、必抗战"的方针。他电令第二十九军军长宋哲元和副军长兼北平市长秦德纯："宛平城应固守勿退"，"卢沟桥、长辛店万不可失守。"

"卢沟桥事变"的消息传到东京后，日本军国主义分子感到异常兴奋，气焰十分嚣张。他们狂妄地宣称："战争终于开始了！越大越好！国内动员的声势，或者满载兵员的列车一通过山海关，中国方面就会屈服。"

稍稍保守一些的人也认为，"充其量不过是进行一次保定会战就万事大吉了。"他们根本没有把中国人民强大的抗日意志和国共两党领导的抗日武装放在眼里。

不过，也有人反对扩大战争。山本五十六就是其中一员。他听说"卢沟桥事变"的消息后，愤愤地对一位朋友说："陆军中的这些混蛋们，果然挑起了战火，简直要把人气疯了。我从此戒烟，直到这次事件结束为止。"

不过，和大部分日本人一样，山本五十六在感情上十分藐视中国人民的抵抗力量。他坚定地相信，在陆军的强大攻势下，国民政府撑不了多久，很快就放弃抵抗，宣布投降。所以，他才公开宣布："蒋介石不认输，我就不再吸烟！"

山本没有喝酒的嗜好，但却非常喜欢喝咖啡和抽烟。朋友们听到山本的话，都笑了起来，甚至有人对他说："以支那人投降的速度来看，恐怕你的戒烟计划要失败了。"

众人听到这话，无不狂妄地笑了起来。在感情上藐视中国的抗日力量是一回事，但实际情况却是另外一回事。山本的心中始终有一种挥之不去的忧虑，他担心日本会陷在侵华战争的泥潭中不能自拔，从而影响对付苏美的"五年战备"计划的实施。

第二天，山本把家里所有的雪茄都搜出来，送给了朋友。这些雪茄是他在伦敦时费尽周折才买到的。平日里，他自己都舍不得抽，如今竟然拿出送给了朋友，说明他对迅速结束侵华战争不抱什么希望。

不过，他并不认为日本会输给中国人。曾任驻英大使的松平恒雄在"卢沟桥事变"后来拜访山本。他和山本同是新潟县人，又同为1934年伦敦第二次裁军会议预备会议的谈判代表，关系比较密切。

山本放下手头的工作，陪着松平在军令部的后院中散步。寒暄过后，松平拿出一个包装精美的盒子，双手递给山本，恭敬地说："山本君，这是我在伦敦购买的名牌雪茄。小小意思，不成敬意，还请笑纳！"

山本满脸堆笑，推辞道："松平君还不知道我已经戒烟了吧！"

松平诧异地说："戒烟？"

山本笑着说："是的。我已宣布，蒋介石不投降，我绝不抽烟！这些雪茄，请替我保管吧。这次事变过去后，我一定抽。"

松平笑着说："好，我暂且保管！"

这说明山本对灭亡中国还是满怀信心的。不仅山本，整个社会都陷入了一种狂妄的自大之中。7月9日，陆军大臣杉山元向天皇保证："3个月内解决支那事变（即3个月内灭亡中国）。"

随后，杉山元正式向内阁提出派兵案。10日，日军参谋本部内定从国内派遣3个师团和航空兵团，从关东军派遣2个旅团，从朝鲜军派2个师团，开赴中国华北作战。随后，中日两国军队在华北展开了大规模的会战。整个京津地区立即陷入一片火海之中。当然，由于劣势过于明显，中国军队虽然在战斗中付出了惨重的代价，但依然无法抵挡日军的强大攻势。

陆军在华北地区的战功极大地刺激了海军的战争野心。一方面，他们不甘心让陆军独占灭亡中国的功劳；另一方面，海军包括山本在内的海军高级将领都已经意识到，唯有迅速结束对华作战，才能将战事对"五年战备"计划的影响降到最低。因此，他们主张将战火烧到中国的心脏腹地——南京，销蚀中国人民的抵抗意志，以尽早结束中国战争。

7月12日，日本海军军令部秘密制订对华作战方案。方案将战争分为两个阶段：第一阶段，海军全力配合陆军击溃第二十九军，打赢华北战争；第二阶段，以海军为主力，进行上海作战，将战火烧到华中和华南地区。

二

小心翼翼，不愿惹怒美国

在日本海军制定作战计划的当日，香月清司陆军中将奉命赶赴华北，接替田代皖一郎中将，出任日军中国驻屯军司令。为了有序地向京津地区增兵，延缓第二十九军的军事部署，香月清司于7月13日派出代表同中国方面进行谈判，以掩盖日军向华北增兵的事实。

7月16日，日军第三舰队司令长谷川清中将向海军军令部献策说："要想以武力打开日中关系的现状，解决中国问题，只有惩罚中国，使中国的国民党中央势力屈服。"

长谷川还进一步建议，为了实现这一目的，应取消以"讨伐第二十九军"为第一目的、"惩罚中国"为第二目的方针，应把"惩罚中国"作为作战的唯一目的。因此，他力主派出5个师团的兵力进行京沪之战，叫嚣"欲置中国于死地，以控制上海和南京最为重要"。

长谷川的这一建议与海军部的作战计划不谋而合（实际上，长谷川清很可能事先了解了海军部的作战意图）。因此，海军首脑们经过协商，很快便达成了一致意见，决定在华北战事结束后进入华中作战。

7月25日，日军在京津地区的兵力已达6万人，火炮数百门，飞机百余架。华北驻屯军也已经完成了军事部署。香月清司手中有了筹码，遂在次日下午向第二十九军发出最后通牒，限第二十九军在24小时撤离北平城区，移驻河北省南部，否则，即以飞机大炮攻城。

中国守军没有被日本人的恫吓吓倒，他们在北平学生和各界爱国人士的支援鼓舞下，奋勇反击，在八宝山一线取得了局部的胜利，一度攻克丰台车站，并粉碎了日军企图从彰仪门攻入北平城内的阴谋。

7月28日，日军以飞机、坦克配合重兵，猛袭南苑守军指挥部，整日狂轰滥炸。第二十九军无险可守，仅凭营地应战，伤亡惨重，副军长佟麟阁、第一三二师师长赵登禹均以身殉国。

至此，华北方面的战局已定。海军军令部闻讯大喜，立即电令长谷川清,撤退长江沿岸的日侨,为华中作战作准备。当时,日军驻上海的第三舰队和海军特别陆战队共有4000多人。第三舰队辖第十战队、第十一战队和第五水雷战队,以巡洋舰"出云号"为旗舰,战斗力十分强劲。

长谷川清立即会同日本驻上海总领事冈本、领事青冈范五、海军武官本田辅等人,着手将长江沿岸的日侨或撤往上海租界。

7月29日,北平沦陷,中国守军被迫撤往保定。30日,驻守天津的第三十八师在师长张自忠将军的指挥下同日本展开激战。由于敌我力量悬殊,第三十八师付出了沉重的代价,无力再战,不得不南撤。至此,整个平津地区均陷于日军的铁蹄之下。

平津地区的战事结束了,上海方面则骤然紧张起来。8月8日,日本驻华大使川越茂到达上海,协助长谷川清等人撤退日侨。同一天,长谷川下令第三舰队作好开战准备。5天后,进入阵地的日本海军陆战队在八字桥地区的伊藤茂第三大队突然向国军第八十八师发动攻击。京沪守备司令张治中下令反击,淞沪会战全面爆发。为了抗击侵略者,保卫国土,中国军队在会战中付出了沉重的代价。在整个会战期间,国民政府调集了75个师又9个旅,共约75万人的兵力,超过日军一倍以上。遗憾的是,中国守军各部之间的协同实在太差,再加上最高统帅部在兵力部署上屡犯错误,导致日军第十军从杭州湾北侧的金公亭、金丝娘桥、金山嘴等处登陆,对驻守上海的中国守军形成了迂回包围之势。

至此,淞沪会战的失败已成定局。此时国民政府最好的选择就是放弃上海,有序撤退,保存有生力量,为长期抗战做好准备。11月8日晚,第三战区长官部下达撤退命令,向苏州方向转移。

国军的一个机枪阵地

然而,蒋介石却仍将希望寄托在英法的外交斡旋上,坚决反对后撤。他说:"上海是我国的重要经济基地,如果放弃会使政府财政和物资受到很大影响。上海无论如何不能放弃!不能放弃……只要我们在上海继续顶下去，相信九国公约国家会出面制裁日本，战争可以早些结束。因此，必须收回撤退命令，要各个部队仍在原来阵地死守！"

统帅部副总参谋长白崇禧惊讶地看着蒋介石，久久说不出一句话。此时，驻守在淞沪三角地带的数十万大军已经接到撤退命令，有的已经在行动了。如果贸然收回撤退命令，必然会导致军心不稳，前线混乱。然而，固执的蒋介石却绕过第三战区直接向全军下达了返回原阵地的命令。

一切不出白崇禧所料，数十万大军在匆忙中折返阵地，顿时陷入了混乱之中。日军虽然尚不清楚中国军队为什么会在突然之中陷入混乱，但却及时地把握了这一战机，立即派出航空兵进行轰炸。

远在东京的山本五十六怎能放弃这一表现的机会呢？他立即命令海军航空兵飞往上海上空，支援地面部队的行动。中国空军起飞迎击，但由于力量悬殊，未能阻止日军航空兵的行动。在日军的狂轰滥炸中，数十万中国守军乱作一团，溃不成军。

日军上海派遣军、特别陆战队和第十军等部队，趁机发动猛攻。蒋介石这才不得不下达撤退命令。结果，撤退变成了溃逃。整个淞沪地区完全成了日军的"屠杀表演场"！

惨剧人寰的大屠杀进行了4天之久，中国守军付出了惨重的代价。11月12日，上海市区陷于敌手。至此，历时3个月的淞沪会战结束了。淞沪会战是中国抗日战争中第一场重要的战役，也是规模最大、战斗最惨烈的战役之一。据战后统计，中国守军各部队共计伤亡三十余万人。日方宣布，日军伤亡四万余人。

中国军队虽然未能保住上海，但已经尽最大之努力，粉碎了日军"三个月内灭亡中国"的狂妄计划，同时也为国民政府从上海等地搬迁厂矿机器及战略物资争取了时间。

在日本发动全面侵华战争前后，欧洲的局势也日渐复杂起来。早在1936年3月7日，希特勒就在国会宣布，他准备重行占领莱茵兰地区。随后，一支小规模的德军部队象征性地跨过莱茵河上的桥梁，开进了莱茵非军事区。结果，英、法等国对此只是吵吵嚷嚷了一阵子，便默认了德军出兵莱茵非军事区的事实。从此之后，希特勒的行动更加肆无忌惮了！

随后，法西斯德国勾结意大利独裁者墨索里尼，公开支持西班牙右翼势力，打击人民阵线和共和政府。

而此时美洲的局势同样让爱好和平的人士忧心不已。拉丁美洲国家的共和政权在经济危机中纷纷被推翻，逐步走上了独裁或准独裁的道路。美国则在经济危机和孤立主义双重困扰下无暇顾及欧洲大陆和东亚的局势。

英、法两国的绥靖政策和美国小心翼翼的对外政策，进一步刺激了德、意、日三国的侵略野心。不过，德、意、日法西斯对英、法、美等国强大的工业生产能力依然颇为忌惮。一旦英、法、美，尤其是美国出面干涉，或以武力恫吓，势必会改变当前世界的混乱格局。

因此，无论是德国，还是意大利和日本，都希望三个国家进一步合作，结成牢固的军事同盟，互相承担军事义务，在欧洲和东亚同时牵制敌对国家的兵力。

1937年11月，中日淞沪会战刚刚结束，德国法西斯就召开军事会议，通过了《霍斯巴赫备忘录》，确定了一个大规模扩张计划和发动战争的时间表。为此，希特勒非常希望能与日本缔结一个针对英、法、美的同盟，改变1936年签订的《反共产国际协定》中不承担军事义务的状况，以使日本在遥远的东方牵制英美的兵力。

日本则希望通过与德国结盟来威慑他们共同的敌人——苏联。日本与苏联的矛盾由来已久，而且，日本对苏联在亚洲的领土一直虎视眈眈。苏联人本着"敌人的敌人便是朋友"的原则，在抗日战争爆发后大力支持国民政府抗日，同样给日本人造成了不小的困扰。

而德国与苏联的矛盾同样不可调和，日本人也本着"敌人的敌人便是朋友"的原则，希望德国可以牵制苏联的兵力。

不过，在具体的结盟方案上，日本陆军和海军产生了分歧。海军虽然将英美视为潜在的敌人，但还不希望这么快就和英美公开翻脸。毕竟，他们对英美两国强大的海军实力和工业生产能力还是颇为忌惮的。他们计划先灭亡中国，而后腾出手再对付英美。因此，海军建议与德国结盟仅限于对付苏联，不能将英美纳入其中。

陆军则将苏联（《日韩合并条约》规定朝鲜半岛为日本领土，中国东北的伪满洲国也是日本事实上的殖民地）视为最大的敌人，他们甚至计划结束侵华战争后或基本掌控中国的局势后便挥兵北上，进攻苏联。至于英美，他们在军事上实在太软弱了，根本不值一提。陆军非常愿意和德军联合起来，分别统治世界的东西方。不能不说，陆军的这盘棋下得实在太大了，简直就是"蛇吞象"。

从德国方面来讲，他们显然更乐意接受日本陆军的意见，将对抗苏、美、英三国同时纳入结盟条约。

作为海军次官和一个现实主义者，山本五十六赞成与德国结盟，但只应是《反共产国际协定》的继续，不宜再与英美结怨。他敏锐地预测到，日军必将陷入中国战场的泥潭，从而在外交上陷入孤立无援之境。如果此时与英美结怨，日本将失去外交上的回旋余地，断绝来自英美的战略物资贸易。这对日本这样一个战略资源极度匮乏的国家来说，将是致命的打击！

当时，海军已经制定了所谓的"南进计划"，企图占领东南亚，掠夺当地的橡胶、石油等战略物资，从而摆脱对英美的依赖。也只有如此，日本才能放手一搏，公开与英美为敌。

因此，山本在支援陆军作战之时始终小心翼翼，唯恐殃及英美租界和侨民。然而，可怕的事情依然发生了。1937年12月12日，中国守军在南京保卫战中失利，各部队慌不择路，夺道而逃。五万余日军逼近城下，马上就要攻进南京了。各国驻华使馆人员慌忙向后方撤退。

下午1时左右，日本海军航空兵奥山上尉率领一个中队的轰炸机正在沿江追踪轰炸中国军队。突然，满载美国使馆人员和西方记者的美国炮艇"珀内号"映入了奥山的眼帘。

炮艇上的美国星条旗清晰可见，但疯狂的奥山却不顾一切地冲了上去。由于缺乏史料，现在已经很难说清奥山轰炸美国炮艇的目的何在。或许，他仅仅只是"杀红了眼"，寻求屠杀的快感；也有可能是得到了高层的指示，借此试探美国人的反应。

一番狂轰滥炸之后，"珀内号"缓缓沉入了浑浊的长江，两名水手和一名意大利记者当场丧命，另有多人受伤，其中包括副舰长阿瑟·安德斯。

"珀内号"事件激怒了美国人，也让山本五十六吓出了一身冷汗。历史上，因为在战争中炸沉第三国战舰从而引发新一轮战争的事件屡见不鲜。20世纪初，美国打响美西战争的直接原因就是西班牙击沉了美国的"梅因号"。

当然，美西战争爆发的根本原因在于两国在东南亚地区的利益纷争，美西结怨已久，而日本同美国之间的关系和20世纪初西班牙同美国的关系非常相似。谁也没法保证，美国不会因为"珀内号"事件对日宣战。

美国人的强硬反应把日本人吓坏了。日本外相立即照会美国大使，"深表歉意"并愿意赔偿一切损失。与此同时，惶惶不可终日的山本五十六也发表声明说："这次事件的责任全在日本方面，海军应该诚恳认错。"

随后，海军省将事件的直接责任者海军第二联合航空队司令三并贞三少将免职查办，政府向美国递交了一张2214007.36美元的赔款支票。美国人的态度这才稍稍和缓了一些。实际上，美国政府还不愿意同日本直接冲突，政府对日本的强硬态度也不过是迫于舆论压力的故作姿态罢了！

三
极力反对三国结成全面同盟

海军的反对并未阻止陆军与德国进一步结盟的脚步。1938年1月，日本驻德副武官大岛浩拜会了希特勒面前的大红人里宾特洛甫。寒暄过后，里宾特洛甫直奔主题，充满感情地对大岛浩说："我们两个伟大的国家应该签订一个使两国关系更加紧密的条约。"

大岛浩立即回答说："我国政府亦有此意。"

随后，两人便围绕着两国缔约一事不断进行秘密接触。考虑到德国对华援助政策妨碍了日德同盟，里宾特洛甫遂向希特勒进言，建议结束对华援助。

希特勒接受了这一建议。2月，希特勒更换了国防军首脑集团，并命里宾特洛甫接任外长之职。做好准备工作之后，希特勒一边撤回了派驻中国的军事顾问代表团，一边发表正式承认伪满洲国的宣言，公开支持日本。

希特勒做出的一系列亲日举动让日本政府欣喜若狂。1938年6月，日本正式决定进一步加强同德国的合作，并就建立军事同盟与德国进行谈判。为了有利于三国同盟（德、意、日）谈判的进行，陆军参谋本部和新任陆军大臣板垣征四郎建议日本在人事上也做相应的变动，并提出了具体的变动方案。10月，内阁接受陆军的意见，将驻德大使东乡茂德调任驻苏大使，因为他反对三国同盟谈判。原驻德副武官大岛浩晋升为驻德大使，负责与德国人直接展开谈判。

不久，坚持主张与轴心国缔结全面条约的白鸟敏夫被任命为驻意大使。至此，日、德两国均为结盟谈判铺平了道路。一场"情投意合"的谈判开始了。

对于陆军的狂热，山本五十六忧心忡忡，但在陆军在内阁和战争中均占据主导地位的情况下，除了支持海军大臣米内光政在内阁中反对结盟条约之外，山本一点办法也没有。有一次，山本和朋友聊天，不经意间突然说道："照这样下去，日本势必被卷入战争，而且是以美国为对手。"

朋友以为自己听错了，诧异地问："山本君，你说什么？"

山本尴尬地笑了笑，缓缓道："我的意思是，陆军那帮蠢材迟早会把我们的国家带进一场日美大战之中。"

经过几个月的谈判，德国政府于11月1日正式了提出德、意、日全面结盟的条约草案。10天后，即11月11日，日本召开了首、陆、海、外、藏五相会议。会上，新外相友田八郎就与德国结盟一事做了说明。他强调说："条约针对的主要对象时苏联。不过，如果英、法等国加入苏联的阵营，那么它们也会成为针对之对象，英、法本身并不是条约针对的对象。"

友田八郎这一富有创造性的解释取得了海军的认同，终于促使会议通过了促进日、德、意三国早日缔结条约的决定。随后，日本内阁开始参考德国方案，迅速制定日本方案。

然而，大岛浩与大部分陆军高级将领均将此方案视为"可耻的妥协"，不愿接受。走投无路的近卫内阁不得不在1939年1月4日提出辞职。

1月5日，原枢密院议长平沼骐一郎出面组阁。3位最重要的阁僚均未变动，米内光政依然担任海军大臣，板垣征四郎继续担任陆军大臣，友田八郎还继续干他的外交大臣之职。摆在平沼内阁面前最主要问题仍然是三国同盟问题。

平沼内阁组建的第二天，德国方面即向日本与意大利递交了经过修改的三国同盟方案。方案的形式虽然有变化，但换汤不换药，内容还和1938年11月1日提出的方案一样。平沼骐一郎打算在外相友田提出的方案上更进一步，答应可扩大到苏联以外的"第三国"，即德国苏联交战，若有第三国加入苏联的阵营，日本负有直接攻击第三国的义务。不过，如果德国直接攻击苏联以外的第三国，而苏联未参战时，日本仍要视情况决定是否援助德国。

平沼骐一郎迫切地希望这一妥协能被陆军接受，然而这只是他的一厢情愿而已。驻德大使大岛浩和驻意大

平沼骐一郎（1867年10月25日—1952年8月22日），日本司法官、政治家

利大使白鸟敏夫互相勾结，竟然不顾内阁的再三指示，在和德国外长里宾特洛甫谈判时全盘接受了德国的要求。

但"纸终究包不住火"，消息走漏之后，日本举国震惊。昭和天皇特意训令平沼首相，如果驻外机构不服从国内训令时应召回或做适当处理。平沼骐一郎气愤不已，决定直接派遣特使团，前往德、意传达内阁的最新指令。

2月下旬，由海、陆、外3省代表组成的特使团先后抵达德国和意大利。特使团向两位大使传达了内阁关于缔结三国同盟条约的有关指示。令人震惊的是，大岛和白鸟两人不但不服从指示，反而指出：外务省应该接受德国的要求，以苏联以外的第三国为对象，且必须包括武力援助在内。

在随后的会谈中，大岛和白鸟还分别向德国外长里宾特洛甫、意大利外长齐亚诺保证，一旦德、意与英、法等国开战，日本将负有参战的义务。

消息传到国内，山本五十六大吃一惊。他立即前往海军省，劝说米内光政动用内阁大臣的特权，召回大岛和白鸟，另派驻德和驻意大使。可是，此计由于遭到了陆军的反对而未果。

陆军之所以坚持与德、意结成全面同盟，很大程度是受到德国对外侵略成果的刺激，且对自身的实力过于自信。早在1938年3月11日，即德、日为结盟一事做准备之时，德军就突然越过边界，迅速占领了奥地利全境。根据《凡尔赛条约》的规定，德国永远不得与同以德意志民族为主体的奥地利合并，但希特勒根本没有把《凡尔赛条约》放在眼里。占领莱茵兰和吞并奥地利之后，希特勒的胃口越来越大，他的下一个征服目标直指捷克斯洛伐克。

捷克斯洛伐克是在第一次世界大战后根据《凡尔赛条约》取得独立地位的新国家，有1400万人口，其中有350万人属于德意志民族。捷克斯洛伐克的德意志人主要居住在西部与德国接壤的边界山区——苏台德区。德国并吞奥地利时，希特勒一再扬言希望改善德、捷关系，但在暗地里却为侵略该国做着准备。

开始的时候，希特勒并不直接出面，而是唆使他在这个国家的代理人、苏台德区日耳曼人党头目康拉德·汉莱因出面闹事。日耳曼人党实际上是德国纳粹党在捷克斯洛伐克境内的"第五纵队"。汉莱因是希特勒的忠实走狗，完全按柏林的指示行事。希特勒企图制造一种德意志人在捷克斯洛伐克遭遇困境的假象，借以迷惑友邦，掩饰他侵占捷克斯洛伐克的真实意图。

令人诧异的是，面对德国咄咄逼人的态势，英、法两国居然继续实施绥靖政策，一再向侵略者屈服。同年9月29日，时任英国首相张伯伦、法国总理达拉第、希特勒和墨索里尼绕过捷克斯洛伐克，在德国慕尼黑举行会议，讨论苏台德区的去向问题。

仅仅几个小时，捷克斯洛伐克的命运就被决定了。9月30日凌晨2点，欧洲"四巨头"在出卖捷克斯洛伐克的文件上签了字。文件规定，苏台德区捷克人从10月1日起分5批撤退，在10天内完成。最后的边界由一个国际委员会来决定。

在敌人和"盟友"的共同压力下，捷克斯洛伐克政府向慕尼黑协议屈服了。捷克斯洛伐克总统贝奈斯辞职了，因为"他可能已成为新国家必须去适应的发展的一个障碍"。他愀然离开了捷克斯洛伐克，寄居英国。紧接着，希特勒又向德国的盟国波兰和匈牙利号召说："凡是要一起吃饭的人，就得下厨帮忙。"

结果，波兰和匈牙利也各自分割了捷克斯洛伐克的一块土地。就这样，捷克斯洛伐克这个曾经的工业强国就这样根据被肢解了。根据慕尼黑协定，希特勒得到了他所要求的一切。德国强迫捷克斯洛伐克割让了2.8万多平方公里的苏台德区，上面住着360多万日耳曼人和捷克人。在这个地区内，有着当时欧洲最为牢固的防御工事之一，只有法国的马其诺防线可以与之媲美。

更加令人不安的是，希特勒从捷克斯洛伐克获得了大量的作战物资。据统计，捷克斯洛伐克被肢解以后，丧失了60%的煤，80%的褐煤，86%的化学工业，80%的水泥工业和纺织工业，70%的钢铁工业和电力工业，40%的木材工业。

四

"替天行道，诛讨山本"

德国的侵略成果极大地刺激了日本陆军的野心。很多高级军官都坚定不移地相信，只要同德国结盟，日本完全有可能实现称霸东方的企图。1939年3月，当日本陆军和海军就与德国结盟一事展开激烈争论之时，希特勒又将目光锁定在捷克斯洛伐克的剩余领土之上。1939年3月10日，捷克斯洛伐克中央政府解散了亲德的斯洛伐克地方政府，并逮捕了一批追随纳粹德国的分裂主义分子。希特勒抓住这一事件，立即向部队下达了于3月15日占领捷克的命令。

3月15日凌晨2点，德军大举侵入捷克境内。与此同时，德军空军元帅戈林和德国外长里宾特洛甫不断向捷克总统施压，年迈的捷克斯洛伐克总统艾米尔·哈查心脏病突发，昏了过去。醒来后，他极不情愿地在《德捷协定》上签字，"邀请"德军入境。

至此，希特勒的诡诈伎俩已经达到登峰造极的地步。签完字之后，希特勒冲进了他的办公室，拥抱了在场的每一个人。他狂妄地宣告："捷克斯洛伐克再也不存在了！孩子们！这是我生平最伟大的一天！我将以最伟大的德国人而名垂青史！"

占领捷克斯洛伐克为德国的进一步扩张奠定了坚实的基础。据统计，德军占领捷克斯洛伐克不久，希特勒就从捷克斯洛伐克掠夺了95亿马克的资金、100多万支步枪、4.3万挺机枪、1500多架飞机、2100多门大炮、500多门高射炮、300多万发炮弹、10亿发子弹和400多辆坦克。东欧当时最大的军工厂斯科达也被德军占领了。

与此同时，希特勒还把大批捷克斯洛伐克青年男女掳去当兵和服劳役。德国的军事实力得到了很大的加强。德国空军总司令戈林在德军占领捷克斯洛伐克一个月后曾对墨索里尼说："捷克斯洛伐克巨大的生产能力转归德国而产生的经济因素显著加强了轴心国对付西方国家的能力。不仅如此，如果发生更大的冲突，德国现在毋需保留一个师的兵力去防御那个国家了。"

军事实力的增强又进一步刺激了希特勒的野心。他的下一个目标即是波兰！与此同时，欧洲其他地区和亚非的局势也让人担忧。3月末，佛朗哥粉碎了共和政府的抵抗，攻占了马德里。墨索里尼也在这一时期占领了阿尔巴尼亚。

紧张的世界局势也让美国人越来越不安了。在白宫里，美国总统罗斯福整天忧心忡忡地阅读着美国驻各国大使和各国领导人寄来的邮件。有一次，罗斯福在给一位朋友的信中写道："我一生从未见过世界上出现这种矛盾交错、瞬息万变的局面。"

日、德两国也加速了结盟谈判的进程。5月，德国外交部条约局局长高斯提出了妥协案。新方案在表面上做出了许多让步，但聪明的德国人依然换汤不换药，其实质上和里宾特洛甫之前提出的方案并没有太大的区别。

5月7日，日本五相会议研究了高斯方案。陆相和首相主张立即接受，但海相米内在山本五十六的支持下再次提出了反对意见。为讨论三国同盟问题，平沼首相多次召集五相会议，但每次都毫无结果。

德国等得有些不耐烦了，里宾特洛甫一再催促日本给出答复，而日本方面由于不能统一意见，不得不一拖再拖。5月21日，急不可耐的德国先与意大利缔结了"钢铁盟约"。

日本国内的军国主义分子感觉自己被德国抛弃了，立即对"罪魁祸首"——海军展开了攻击，一直反对与德国结成全面同盟的山本五十六自然而然成了军国主义者痛恨的对象。

军国主义者到处散布消息说："山本是米内的后台老板。表面上看是米内在反对签订三国同盟条约，实际上他山本才是真正绊脚石和幕后策划者，是一个地地道道的亲英美分子。"

右翼政党大日本生产党的一个团体甚至召开专门的会议，商讨搞臭山本的办法。该团体的一份会议决议上这样写道：鉴于山本将军在海军中影响甚大，成了一些人的精神支柱，现在海军的态度基本上由他一个人来决定。最好把他搞臭，破坏他的形象，降低他在海军中的影响力。最好的办法就是以他和新桥的艺妓梅龙间来往的情况为突破口。

梅龙就是在日本历史上颇具传奇色彩的艺妓河合千代子，比山本小20岁。在日本海军中，与艺妓打情骂俏、寻欢作乐是家常便饭。表面上不苟言笑、一本正经的山本其实也非常渴望浪漫的风流韵事，尤其是与妻子三桥礼子的婚姻名存实亡之后，这种渴望就更加强烈了。

工作之余，山本经常到东京新桥一带的艺妓馆喝花酒，打发时间。他"八毛钱"（亦翻译为"八十钱"）的绰号就源自新桥一带的烟花巷。据说，当时的艺妓为客人修剪指甲是按手指头收费的，每个指头一毛钱（旧制10钱），10根指头收费一元。山本五十六只有8跟指头，所以有的艺妓就开玩笑说："要是山本的话，当然只收他8毛钱（80钱）了！"

由于山本在新桥一带烟花巷的出现频率太频繁，"八毛钱"（八十钱）的绰号很快就传开了。在接触的艺妓之中，唯有千代子与其情投意合。久而久之，两人便发展成了情人关系。不能见面的时候，两人就书信往来，平日里冷酷的山本给千代子写了许多充满甜言蜜语的情书。

不管是在哪个国家，私生活对政界和军界名人来说都是极其重要的隐私。军国主义者企图以曝光隐私的办法来逼迫山本改变初衷，然而，山本根本不买那些军国主义分子的账。据说，有一个极右分子托人传话给山本，如果他同意签订三国同盟条约的话，就要向全社会揭发他的私情，把他搞臭。

山本听罢，大不以为然。他打了一个极其鄙俗的比方，反驳说："难道你们不拉屎放屁吗？假如你们之中有人不拉屎放屁，也从未和女人有过云雨之情的话，我倒要见识见识，听听他的高论。"

激进的军国主义者见这一方法不奏效，便改以恐吓、暗杀手段。当时，海军省经常收到一些"宣言书""请愿书""劝辞书"和"锄奸书"之类的信件，无一例外，这些信件全都是向山本发难的。

有时候，一些激进的青年还会突然闯进海军省，用命令的口吻让实松等秘书站起来，然后拿出事先写好的宣言高声朗读。宣言的内容大都是"替天行道，诛讨山本"之类的话，甚至有人宣称，愿意花10万日元购买山本的头颅。

一次，军令部官员泽本赖雄问山本："我听说你收到不少恐吓信，是真的吗？"

山本故作轻松地回答说："是的。恐吓信不少，还有人扬言要在第二天就把我弄死。简直就是一帮蠢材！杀了我有什么用呢？杀了我，难道就能改变海军的立场了？我相信，下一任海军次官会坚持我的观点。就算是再换5个，甚至10个次官，结果也还是一样。海军绝对不会改变自己的主张的。"

在这一形势下，山本虽然表面上装作若无其事，甚至和别人开玩笑说，自己的脑袋10万日元，可真不少呢！实际上，他的内心充满了焦虑和不安。每当有人来海军省闹事，山本都会躲起来，下班了也不回家，而是到朋友家中去打麻将、玩纸牌。

5月31日，他甚至写了一份遗书。这份遗书，是后来他战死后，别人在海军省次官办公室的保险柜里发现的，全文如下：

述志

一死报君国，自古为军人之至高夙愿。战死于疆场抑或捐躯于后方，有何异哉？奋战沙场光荣而亡，易；排众议为己志而毙，难。皇恩浩荡，国家长久。吾朝夕所思者乃帝国之百年大计，个人之生死、荣辱何足论哉！《论语》曰："丹可磨而不可夺其色，兰可燔而不可灭其香。"（原文为汉语）吾身可灭，而吾志不可夺也。

昭和14年（1939）5月31日
于海军省次官官邸
山本五十六题

1936年12月，担任海军省次官时，因受暗杀的威胁，山本五十六在办公室留下的手书

五
就任联合舰队司令长官

由于山本的执意反对，日、德结盟之事一直拖到8月都未能解决。而此时的德国，对与日本结盟之事的态度却突然冷淡了下来。这主要是因为德国为降低入侵波兰的风险，已经悄然将目光转向了苏联。

8月21日，德国与苏联的秘密谈判取得了实质性进展。正准备乘坐飞机飞赴莫斯科的里宾特洛甫断定，此时将正在进行的苏德谈判通告德国的东方盟友已不会再有什么风险了。于是，他便正式向大岛浩通告了这一消息。

大岛浩大惊失色！他从来没有想过，德国会向日、德共同的敌人——苏联抛去橄榄枝。其实，希特勒早就有抛弃"前嫌"，与苏联合作的打算了。1939年3月21日，德国政府就向立陶宛提出了领土要求，要求其立即派全权代表到柏林签字，把默默尔交给德国人统治。弱小的立陶宛不敢违拗希特勒的意见，不得不于3月22日派代表到柏林在协约上签了字。

希特勒不等谈判结束，便在斯维纳明德登上了"德意志号"袖珍战舰前往默默尔，炫耀他的"丰功伟绩"。德国又一次完成了一次新的征服。从苏台德区到奥地利，从捷克斯洛伐克到立陶宛，法西斯德国已经兵不血刃地将其领土扩大了数倍。

得意忘形的希特勒随即将矛头指向了波兰。第一次世界大战结束后，德国割让给波兰的出海口，即通往波罗的海的"波兰走廊"将原本连成一片的德国领土分成了两块，位于"走廊"之东的东普鲁士成了远离德国本土的"孤岛"，但泽则被辟为了自由市，由国际联盟管理。德国人一直对失去但泽和"走廊"地区耿耿于怀。

吞并奥地利和捷克斯洛伐克之后，希特勒企图用恫吓和军事两种手段，迫使波兰同意德国合并但泽自由市，并允许德国在"波兰走廊"建造一条治外法权的公路来连接东普鲁士和德国本土。

波兰政府拒绝了希特勒的所有要求，并于1939年3月30日得到英、法的承诺，保卫波兰的国家主权。但希特勒坚信英、法不会为波兰向德国开战，便决定对波兰采取军事行动。4月28日，德国发表声明，终止了《波德互不侵犯条约》。随后，希特勒便下令德军总参谋部制定了一项"闪击波兰"的作战计划。

5月，法国与波兰签订了一个协议，法国承诺会在波兰遭到入侵后15日内加入战争，援助波兰。8月25日，英国也与波兰签订了成为军事盟友的条约。但实际上，英法两国对法西斯德国依然抱有一丝幻想，不愿意相信德国会发动对波兰的战争。

波兰军队根本不具备长期抵抗德军进攻的能力，即使是法军，此时也已经无法对付德军在飞机的掩护下，在地面行动中大量使用坦克的闪电战攻势。因此，法、英两国对波兰的承诺在军事上并不具有现实意义。英、法两国政府都清醒地意识到，如果不能及时地同苏联建立政治和军事联盟，波兰就毫无生存下去的可能。

不过，由于英、法两国对社会主义苏联的敌视，直到英国无条件地承诺捍卫波兰的领土完整之后，才提出了同苏联签订协议，实现和解。但此时，希特勒也已经意识到了与苏联结盟的重要性。在希特勒看来，与苏联签订协议是使德国避免在两条战线上同时作战的唯一办法。

结果，英、法两国与苏联的谈判破裂了。德国外长里宾特洛甫却在希特勒的授权下，于8月22日在莫斯科与苏联秘密地签订了《苏德互不侵犯条约》。如此一来，形势就变得对英、法更加不利了。一旦爆发大规模战争的话，德国便可以毫无顾忌地把全部兵力投入到西线战场对付英、法了。

苏、德签订互不侵犯条约的消息传到东京后，就像一滴冷水溅到了滚烫的油锅里，立即"炸开了锅"。日本人感觉自己被他们一直十分倚重的德国盟友出卖了。这不仅仅是因为德国和苏联的谈判一直瞒着日本，更因为《苏德互不侵犯条约》与先前德国与日本签订的《反共产国际协定》是根本矛盾的。

如此一来，德、日之间的结盟谈判也就没有必要继续下去了。8月25日，平沼骐一郎以首相身份召集了最后一次五相会议，决定停止三国同盟条约的交涉。3天后，平沼内阁即以"欧洲发生了复杂离奇的新形势"为由，宣布集体辞职。

山本五十六在海军次官任上历经了4届内阁之后，也离开了海军省。当时，虽然有一部分人对山本不满，但他也有相当数量的支持者。支持者们纷纷进言，希望山本能够留在海军省，接替米内，在新一届内阁中担任海军大臣。

野心勃勃的山本五十六也向朋友暗示过类似的想法。不过，米内出于对老朋友的关心（如果山本继任海军大臣，很可能会遭到陆军狂热分子的暗杀）和对日本海军未来的发展考虑，推荐了山本在海校的同学吉田善吾担任海军大臣，而让山本接任了吉田海军联合舰队司令的职务。

1939年8月30日，山本五十六正式接任联合舰队司令之职。就职仪式在皇宫举行，由昭和天皇亲自主持。当着海陆军高级将领和政界高层官员的面，昭和天皇庄严地宣布：特任山本五十六为日本帝国海军联合舰队司令长官兼第一舰队司令长官。

至此，山本五十六踌躇满志地登上了日本海军的最高点，也开始了他人生最辉煌，也是最罪恶的阶段。这一年，山本五十六56岁，与其父生他的那一年同岁，刚好与其五十六之名互相辉映。

这里有必要介绍一下日本海军的机构构成。日本帝国海军由海军省、军令部和联合舰队组成，三位一体，相辅相成。海军省负责海军行政，是内阁重要的组成部分之一；军令部实际上就是海军的参谋本部，负责制定军令、作战与训练计划；联合舰队司令部则是执行机构，是负责实施指挥作战的最高机构。

就职仪式结束后，山本五十六接见了媒体记者。当天日本的大多数报纸都以《飞向波涛起伏喧闹的大海——时隔六载后的出征，威严的山本提督》为题，对此进行了大篇幅的报道。报道说：山本中将精神饱满，神采飞扬，这从他的面部表情上就能看出来。他一直效忠于天皇陛下。如今，他就任了海军联合舰队司令，对天皇陛下感激之情就更加浓郁了。今天，他穿着一套雪白的海军服，迈着矫健的步伐会见了记者。山本中将从来不喝酒，但今天却破例喝了一杯。他端起酒杯，一饮而尽，动作潇洒自如。

在记者招待会上，山本五十六在回答记者提问时表示："这次身负如此重任，实感惶恐，愿尽我微薄之力为国效劳。受命任联合舰队司令长官，此乃一军人之最高荣誉。我已下定决心，誓死尽职。"

说完，山本就微笑着离开了人群，大踏步向外走去。

第二天，山本五十六在东京火车站站长的陪同下来到了贵宾候车室门前的阶梯上。那里早已挤满了前来为他送行的亲友、记者。新桥一带和他相熟或不相熟的艺妓也来了不少。山本身着白色军礼服、左胸前佩戴着一等瑞宝勋章，微笑着向人群招了招手，即转身进入了候车室。

为了把山本送到联合舰队旗舰"长门号"的锚地,东京火车站特意增发了一趟临时特快列车"海鸥号"。下午1点,山本登上了火车。他摘下头上的军帽,眼睛注视着窗外的人群,右手轻轻挥动着。一切都和他6年前离开战舰的情形颇为相似。

汽笛响了一声,火车缓缓地启动了,越开越快。路基两旁的建筑物、树木等急速地向后退去,月台上的人们越来越模糊了,很快就消失在山本的视野之中。

1939年山本五十六就任联合舰队司令兼第一舰队司令长官,赴任前山本五十六在东京火车站告别

六

严格训练舰队，迎接大战

9月1日上午，山本五十六抵达联合舰队司令部大阪和歌之浦。司令部早接到了通知，他们已经为迎接新任长官做好了一切准备。当山本出现在旗舰"长门号"的悬梯入口处时，早有一大批海军军官在那里等候他了。与此同时，甲板上也响起了嘹亮的军乐。山本五十六得意极了。

山本快步向前走去。军官们不约而同地挺胸、提臀、收腹，向山本行礼。山本稍稍停留了一下，举手还礼。军官们喊道："长官好！"

山本稍稍一愣，不禁微笑起来。很显然，他对"长官"这一称呼还不太适应。当来到光线充足的"长门号"战舰司令官室之后，山本好奇地观察了一阵，紧绷的神经也随之放松了。

突然，他转身对副官说："太好了，我喜欢长官这个称呼，很不错！很吃得开！与长官相比，海军次官算不了什么，那不过是一个高级勤杂工。"

副官笑了，山本也笑了。

山本刚刚坐下没多久，新任海军大臣吉田便发来一封急电。山本起身从副官手中接过电报，扫了一眼，不禁跌坐在椅子上。电报上写着什么？怎么会让一向沉稳冷静的山本如此惊慌失措呢？

原来，德军已经将屠刀砍向了波兰。9月1日凌晨，德军大举越过德波边境，分北、西、南三路，向波兰首都华沙进逼。这是人类历史上第一次大规模的机械化大进军。德军的轰炸机群呼啸着向波兰境内飞去，目标是波兰的部队、军火库、机场、铁路、公路和桥梁。德军趁势以装甲部队和摩托化部队为前导，以每天50—60公里的速度向前突进。德军闪击波兰，标志着第二次世界大战欧洲战事正式拉开了帷幕！

亚洲的战火烧得正烈，欧洲又起硝烟，怎能让山本不感到震惊呢？对日本来说，欧战爆发无疑是一次千载难逢的机会。德国入侵波兰，意味着英、法很快就会参战，而后将陷入战争的泥潭而无暇顾及他们在东南亚的殖民地。日本刚好可以趁机加速实施"南进计划",从东南亚掠夺橡胶、石油等战略资源,从而摆脱对英、美等国的依赖。

从当时的世界形势来看,山本的这些分析有一定的道理,但并不现实。两天后,即9月3日,一向对德国采取绥靖政策的英国首相张伯伦在下议院发表了一通充满悔意的演说。他在演说中指出:"今天是我们大家最感到痛心的日子,但是没有一个人会比我更为痛心。在我担任公职的一生中,我所信仰的一切,我所为之工作的一切,都已毁于一旦。现在我唯一能做的就是:鞠躬尽瘁,使我们必须付出重大代价的事业取得胜利……"

随后,张伯伦向法西斯德国发出最后通牒,要求德军立即从波兰撤军。当天上午,一群纳粹头目正聚集在柏林总理府的前厅。突然,一名翻译官从人群挤过去,径直走进希特勒的书房,口译了最后通牒的内容。当翻译完毕,希特勒沉默无言,好一会儿呆坐不动,然后,冲着一直强调英国不会参与这场战争的德国外长里宾特洛甫恶声质问:"现在你有什么话说?"

里宾特洛甫默默无言地站在希特勒的对面,显得十分窘迫。他曾向希特勒保证,英、法为了尽可能地争取和平,绝对不会出手干涉德国入侵波兰之事的。

这时,第二号纳粹人物戈林在外面前厅里作了回答:"如果我们打输了这一仗,那么求上帝保佑我们吧。"

希特勒未对英国的最后通牒作出回应。英国政府遂于上午11点对德宣战,并宣布全国进入战争状态。随后,法国政府也发表宣言,对德宣战。

英法对德宣战的第二天,远在东亚的日本发表声明:日本不介入欧洲战争,专注于解决支那(中国)事变。这就意味着,海军"南进计划"的实施将再次向后延期。

应当说,新组内阁这次看得比山本要远。1938年10月,日军攻占广州、武汉等地之后,随着战线的延长,日军在兵力补充、后勤补给等方面已经明显跟不上战争的需要了,而地大物博、人口众多的中国则源源不断地征召新兵,开赴前线。日军再也无力发起大规模的进攻了。

至此,中国的抗日战争由战略防守阶段转入战略相持阶段。深陷战争泥潭的日本意识到,如果不迅速结束这场战争,等待日本的唯有失败!

正因为如此,日本政府企图集中力量,在1940年之前彻底击垮中国人民的抵抗意志,灭亡中国。为了实现这一战略目标,兵力不继的日本改变了之前以军事进攻为主的战略方针,转而以"政治诱降为主,军事进攻为

· 131 ·

辅"，极力拉拢蒋介石集团，希望尽快从中国战场抽身。

对日本不介入欧战的计划，山本颇为失望。不过，他坚信，这只不过是暂时现象罢了。随着欧战的展开，英国等国家为应对战争，势必会减少对日本的石油和钢铁出口。届时，日本为满足侵华战争的需要，不得不实施"南进计划"。

也就是说，对深陷中国战场的日本而言，他们已经失去了战略主动权。不管如何选择，这个弹丸之国最终都会卷入到一场史无前例的世界大战之中。

已经嗅到战争气息的山本五十六在9月5日向联合舰队的全体官兵发表了第一次重要讲话。他说："鄙人从未想过谋求联合舰队司令长官之职，但天皇陛下授命，只好就任！想到天皇陛下的信任，鄙人深感责任重大。不言而喻，今天欧洲的形势乃是新一轮世界大战的先兆。方今世界风云突变，鄙人深感帝国海军任重道远。我真诚地希望能和全体官兵一起，同心协力，自重自爱，不辞辛劳，昼夜操练，以保持我大日本帝国联合舰队的最高战斗力，担负起保卫国防之重任，不负天皇陛下之所望。"

说完，山本五十六面朝东京，高举双手，高呼道："天皇陛下万岁，万岁，万岁！"

甲板上的官兵全都挺直身体，跟着山本高呼："天皇陛下万岁，万岁，万岁！"

山本此话不光是说说而已。当天下午，他就恢复了因权力交接而中断的日常训练。他第一次站在"长门号"上看着这支世界第三大舰队拔锚起航（第一、第二分别为美国、英国）。

随着一声令下，整个和歌之浦码头的上空都被军舰烟囱中冒出的黑烟染黑了。大小80艘战舰井然有序地在海面上行驶着，准备开出码头。

山本一脸严肃，目不转睛地看着眼前的一切。几分钟后，传令官报告说："报告长官，第二战队第一号舰正在起锚。"

山本命令："立即出港！"

传令兵将命令传达了下去。"长门号"的汽笛发出了一声长鸣，将命令传达给正在起锚的第二战队第一号舰。

为了看清演习的全景，山本五十六手持双筒望远镜，快步登上舰桥。传令兵紧随其后，继续报告着舰队的动向。

几分钟后，传令官报告说："报告长官，'赤城''加贺''苍龙''飞龙'航空母舰依次出港，第一、第二航空战队全部参与训练。"

山本五十六扭头看了传令官一眼，命令道："训练开始。"

他的眼睛好像一下明亮起来：现在该是将自己的航空战术思想付诸实践的时候了。

"不，还不能这么快！"山本想到老同学吉田早已制定好的年度训练计划，决定将以航空兵为主的训练计划推到下一年执行。不过，这并不意味喜欢冒险的山本会墨守成规地执行前任留下的既定训练方法。

当时，夜间进出港训练一直是海军训练中的难题。因为在漆黑的夜里，稍有失误，就会发生两船相撞的事故，损坏战舰。如果情节严重，指挥官还要接受严厉的处罚，甚至切腹自杀。

所以，以往几任联合舰队司令官在进行夜间训练之时都会命令战舰信号识别灯，并保持无线电的畅通，以免发生战舰相撞的事故。长期以来，这已经成为了联合舰队不成文的规定。

山本五十六决定"毁灭"这一惯例。他认为，在夜间打开信号识别灯，并以无线电保持联络，很容易暴露战舰的具体位置，从而招致敌人的攻击。最好的办法就是在夜间行驶时关掉信号灯，并保持无线电静默。

在漆黑的海面上，完全依靠肉眼和经验，让战舰与战舰之间保持适当的距离，并跟随各自的旗舰摸黑前进并不是一件容易的事情，但喜欢冒险的山本还是实施了这样的训练。在山本严格而近乎疯狂的训练下，日本海军的夜战能力有了很大的提升。这在海军日后偷袭珍珠港的战役中起到了相当大的作用。

第七章
提出偷袭珍珠港计划

一
密切关注欧洲战事的发展

当时间来到1940年之时，山本完成了前任联合舰队司令官吉田制定的年度训练计划，终于可以按照自己的想法来训练海军了。

官兵们惊讶地发现，山本的训练完全颠覆了他们对海军的认识。以往，航空兵不过是舰队的辅助作战力量，只负责一些诸如侦察和搜索任务。然而，山本却将航空兵当主力使用，舰队的作用反而下降了。对此，很多海军军官颇有怨言，经常在背地里议论山本的不是，但山本很快就以实际行动堵上了他们的嘴。

1940年3月，山本组织了一次代号为"123号作业"的演习，其目的是检验海军航空兵的攻击能力。在演习中，驻在志布的舰队从有明湾出发，取道九州东海岸，快速机动到佐旧湾一带。航空战队以这支舰队为假想敌，搜索它的踪迹，尽量避免暴露自己，并在夜色的掩护下对其实施"轰炸"。

演习进行得很顺利，而且完全证实了山本的猜想——航空兵在未来的海战中将成为名副其实的主力。北上途中，"赤城号"航空母舰飞行队长渊田美津雄少佐率领鱼雷轰炸机群仔细搜索着舰队的踪迹。

在一个伸手不见五指的深夜，渊田的轰炸机群发现了山本五十六的旗舰"长门号"。"长门号"立即打开探照灯，试图扰乱追踪飞机的视线，同时用

渊田美津雄（1902年12月3日—1976年5月30日），日本海军航空兵，曾经参加过偷袭珍珠港的战斗

高射炮予以还击。轰炸机群凭借速度上的优势，不但巧妙地躲过了高射炮的反击，还有条不紊地向"长门号"投放了数枚训练用的鱼雷炸弹，弹无虚发，发发命中。

看到这一情景，山本高兴极了。他转身问身边的航空参谋："福留君，轰炸机群的指挥官是谁？"

航空参谋回答说："飞行队长渊田美津雄少佐。"

"渊田……"听到回答，沉思中的山本似乎牢牢地记住了这个名字。

过了一会儿，山本下意识地向参谋长福留繁少将说道："照这个水平，难道还不能攻击珍珠港吗？"

福留繁抬头看了山本一下，眼神中充满迷茫，根本不知道他在说什么。山本意识到自己的失言，马上岔开了话题，将福留繁的注意力引到了演习经验总结上。

这是山本五十六第一次公开表达他入侵美国的想法。第二次世界大战爆发之后，山本五十六一直密切关注着战局和美国海军的发展趋势。战争爆发之初，单纯从军事力量和经济实力上来讲，英、法等国占有一定优势，但是由于英法没有做好应战的准备，而且不想真正打仗，在行动上磨磨蹭蹭，甚至根本采取真正的军事行动。张伯伦就曾宣称，这是一场"晦暗不明的战争"。所谓"晦暗不明"，实际上是指"战"与"和"还在两可之间。

正是因为英、法两国首脑处于这样一种思想状态之中，盟国在战争初期一直处于被动挨打的局面。英、法违背了自己许下的"如果德意志帝国胆敢入侵波兰，英法联军将直捣鲁尔谷地"的诺言。法国屯集重兵却躲在马其诺防线后面，眼睁睁地看着波兰独自抵抗着强大邻国的侵略。

希特勒估计，波兰可以抵挡数周之久；法国方面则估计，波兰可以支持到1940年春；波兰军事当局则盲目自信，认为波兰军队完全可以挡住德军的入侵。但德军装甲部队与空军配合的"闪电战"使波兰猝不及防，波兰五百多架飞机甚至没有来得及起飞就被德军摧毁了。到9月17日，波兰军队已呈崩溃之势。9月28日，波兰守军司令与德军第八军团司令布拉斯柯维兹将军签订了降约，波兰战役仅仅历时27天便全部结束了。

战争给波兰造成了严重的创伤。时任希特勒大本营司令的隆美尔在家信中写道："华沙已经残破不堪，房屋十有八九都被烧成了枯架。商店消失了，里面的陈列品已荡然无存，店主们只好用木板把它堵上。这里已经整整两天没水没电，没有煤气，没有粮食了……老百姓几乎都暴露在无法

战争赌徒·山本五十六·

逃避的炮火之下。市长统计的伤亡人数是四万……"

虽说英国和法国已正式向德国宣战,声明要援助他们的盟国波兰,但当纳粹匪徒肆意践踏波兰国土、残酷屠杀波兰人民时,英、法却无动于衷,西线出现了惊人的平静。10月11日,波兰战事结束了3个星期以后,英国才派了4个师,共15.8万人,到法国去"参战"。实际上,直到1940年5月10日,英、法才和法西斯德国爆发正式冲突。

从1939年9月1日到1940年5月10日,这段奇特的历史时期在德国被称之为"静坐战",而其他国家则称之为"假战"。英、法两国的"假战"助长了法西斯德国的侵略野心,同时

波兰战役里的德军摩托化步兵

也让自己在后来付出了沉重的代价。

远离战场的美国此时虽然表面上置身事外,但罗斯福已经开始着手应对美国被卷入战争的可能性了。英国对德宣战的当晚,美国总统罗斯福就用广播向美国民众发表了欧战后的第一次"炉边谈话"。为了安抚民众,并争取孤立主义者的支持,他不得不在表明自己观点的同时,小心翼翼地表示:作为美国总统,他将尽力使美国不介入这场战争。

不过,罗斯福在安抚民众的同时,又极力促使国会通过新的征兵法案,加强海陆军的实力,尤其是海军的实力。

对此,山本五十六深感不安。他早已意识到,日美之间的矛盾不可调和,太平洋之战最终无法避免。美国加强海军的实力,也就意味着日本帝国海军在未来的战争中将要付出更大的伤亡代价。

有一次,长冈中学同学会与长冈社在军人会馆设宴,庆祝山本荣任联合舰队司令长官,很看重同乡之谊的山本欣然前往。在庆祝会上,山本五十六在演说中提到:"我现在责任重大,这关系到国家的兴亡。所以,我只能成功,不能失败。正因为如此,自从接任联合舰队司令长官以来,我从来没有好好睡过一个安稳觉。"

·138·

山本此言并非危言耸听，因为大战的爆发对日本而言不但是一次挑战，也是一次机遇。日本统治集团计划瞅准机会，像第一次世界大战的时候一样，趁着欧美各国无暇东顾，在东方大捞一把。

只不过，日本陆军被中国的抗日力量缚住了手脚，抽不开身罢了。因此，统治集团决定首先解决中国问题。但到了1940年的时候，由于日军非但没能实现从中国战场抽调兵力的战略计划，反而增加了2个师团的兵力。这一切一切，都让山本感到惶恐不安。

二 极力避免与美军交战

1940年初夏，整个欧洲都笼罩在悲观的失败情绪之中。5月，德军越过马其诺防线，长驱直入，迅速击败了英、法、荷、比等国军队。6月10日，墨索里尼见英、法的失败已经注定，便想趁机捞一把。于是，这位独裁者便下令军队挥师北上，围剿法军。在德、意法西斯的双重打击下，法国军政界高层分裂为主战派和投降派。

6月16日晚，法国总理雷诺在投降派贝当元帅等人的压力下愤而辞职。随后，法国勒布伦总统召见第一次世界大战期间的英雄人物贝当元帅，命其组阁。第二天，贝当元帅便通过广播号召全国军民"停止战斗"。

希特勒和法国的停战谈判是在贡比涅森林中的一块小小的空地上举行的。就在这个地方，22年前法国人接受了德国人的投降，法国福煦元帅与德国人签订停战条约的那节卧车还保留在博物馆里。如今轮到法国向德国投降了，历史的发展多么戏剧化啊！

6月22日下午，法国代表和凯特尔在停战协定上签了字。趾高气扬的希特勒以蔑视的神气注视着法国于1918年为庆祝胜利而树立的纪念碑，仿佛在说："1918年的仇已经报了。"

法国投降了，整个欧洲只剩下英国单独面对着强大的德、意法西斯。为了号召法国人民继续抵抗下去，并为将来反攻欧洲大陆做好准备，丘吉尔支持法国的戴高乐将军在伦敦成立了流亡政府——"自由法国运动"。从此，法国出现了两个政府并存的局面，以戴高乐将军为领袖的法国称自由法国；以贝当元帅为首的法国因首都设在维希市，称维希法国。

德国法西斯在欧洲的胜利极大地刺激了日本的扩张野心。英、法、荷等国失败了，再也无暇顾及他们在东南亚广阔而富饶的殖民地了。在日本人看来，法属印度支那的橡胶、锡、钨、煤、大米和荷属东印度的石油仿佛成了"丢在大街上只等人去拣拾的宝物"。对日本来说，占领东南亚是一石三鸟的好事。一则，东南亚丰富的战略资源正好可以补充日军在中国战场无穷无尽的消耗；二则可以切断英、美等国对华援助的交通线，迫使蒋介石集团投降；三则可以摆脱对英、美等国的依赖。

然而，内阁不愿意在局势尚不明朗的情况下贸然出兵东南亚，以免过度刺激英、美，使其卷入亚洲战场。国内的军国主义势力立即掀起了反对内阁的运动，叫嚣"不要误了公共汽车"。

在这种情况下，把日本带入侵华战争的近卫文麿于7月22日第二次上台组阁。傲慢无礼、野心勃勃的松冈洋右出任外交大臣，心狠手辣、号称"剃刀将军"的东条英机出任陆军大臣。

近卫文麿虽然软弱、愚笨，被时人称为"日本第一蠢人"，但每次组阁都能别出心裁地想出一些新花样。第一次出面组阁时，他发动了全面侵华战争。这一次，他又想玩玩新花样，好令世人震惊！

在组阁前，近卫即把陆军大臣东条英机、外交大臣松冈洋右和海军大臣吉田善吾召到他的私邸荻洼山庄，举行"荻洼会谈"。这3个大臣是内阁中最具权柄的实权人物，尤其是陆军大臣东条英机。不用说，他们讨论的自然是新内阁的战略方针。

和以往的内阁会议不同，这次会议几乎没有任何争吵。4位左右日本政局的人物一致认为，大日本帝国当前最重要的任务就是建立所谓的"大东亚新秩序"。何谓"大东亚新秩序"呢？其一，实施全国总动员，发动一切可以发动的力量，尽快解决中国方面的战事；其二，将英、法、

近卫文麿

松冈洋右

东条英机

荷、葡等国家在亚太地区的殖民地全部纳入大日本帝国的版图；其三，排除美国的干涉，与苏联签订互不侵犯条约，与德国、意大利签订三国同盟条约，为南进做好一切准备。

7月26日，即近卫内阁成立的第四天，内阁便正式通过了它的行动纲领——《基本国策纲要》。纲要以华丽的辞藻，高昂的语调宣布：日本的意图是"适应世界形势变动，改善内外形势，在迅速结束中国事变的同时，捕捉良机，解决南方问题"。

为了争取德、意法西斯的支持，重提三国结盟事宜又成了新内阁的首要任务。结盟谈判尚未开始，基调就已经确定了——近卫文麿打算全盘接受"里宾特洛甫方案"。

山本五十六闻讯大惊，立即写信给海军大臣吉田，反对结盟。在整个民族都陷入对外侵略的狂潮中时，山本是日本仅有的几位现实主义者。尽管他非常清楚，日美之间在将来必有一战，但两军实力差距太大，他必须想尽一切办法来阻止三国同盟条约，因为这个条约很可能会把日本带入日美战争的深渊之中。

在给海军大臣吉田的一封信中，山本明确指出："日美一旦开战，将会是世界上最大的不幸。对大日本帝国来说，在圣战（侵华战争）开始数年之后对美动武，再添新的强敌，实在是整个国家的危机。如果苏联或德国趁日美两国两败俱伤之际，乘机扩张，称霸世界。还有哪个国家能够加以制衡呢？如德国获得胜利，大日本帝国以友邦的身份向其示好，未必能够得到德国的回应。因为真正的友邦只有拥有足够雄厚的实力才能维持。帝国之所以能够受到世界各国的尊重，不断有讨好者，无非是因为我国海军实力强劲罢了。是故，为避免日美冲突，两国应寻求一个万全之策，对日本来说尤其不可缔结日德同盟。"

性格软弱的吉田虽然同意山本的观点，但却无力阻止东条英机等人的决议。9月4日，不堪各方压力的吉田以身体病弱为由，辞去了海军大臣之职。为了缓和海陆军之间的关系，军令部部长伏见宫亲王动用皇族的威信，举荐及川古志郎大将接替吉田出任海军大臣，因为及川古志郎一向以善于息事宁人而著称。

海军大臣职务的变动让山本意识到，日本与德、意结成全面同盟的日子已经不远了。他的猜测果然没错。9月7日，日本外相松冈邀请的德国特使海因里·斯塔玛到达东京，就签订三国同盟条约同日本方面进行谈判。3天后，松冈费尽心机，终于和德国就结盟之事达成了一份掺杂着无数谎言和诺言的协议。

9月15日傍晚，及川古志郎就结盟之事在东京召开了海军首脑会议。海军所有的高级将领全部参与了此次会议，包括各军事参议官、各舰队司令长官，各镇守府司令官。

会上，及川古志郎为三国同盟辩解说："如果海军再继续反对三国同盟，近卫内阁只有集体辞职。如果内阁因此而垮台了，海军实在负担不起这个责任。所以，我们不得不同意缔结三国同盟条约。"

此言一出，会场立即陷入了一片死寂。山本五十六正襟危坐，脸上的肌肉明显抽搐了一下。及川似乎发现了这一微妙的变化，他顿了顿，强调说："我希望诸位最好表示赞成。"

及川古志郎

军令部部长伏见宫博恭亲王以皇族特有的威严缓缓道："事情到了这个地步也是没有办法的。"

伏见宫博恭亲王在海军内的影响非常大，只要他同意了，几乎不会有人反对。他刚说完，前海军大臣大角岑生海军大将（当时担任军事参议官）又代表军事参议官表态说："作为军事参议官我们赞成。"

大角岑生表态完毕，会议再次陷入了可怕的寂静之中。山本等现任海军将领均反对和德、意结成全面同盟，但大角岑生等资深人士都已同意，他们也不好提出反对意见了。

过了几十秒钟，山本突然站起来，尽量以柔和的语气说："我绝对服从海军大臣的权威，所以对大臣的决定绝无异议。只不过，我现在还有一件事情想向大臣请教。8个月前，我在任海军次官的时候看到过政府的物资动员计划。计划表显示，我们80%的物资供应需要仰仗英美势力范围来提供。一旦缔结三国同盟，大日本帝国势必失去这一物资来源。那么，我们如何弥补，才能满足物资动员计划的要求呢？作为联合舰队的司令长官，我希望能在这一点上得到一个明确的答复。不然，我何以安心地执行司令长官的职责？"

及川看了看山本，双手下压，示意他坐下去。山本无奈，只好缓缓坐了下去。及川笑了笑，对众人说："虽然大家各有各的看法和意见，但事已至此，还有什么办法呢？我恳请各位能够赞同我的意见。"

及川无法正面回答山本的问题，只能用这种方法草草收场。就这样，德、意、日三国结成全面同盟的障碍扫除了，剩下的事情就只有象征性的签字仪式了。

会后，近卫单独召见了山本。近卫知道，与德国结成全面同盟之后，距离日美大战的日子也就不远了，届时他还要依赖山本这位日本帝国海军的前线最高指挥官。他想征询一下山本的意见。

寒暄过后，近卫开门见山地问："如果日美开战，海军有什么看法？"

山本犹豫了一下，缓缓道："如果非打不可的话，在开始的半年或一年中，海军尤可奋力一搏，并有信心争取打胜。如果不能速战速决，必须持续下去，甚至拖上两三年的话，我就毫无取胜的把握了。现在三国同盟条约已经缔结，海军也只能破釜沉舟、背水一战了。不过，我依然希望首相能够设法避免与美国交恶，至少避免与其开战。"

近卫默默地盯着山本，看了半天，黯然离开了。

三

晋升大将，登上权力顶峰

1940年9月23日，日军终于着手实施所谓的"南进计划"了。当天，日本兵分三路，开进了印度支那北部，迈出了南进的第一步。

4天后，即9月27日，日本外相松冈出席了在柏林帝国总理府举行的盛大的三国同盟签字仪式。条约规定："日本国承认并尊重德意志国和意大利国在欧洲建设新秩序的领导地位；德意志帝国和意大利承认并尊重日本在大东亚建设新秩序的领导地位。日本国、德意志国和意大利国约定，对上述方针所作的努力，互相协助。并且进一步约定，三缔约国中任何一国遭到现在尚未参加欧洲战争及日华纠纷的一国攻击时，三国须用所有政治、经济和军事手段相互援助。"

德、意、日建立三国同盟的消息传到华盛顿后，美国国务卿赫尔气愤地说："勒紧手中缰绳的时候到了。否则的话，我们迟早要为对日本的纵容而付出代价。"

随后，赫尔向总统罗斯福汇报了自己的意见。他建议停止向日本出口废旧钢铁，并在石油输出方面实施许可证制度，勒紧"手中的缰绳"。罗斯福毫不犹豫地同意了这些建议。

美国的制裁措施马上表现出了强大的威力。日本侵华战争的战略资源很快就难以为继了。面对这种情况，山本憋了一肚子气，但又无可奈何。回到旗舰"长门号"之后，山本五十六气得脸色发紫，破口大骂："那帮军部头子简直是马粪，是禽兽！"

山本甚至开始担忧侵华战争和日本帝国的前途了。三国同盟条约签订后不久，山本的间谍秘书原田来到"长门号"向他汇报工作。山本五十六热情地留他共进午餐。在餐桌上，两人很自然地聊到了未来的局势。

山本忧虑重重地对原田说："和美国打仗是一件非常可怕的事情。在我看来，对美开战，无异于向全世界宣战……我将竭尽我的全部力量，直到我战死在'长门'号的甲板上。可以预见，在那些不祥的日子里，你将至少3次看到东京被夷为平地。多么可怕的事情啊！我们的人民将长期生活在痛苦之中。你、近卫，还有很多其他的人，或许会被人民抓起来，吊在广场上千刀万剐。一想到这些事情，我的心里就充满了悲伤，但当前的局势确实令人非常困惑。我们已经深深地陷入了这种困境之中，命运的安排已经在劫难逃……"

但作为联合舰队司令，山本又不得不反复地思考，一旦日美开战，日本帝国，尤其是帝国海军用什么去赢得这场战争。

从美国强大的海军实力和工业生产能力来看，日本要战胜它几乎是不可能的事情，即便是取得一定胜利后求和也不大可能。要战胜美国，唯一的办法就是采取非常规手段。这个非常规手段就是山本思虑已久的航空兵。当然，山本自己也知道，使用航空兵对付强大的美国海军将是一招"险棋"，弄不好就会陷入极大的被动之中，但如果不这样的话，联合舰队连一点机会都没有。

不过，要实现这一战略设想，山本还需要说服军部的那些"舰队主义者"。早在1907年，即日本提出建设"八八舰队"前后，军部在《帝国国防方针》和《帝国用兵纲要》中就确立了对美作战的战略原则——截击作战。这个原则有一个前提，即美国海军主动发起攻击。从这一点来看，联合舰队至少在战争一开始的时候就输了一局。

在此后的岁月里，这一战略方针虽然几经修改，但其基本内容并没有太大的改变。比如，1936年修订的《帝国用兵纲要》中就规定："一旦日美开战，陆、海军应协同作战，首先攻占菲律宾、关岛等地，迫使美国太平洋舰队驶进西太平洋实施进攻作战。我军则把前卫线推移到马绍尔群岛一线，使主力舰队在小笠原群岛和马里亚纳群岛一带以逸待劳，伺机与敌决战"。

海军中不少将领都对这一战略方针深信不疑。他们相信，如果按照这一方针用兵，联合舰队定能重现1905年对马海战的辉煌。然而，山本五十六却对军部的这一战略方针嗤之以鼻！他认为，这完全是那些军部的"马粪"坐在办公室里臆想出来的东西，根本经不起推敲。当然，山本自己年轻时也曾有过类似的想法，但时过境迁，这一套已经不管用了。

一则，日本进攻菲律宾之后，美国未必会派遣太平洋舰队前往救援；二则，即使美国派遣太平洋舰队前往亚洲，也未必会按照日军设想的路线行进（他们很可能会直接进攻日本本土）；三则，即便美国派遣太平洋舰队前往亚洲，且按照日本设想的路线行进，也未必会采用逐次增兵的战术。也就是说，海军军部的战略方针完全是"把敌人的行动规范在自己想象之中的脱离实际的主观臆断"。

既然如此，日本将如何保证侧翼不受美舰队干扰，同时又可以把主力部队放在南方（东南亚一带），掠夺那里丰富的石油资源呢？山本的答案是使用航空兵，但如何使用呢？他的心里还没底！

山本苦苦思考着，但始终没有想出个所以然来。1940年11月，为适应不断深入的战争，日本政府晋升了一大批将领的军衔。山本和他的同届同学吉田善吾、岛田繁太郎等人在此时皆被擢升为海军大将。

至此，山本登上了一个海军军官在生前所能达到的巅峰。山本五十六感激涕零，更加死心塌地地为天皇卖命了！

授衔仪式结束后不久，山本就指挥联合舰队就进攻荷属东印度计划进行了一次图上演习。这是为大规模实施南进计划所做的准备。在演习过程中，山本更加明确地认识到，倘若真的对荷属东印度动武，英、美这两个海军实力强劲的大国绝对不会任日本轻易得手的，而且，美国人很可能会动用武力。

在给朋友的一封信中，山本不无担忧地写道："倘若我们发动针对荷属东印度群岛的军事行动，可能会过早地与美国人交战。毫无疑问，英国、荷兰必定会和美国站在一边。换句话说，我们对荷属东印度群岛的军事行动在完成一半之前，就会引发与美国、英国和荷兰的全面交战。"

在信件的最后，山本又指出："从制定战略方针的角度来看，无论对哪个国家动手，我们必须从一开始就制定一个可以同时对付三个国家的作战方案。在执行这一方案的时候，帝国海军的大部分兵力一旦投入南方战场——这是必然的事情，因为那里丰富的自然资源，其

1940年11月15日，山本五十六晋升海军大将。这是在舰队旗舰"长门号"拍摄的照片

侧翼就会暴露给强大的美国海军。只要美国太平洋舰队的主力向我侧翼发动进攻，帝国海军就不得不匆忙从南方战场抽调兵力御敌。如果战事发展突破这个阶段，帝国海军就完蛋了，大日本帝国的命运也将十分凄惨！"

从这封信中可以看出，山本五十六虽然嗜赌成性，但还是一个比较有自知之明的人。他对打赢这场至少是一对三的战争毫无信心。演习结束后，山本的情绪显得十分低落。突然，一个大胆的想法在他的心里产生了，多日忧郁情绪也一扫而空了。到底是什么想法能让山本如此开心呢？

这个想法就是偷袭珍珠港！山本认为，为了解决日本侧翼受到美国海军攻击的后顾之忧，至少是在战争初期的后顾之忧，日本海军必须利用航空兵的优势，在战争爆发之际摧毁美国的太平洋舰队！

当然，这是一场赌注巨大的赌博。如果失败了，日本海军和整个日本帝国都将陷入万劫不复之地。如果胜利了，美国海军将再也无法威胁到日本的侧翼安全了（至少在战争初期不会对日本构成威胁了）。

四
提出偷袭珍珠港的计划

1940年11月下旬，山本来到东京，求见海军大臣及川古志郎。及川笑眯眯地盯着一身戎装的山本，问道："什么风把山本大将吹来了？"

不苟言笑的山本笑了起来，脸上堆满了褶子。及川示意山本坐下，缓缓道："山本君请坐，有什么事情就直说吧！"

山本低声道："关于日美之战……"

及川打断了山本的话头，惊诧地问："山本君有什么好想法？"

山本一字一顿地说："袭击瓦胡岛（珍珠港所在岛屿）。"

及川"嗖"地站起来，一脸惶恐地说："这是在赌博！"

山本平静地说："人生本来就是一场赌博，何况战争！"

及川沉思了片晌，默默点了点头。他似乎也已经意识到，除了偷袭珍珠港，日本海军在日美之战中将毫无胜算。

"好吧，"及川点燃了一根香烟，对山本说，"说说你的想法。"

山本简略地将偷袭珍珠港的计划说了一遍，最后强调说："这只是我的初步设想，还未形成具体计划。"

及川赞赏地说："这是一个大胆而新奇的想法！你回去之后

1940年11月15日，联合舰队司令长官山本五十六晋升海军大将后，拍摄的大将礼服装照片

好好筹划一下，形成计划马上告诉我！"

回到"长门号"之后，山本就开始认真考虑偷袭珍珠港的计划了。1941年1月7日，山本五十六的旗舰"长门号"安静地停泊在广岛湾，山本在座舱里坐了一整天，办公桌上的烟灰缸满是烟头和烟灰。他运笔如飞，用海军格子纸写了一封长达9页的信。这封信名为《关于战备的意见》，是写给海军大臣及川古志郎的。

他在信中开门见山地指出："任何人都无法正确地预测国际形势的发展，尤其是在当前这种紧张的局势之下。不过，帝国海军，尤其是联合舰队，应该坚定对美、英必战的决心，马上进入备战和制定作战计划的时期。这一点是毋庸置疑的。"

山本五十六还就具体的作战方针发表了自己的看法。他说："过去，军部对未来的作战方针进行了大量的研究工作。这些研究总是以迎击作战为对象。但是，从历次的沙盘推演来看，使用联合舰队主力迎击美国太平洋舰队，我们尚未取得一次真正的大胜利。每次演习，都会因为这种作战方式会严重削弱帝国海军的实力而中途作罢。如果只是为了从理论上研究未来战争的发展走向，这样做无可厚非。但战争已经近在眼前，我们必须假设战争无可避免，并秉着战则必胜的决心来看待这个问题。"

既然如此，那么帝国海军，尤其是联合舰队应该采取何种作战方式呢？山本五十六认为，鉴于对美作战的特殊形势，帝国海军应在开战之初，最好是美国人尚未对战争做出反应之前，就以航空兵猛攻并击沉敌人的主力舰队，挫伤美国海军和民众的士气，"使之达到无可挽救的程度"；"只有这样，才能确保日本立于不败，维持大东亚共荣圈的建设"。

山本在信中接着强调，"在战争爆发之际，我们应该竭尽全力，要有决胜败于第一天的决心"。他还具体设想了执行这一方案的三种情况。第一种情况是，当美国太平洋舰队的大部分主力舰均停泊在珍珠港里的时候，帝国海军应以航空兵彻底击溃之，并封锁该港；第二种情况是，当太平洋舰队主力停泊在珍珠港外围之时，参战第一种处理方式，以飞机迎战；第三种情况是，当太平洋舰队主力从夏威夷出发，向西攻击前进之时，帝国海军需立即派遣部队迎战，并一举歼灭之。

将这三种对比来看，第一种情况最优，第二种次之，第三种最差。山本五十六想努力实现的就是第一种情况。

在兵力的使用上，山本计划将第一、第二航空战队的4艘航空母舰（"赤城号"、"加贺号"、"苍龙号"、"飞龙号"）整编为一个机动舰队，趁着月夜或黎明时分，出动所有的航空兵力，突然发动攻击，击沉敌军舰队主力。出动一个水雷战队，在交战水域巡航，以便搭救落水的飞行员。出动一个潜水艇战队，尽量逼近珍珠港，迎战仓皇出动之敌。如有可能，最好是在珍珠港入口处击沉敌舰，使其自行封锁港口。与此同时，出动数艘加油船，为第一、第二航空战队，水雷战队和潜艇战队提供后勤服务。

当然，山本也没有忽视日本的主要目标，即南进。他在信中指出，"夏威夷作战要和菲律宾、新加坡方面的作战同一天实施。但只要击灭了美主力舰队，菲律宾以南的杂牌部队就会丧失士气，不足为虑了。"

"夏威夷作战损失可能会很大，但如果我们对敌采取守势，等待他们来攻的话，帝国海军阻击成功的几率微乎其微。届时，敌人将一举攻占帝国本土，烧毁帝国首都和其他大城市。如果发生这样的事情，我国人民所受伤亡必定极大，势必不光帝国海军会受到强烈的谴责，国民的士气也会跌落到极点。到时候，我们将彻底失去战胜的机会。"

在最后，山本小心翼翼地说："虽然此次作战之成功并非容易，但有关将士若能上下一体，坚定以死奉公之决心，可期天佑以获成功……卑职真心希望自身担任攻击珍珠港的航空舰队司令长官，亲自指挥夏威夷作战。"

这是山本五十六第一次正式提出偷袭珍珠港的军事计划。坦白地说，这是一份接近完美的计划，但却有一个致命的缺陷，那就是山本的设想是以日本消灭太平洋舰队之后美国民众的抵抗意志完全崩溃为前提的。他没有预料到，日军偷袭珍珠港将会极大地激发美国人的抵抗意志，更没有预料到这将会帮助罗斯福说服美国的孤立主义者同意参战！

写给及川的信寄出之后，自信满满的山本就开始着手计划的实施了。一周后，他写了一封长达3页的私信给他的密友、第十一航空舰队参谋长大西泷次郎海军少将，要求大西尽可能快地制定一个基础方案。

大西泷次郎是日本海军中年轻的航空专家，既富创见，又勇于实践。更为重要的是，此人在制定战术计划细节上极具天赋。多年来，他和山本一样，极力鼓吹扩大和改善日本海军的空中力量。也正是因为这几点，山本才选择让大西制定基础方案的。

几天后，大西来到了"长门号"求见山本。山本关上了房门，和他进行一次极为秘密的谈话。关于这次谈话，由于日本官方从未披露任何信息，现在无法知道他们谈了些什么。从当时的情况来推测，谈话内容很可能是围绕着进攻珍珠港的可行性和有关技术细节而进行的。

大西回到第十一航空舰队司令部后，召见了他的高级参谋、海军中佐前田古井，询问这位战术专家轰炸珍珠港的可行性。作为一名中下层军官，前田不可能了解轰炸珍珠港的战略意义，只能就事论事，从战术上作了简要的分析。他的结论是：由于珍珠港太浅，又距日本本土太远，轰炸几乎不可能成功。

听了前田的汇报，大西有些失落，但他并没有放弃。2月上旬，大西给在航空母舰"加贺号"上任第一航空战队参谋的源田实中佐发了一封电报："源田实立即来鹿屋（第十一航空舰队司令部驻地），有急事相商。"

时年36岁的源田是日本海军中的王牌飞行员，素来以敢于冒险而著称。1933年，源田在航空母舰"龙骧号"上服役时认识了山本五十六，并因为他同样重视飞机的战斗作用，而被山本所赏识。次年11月，源田被调到横须贺航空联队当飞行教官，并结识了当时还是大佐的基地副司令大西。由于他们的思想一致，都对山本表示崇敬，以及他们相互吸引的个性，他们很快成为挚友。

源田抵达鹿屋航空基地参谋长办公室后，大西示意他把门关上，然后低声道："源田，这是一件绝密的事，对任何人也不能讲。"

源田用力点了点头。

大西这才转身面向挂在墙上的地图，用手指了指珍珠港的位置。聪明的源田一下子就明白了大西的用意。他低声道："战略轰炸？"

大西没有说话，而是将山本的来信递给了他。源田认真看了山本的信件，对他的大胆设想和勇气佩服不已。山本大胆独到的见解和攻敌不备的想法均给这位年轻的王牌飞行员留下了深刻的印象。

过了半晌，源田把信双手递给大西，平静地说："这计划虽然困难，但也不是不可能的。"

大西听了源田平静的回答，这才重重地舒了一口气，多日来郁结于心的忧虑终于散去了。

1941年3月上旬，源田实中佐拿出了一份比山本原先的设想更具冒险性的方案。山本的设想是在舰载鱼雷轰炸机的作战半径之外对珍珠港实施单程袭击。

什么是在作战半径之外的单程袭击呢？简单地说，就是把搭载鱼雷轰炸机的航空母舰在离瓦胡岛500—600海里处放出飞机。这一距离已经超出了当时所有飞机的作战半径，也就是说，日本的飞机起飞后是无法返回航母的。

当然，如果美军航空兵要对日本航母实施轰炸，也不得不考虑作战半径的问题。即使美军冒险对日本舰队实施轰炸，舰队也可以在攻击完成后快速离开危险区域，安全返回。

实施偷袭任务的飞行员就不管了吗？当然不是！山本的计划是，飞行员在投下鱼雷后，快速返航，飞回母舰方向。等油料将要耗尽之时，将飞机迫降在海面上，由等待在那里的驱逐舰或潜水艇把飞机和飞行员一起从海里捞出。

从当时的技术情况来看，山本的设想堪称疯狂！但源田的计划比山本的设想更加疯狂。他主张："为了获得最好的战果，全部航空母舰必须尽可能地靠近珍珠港，进行多次反复轰炸，使敌人失去反击能力，以此来保证舰队的安全"。

在轰炸方式上，鉴于高空轰炸的命中率还不高，而当时的浅水发射鱼雷尚未研制成功，源田主张应使用所有的轰炸形式，鱼雷、俯冲和高空轰炸相互配合，并以俯冲轰炸为主。

在攻击目标上，山本原本的设想是主攻战列舰，其次才是航空母舰，但源田的计划则完全相反，他将主攻目标设定在了美国的航空母舰上。如果日本能击沉美国的航空母舰，并保证自己的航空母舰不受太大的损伤，就可以在未来的战争中获得双倍优势。届时，日军就可以依靠航母和舰载机从容不迫地对付美国的战列舰了。

除航母外，源田主张攻击的另一个重要目标是设在瓦胡岛上的机场和停在上面的陆基飞机。只有在对航母发动攻击的同时击毁该机场和陆基飞机，才能牢牢控制珍珠港的制空权，从而保证日本航空母舰的安全。

应该说，源田的计划比山本的设想更大胆、冒险，但对兵力的要求也提高了。从日本海军当时的实力来看，只有出动所有的航母，才能集中强大的突击力，一举完成上述任务。那么，一旦计划失败，海军面临的失败也将是毁灭性的。

不过，将整个战事都视为赌博的山本对源田的计划很满意。他需要的就是这样一个设想。他对大西说："我稍作改动，然后由你送交军令部。"

大西回答说："是，长官！"

几天后，大西又带着山本修改过的草案来到海军军令部作战部。作战部福留繁少将亲自接待了大西。福留繁曾任山本的参谋长，对山本的个性和指挥风格都十分熟悉。他看完草案后，对大西说："这个计划非常富有创见，但离实战要求还有一定的距离。一些具体的，若干细目，甚至包括某些关键环节，尚需进行充分研究。"

大西在内心深处十分反对偷袭珍珠港，他认为这一计划太过冒险，一旦出现意外，将会葬送整个帝国海军。不过，作为一名军人，他又不得不执行长官交付的任务。他和福留繁少将就一些细节问题交换了意见后，便返回"长门号"，如实向山本作了汇报。

山本沉思了片刻，对副官说："通知第一航空舰队，让南云君带着他的参谋们和各战队司令官来'长门'号开会。"

十几分钟后，第一航空舰队司令长官南云忠一海军中将等人来到了"长门号"。山本开门见山地向众人简略介绍了偷袭珍珠港的计划，而后强调说："由于珍珠港作战事关重大，一旦失败，整个作战就有垮台的危险，希望在座的作战部队诸位官员，毫无顾忌地提出意见。"

南云忠一立即提出了反对意见："长官，卑职认为这个作战方案本身包含了过多的冒险因素。"

山本微闭双眼，双臂交叉，静静地听着南云的意见，什么也没说。南云是日本海军中的老资格军官，是一位鱼雷攻击和大规模作战行动的专家，但他在成为第一航空舰队司令长官之前却从来没有接触过飞机，对航空兵的实力缺乏正确的认识。让这样的一个人来担任第一航空舰队的司令长官，实在有些令人费解！

第二航空母舰战队司令山口多闻海军少将问道："那么，您认为怎样才好？"

南云斩钉截铁地回答说："集中兵力在南线作战。如果把航空母舰兵力分开，在夏威夷和南线同时作战，恐怕两地的兵力都会感到不足。无论如何，珍珠港作战只是一种冒险的阻敌作战。如果成功，固然很好。即使是这样，我们也只不过可以放心地在你南线作战而已。何况，像这样远离主战场的辅助作战只会像一阵风一样，刮过去就完了，根本无法在后续

南云忠一

作战中扩大战果。万一失败了，整个作战计划就会前功尽弃，我第一航空舰队兵力至少会折损一半。"

说到这里，南云忠一扫视了一下四周，继续说："如此一来，敌我兵力均势就会崩溃，我们将彻底失去翻身的机会。像这样得不偿失的冒险，实在让人感到不安。依卑职之见，莫若集中所有兵力在南线作战，以期尽快达成作战目的，确保不败的战略态势。然后，帝国海军就可以依托南方丰富的燃料，全力迎击美国太平洋舰队。如此一来，战胜的机会十有八九。更何况，我军集中兵力在南线作战根本不必顾虑太平洋舰队对我军侧翼的牵制。根据以上理由，我反对对珍珠港发动攻势。"

山口多闻立即站出来，针锋相对地指出："为什么不必顾虑美国舰队对我侧翼的牵制？卑职认为，美国太平洋舰队对我军和整个帝国都有极大的威胁。他们不但会趁着帝国海军集中兵力在南线作战之时袭扰我供应线，还可能趁机袭扰帝国本土。因此，我认为在进行南线作战之前，必须给珍珠港致命一击，打垮太平洋舰队的主力。"

于是，与会人员议论纷纷，形成赞成和反对两种意见。正当双方争执不休，两派各不相让之际，山本终于开口了："诸位对珍珠港作战的见解，我都听到了。我的意见是，无论如何一定要打珍珠港。"

山本此话一出，会场的气氛立即降到了冰点。山本缓缓环视了四周，而后慷慨激昂地说道，"诸位，我已下定决心，只要我还担任联合舰队司令长官这一职务，这一仗就非打不可。现在，请诸位不要再争论了，希望你们研究一个万全之策。"

随后，山本在联合舰队司令部设置了4个预备研究小组：行动及后勤组、通信和情报组、航行和气象条件组、空中和潜艇攻击组。山本令4个小组研究完善攻击计划，并责成他的首席参谋黑岛龟人大佐承担主要工作。

黑岛是日本海军中的一个异类！需要专心思考一件事情的时候，他总是把自己锁在舱内，拉上窗帘，双手抱头坐在黑暗中。当他突然有了一个主意时，就会打开灯，发疯地抽烟，发疯地在纸上乱写一气。

作为山本的首席参谋，黑岛从不和长官一起用餐，总是一个人在自己的舱内吃饭。他的房间里，到处都是脏碟子，里面装满了烟灰和烟头；各种书籍也乱七八糟地堆在地板上，但黑岛却能视而不见，被勤务兵称为"黑岛怪参谋"。现在，"黑岛怪参谋"又把自己关在卧舱里了。

与此同时，山本也开始调整作战单位，以适应战役需要。4月10日，山本下令将第一航空母舰战队("赤城号"和"加贺号")、第二航空母舰战队("飞龙号"和"苍龙号")和第四航空母舰战队("龙骧号")合编成一个作战单位,组成新的第一航空舰队。

除了5艘航母之外,山本还给第一航空舰队配备了10艘驱逐舰。至此,日本海军形成了一个拥有巨大潜力的空中打击力量的核心,它可以对指定目标一次性派出二百多架飞机。

第八章
偷袭珍珠港计划一波三折

一

偷袭计划遭到军令部的反对

1941年4月末,黑岛将一份完整的作战计划递到了山本的手中。山本看了一遍,欣喜若狂,立即说:"黑岛君,请你到军令部去解释一下这个方案。"

黑岛向山本行了一个军礼,回答说:"是,长官!"

在东京的海军军令部里,作战部部长福留繁少将、作战课课长富冈定俊大佐和航空参谋三代辰吉中佐一起听了黑岛的汇报。结果,三人均反对袭击珍珠港。

作战课长富冈定俊大佐说:"我们的目标是东南亚,不能过分分散帝国海军的力量。联合舰队可以从纯战术和战略的眼光来研究珍珠港计划,但我们军令部必须顾及与陆军、内阁、外务省的关系以及帝国所处的整个国际环境。一旦战斗打响,军部必须首先考虑如何尽快占领南亚的产油区,以确保石油来源。"

富冈的意见实际上代表着军令部的作战意图,即作战的主要目标是夺取东南亚及其丰富的战略物资,绝不能有任何事情干扰主要任务的执行。

当然,军令部拒绝这一方案还有一个理由:整个方案看上去完全是一场赌博。因为方案成功与否完全寄于两个靠不住的假设:一是在奇袭时,美国太平洋舰队正停泊在珍珠港内;二是一支大型的航空母舰部队能安全地渡过半个太平洋而不被美国发现。很明显,这两点是很难达到的。

黑岛则死缠烂打,非要富冈再考虑考虑。迫于无奈,富冈最后勉强地回答说:"请黑岛君谅解,我们也没办法。我们目前唯一能做的就是把每年一度的11月或12月于海军大学举行的图上演习,提前到9月召开。届时,我们会专门研究你拟制的关于袭击珍珠港的作战方案。"

返回联合舰队,黑岛如实向山本作了汇报。自信满满的山本笑着说:"看吧,一切都会如我们所愿的。"

就当山本将偷袭珍珠港计划一点点变为现实的时候,日本政府也正在外交策略上为南进做最后的准备。为了集中力量执行南进计划，日本政府必须稳定北方，改善和苏联的关系。在日本传统的军事战略中，历来就存在着北进与南进之争。早在1938年7月，日本朝鲜军就在中苏边境的张鼓峰与苏军发生冲突，结果以失败告终。1939年5月，日本关东军又在内蒙古与外蒙古交界处的诺门坎对苏军进行挑衅，再次以失败告终。

两次失败让日本对北进政策产生了动摇。随后，日本开始执行"北守南进"政策，全力以赴地解决南方战事。到1941年初的时候，这种趋势已经越来越明显了。在这种情况下，日本迫切需要改善同苏联的关系，同时和美国展开谈判，以便为将来的对美作战做好准备。

1941年3月12日，外相松冈洋右离开东京，取道中国东北，沿着漫长的西伯利亚大铁道，向苏联首都莫斯科进发。他在莫斯科停留了10天之久，并与斯大林有过亲密接触。

离开莫斯科，松冈洋右又到了柏林。一到柏林，松冈就拜见了希特勒和他的外长里宾特洛甫。希特勒竭力劝说松冈尽快南下，占领新加坡（英国的殖民地），因为这对日本是有利的。

里宾特洛甫也说："日本应当拿出同盟国的样子，去南下占领新加坡，美国很可能不敢向日本挑战，而一旦美国参战，日本一定会得到德国的援助，即使撇开德国军队远比美国人优越这一事实，美国也根本不是德国的对手。"

里宾特洛甫还向松冈暗示，此时的德国正在秘密实施一项疯狂的计划——"巴巴罗萨"。老谋深算的松冈表面上夸夸其谈，说他自己确信美国与日本之间的战争迟早必然爆发，与其让其来得晚些，不如来得早些。他也同意，对日本来说，闪电式地夺取新加坡是重要的，应该立即着手进行。不过，在夸夸其谈的背后，他根本没向德国做任何承诺。

相比之下，松冈对改善日苏关系倒是胸有成竹。离开柏林后，松冈再次来到了莫斯科。一周后，松冈和苏联代表在克里姆林宫签订了一个《中立条约》。这一条约规定：维护两国间的和平友好关系；互不侵犯领土，缔约国一方遭受到第三国军事攻击时，另一方保持中立。

消息传到国内，近卫首相大喜过望，立即进宫求见，未经和内阁商量就取得天皇的批准。这一条约的签订在一定程度上缓和日苏关系，并为日本的南进奠定了基础。

此时，日本驻美大使野村吉三郎也在世界的另一端和美国国务卿赫尔进行着日美间的谈判。巧舌如簧的野村说服了大部分美国人，使他们相信"日美关系解决在望"。他说道:"日美两国没有任何理由要战争。我作为接受本国政府指示的大使,一定要在自己的权限内,努力使两国避免战争。"

经过长达数月的争论,日美双方起草了《日美谅解方案》。该方案的主要内容是:三国同盟是一个防御性的组织,只有在德国受到别国攻击时,日本才履行三国同盟的义务;由美国出面劝告蒋介石政权与汪精卫政权合并,承认"满洲国",如果蒋介石拒绝,美国应立即停止对华援助;同时,美国协助日本获得必需的物资,维持与日本的通商和金融合作。

刚刚从苏联意气风发地回到东京的松冈立即将《日美谅解方案》呈递到柏林,征询希特勒的意见。5月8日,松冈拜谒天皇说,如果美国加入欧战,日本应该支持轴心国,进攻新加坡。他预言,在华盛顿的谈判将一事无成,如果谈判获得成功,那也只意味着要牺牲德国和意大利才能安抚美国。

5月14日,松冈公然对美国大使格鲁说,希特勒不向美国宣战一举,表现了他的"巨大耐心和慷慨",美国攻击德国的潜艇迟早会导致日美开战。美国应该做出"有丈夫气概、正派和合情合理的事,光明正大地向德国宣战,而不是在中立幌子下进行战争活动"。

6月21日,美国国务卿终于对日本提案作出回答:日本必须放弃三国同盟条约,完全从中国撤军。此外,赫尔在同时发表的口头声明中还指出,某些日本官员发表的公开言论,似乎成了调整日美邦交无法克服的障碍。结果,日美之间的谈判因为双方要求太高而陷入了僵局。

第二天,即6月22日,德军突然越过苏联边界,大举入侵苏联,苏德战争全面爆发了。其实,早在1940年12月18日,希特勒就将侵略的矛头指向了苏联。在空袭英国受挫之后,希特勒就亲自制定了"巴巴罗萨"作战计划,准备入侵苏联。"巴巴罗萨"的意思是"红胡子"。"红胡子"是神圣罗马帝国皇帝腓特烈一世的绰号。腓特烈一世崇尚扩张与侵略,他曾6次入侵意大利,并指挥十字军东侵。

德国军政界大部分都知道,入侵苏联是危险的。因此,一些军事和外交人员屡次劝告希特勒,应该先解决英国后再开辟对苏战场较为妥当。希特勒的决策通常与德军将领的建议相反,但直到制定"巴巴罗萨"之时,他的这些决策都取得了辉煌的胜利。

因此,不但被他蛊惑的人认为他是政治和军事天才,就连他自己也认为自己千年难遇的奇才。希特勒认为,德军可以像闪击波兰一样,迅速对苏展开战争,并迅速结束战争。他狂妄地认为在1941年的冬季之前一定可以攻下苏联全境，因此不必准备过冬物资，以抵御苏联寒冷的冬天。这在后来成为德军受挫的主因之一。

疯狂的希特勒撕毁了《苏德互不侵犯条约》，突然出动190个师，3700辆坦克，4900架飞机，47000门大炮和190艘战舰，兵分三路以闪电战的方式突袭苏联。第二次世界大战的规模扩大了，反法西斯阵营中出现了一个强大的盟友——苏联。

二
做好偷袭珍珠港的技术准备

在三百多万德军的猛烈攻击下，毫无准备的苏联红军接连败退。仅仅十几天的工夫，德军就越过苏联边境，将战略纵深发展到了六百余公里。德军的成功重新点燃了日军北进的野心。

刚刚促成《日苏中立条约》的外相松冈洋右和关东军高级将领们结成一派，认为这是一个千载难逢的好机会，应该立即挥兵北上，与德军一起对苏联形成夹击之势。6月底，松冈洋右觐见天皇，说出了自己的想法。

昭和天皇对此异常惶恐，因为这意味着日本将面临着朝两个方向扩张的压力。他要求松冈同首相近卫商量。

首相近卫和陆、海军大臣则持完全相反的意见。他们主张日本应当趁苏联无暇顾及亚洲形势的情况下全力南进。经过激烈的争论，天皇最终在7月2日召开了御前会议，对两派的意见作出了最后裁定——支持南进。

松冈不甘心失败，依然在公开场合鼓吹北进政策，主张推迟南进，而且态度相当坚决。7月16日，近卫宣布内阁集体辞职。随后，他又召集原班人马重新组阁，只有外相一职改由比较温顺的海军大将丰田贞次郎担任。如此一来，近卫内阁实施南进计划的内部障碍就解除了。

新上任的外相丰田贞次郎做的第一件事就是电告日本驻法国大使，无论维希法国态度如何，日军都将于7月24日开进南部印度支那（那里是法国的殖民地）。

7月23日，维希政府同意日军进驻印度支那南部。日本驻法国大使得意洋洋地给东京拍了一个电报："法国人之所以如此痛快地接受帝国的要求，是因为他们看出了我们的决心是何等坚决，我们的意志又是何等顽强。总之，他们除让步外，别无选择。"

日本的举动彻底激怒了盎格鲁-撒克逊人。国务卿赫尔竭力要求罗斯福总统对日本实行全面禁运，以示报复。罗斯福有些犹豫，他并不愿意在太平洋上和日本打一场虽能胜利，但却要付出惨重代价的战争。但如果不采取必要的措施，日本将更加肆无忌惮！

7月26日晚，罗斯福总统下令冻结日本在美国的所有资产。英国和荷兰等国也紧随其后，宣布冻结日本的资产。同一天，英国还向日本政府提交照会，宣布废除《日英通商航海条约》《日印通商条约》和《日缅通商条约》。

但这一切并没有阻止日本的侵略野心。7月28日，4万日军在印度支那南部登陆，随即占领了西贡和金兰湾，进驻了8个空军基地和2个海军基地。日军南进严重威胁着美英等国在东南亚的利益，同时也对中国实现了半包围的态势，国际物资援华通道滇缅公路面临着随时被切断的危险。

加拿大、新西兰、埃及、荷兰等国相继宣布对日本实施禁运。8月1日，美国政府也做出进一步反应，宣布完全停止对日石油输出。日本舆论界宣称："经济战争已经开始，下一着将会是什么，不难想象！"

骤然紧张的形势让山本五十六更加坚信，日美开战已成定局，剩下的只不过是时间罢了。8月7日，山本再次派黑岛前往军令部，商讨对美作战问题。由于作战课课长富冈极力反对，商谈毫无结果。

山本有些着急了，但又没什么办法，只能将希望寄托在9月中旬举行的联合舰队图上演习上。当然，他十分清楚，要说服军令部，还必须在实际的训练中拿出一些有力的证据，证明袭击珍珠港是切实可行的。因此，他命令联合舰队在鹿儿岛海湾选择了与珍珠港极为相似的地形，展开了有针对性的实战训练。

8月10日，"长门号"旗舰停泊在佐伯湾时，山本在江田岛的同班同学吉田善吾海军大将来访。吉田卸任海军大臣后担任枢密院军事顾问之职，虽然已经离开了权力中心，但在军内依然有不小的影响力。

在会谈中，山本向老同学透露了偷袭珍珠港的计划。他说："日本必须在开战之际给美国海军致命的一击，这是联合舰队的唯一出路。攻击珍珠港对南方作战而言是非常必要的，因为这能让帝国海军腾出一只手来。"

一向以循规蹈矩著称的吉田马上反问道："目前，特遣舰队的活动半径非常有限，你如何将它送到离日本这么远的地方去呢？"

山本盯着挂在墙上的地图，冷静地回答说："特遣舰队将在海上加油。目前正进行海上加油的训练，成功的前景非常乐观。"

吉田忧虑地说："这恐怕不大容易。"

山本也知道，执行这样一项史无前例的计划困难重重。且不说实战，就是鹿儿岛演习就足以让他头疼的了。要数百名对训练目的丝毫不知的飞

战争赌徒 山本五十六

行员驾驶着高空轰炸机、鱼雷轰炸机、俯冲轰炸机、战斗机等不同型号的飞机,在空中编队飞行,并分成不同的攻击波次,不但十分困难,而且很危险,稍有不慎就会出现意外。

按照设想,超低空鱼雷机实施第一波攻击。然后,高空轰炸机在鱼雷轰炸的黑烟尚未升起时编组轰炸,最后是俯冲轰炸机的俯冲轰炸扫射。实施这样的轰炸任务,指挥官不但需要具备极强的指挥能力,而且本身也需要娴熟的飞行技巧。

源田实向山本推荐了他在海军军官学校的同学渊田美津雄少佐。渊田是日本海军中出色的飞行员之一,当时已经是第二次担任"赤城号"飞行队长之职了。更为重要的是,此人

1941年9月,山本五十六开始制定攻击珍珠港的作战计划

心思缜密,具有极强的指挥能力,曾担任第三航空战队的参谋。

山本五十六突然想起他初任联合舰队司令长官时搞的那次演习,在黑夜追袭舰队的正是这个渊田美津雄。他马上命人把渊田叫到办公室,分配任务。

山本给渊田的任务是训练新组编的第一舰队所有航空母舰上的飞行员。训练要完全模拟将要对珍珠港进行的攻击:轰炸机在战斗机的护航下从鸭池基地起飞,飞往鹿儿岛以北2000米的高空集结。然后,轰炸机从那里单机向南飞行,绕过樱岛半山腰,降入甲突川峪谷,降低飞行高度,以40米的高度紧贴山形屋百货大楼和车站的屋顶,绕过电线杆和烟囱等障碍物,飞到码头上空,俯冲到20米的高度,投弹员拉动套环,对270余米外的防波堤发射鱼雷。

在20米的高度上发射鱼雷,这是多么疯狂的举动啊,简直无异于自杀!飞行员稍不留神,或者技术不过关,就会一头扎到海里去。山本为什么要求飞行员进行超低空投弹演习呢?原来,鱼雷机实施鱼雷攻击的高度通常为100米,在距离目标1000—1500米的时候发射。在这种条件下,鱼雷下水后,要下潜到60米深,然后靠横舵作用上浮到离水面4—6米,再冲

向目标。

然而，珍珠港水深只有12米，如果按照常规投放方法发射鱼雷，鱼雷就会一头扎进水底，起不到任何作用。因此，山本要求飞行员们进行超低空投弹训练。

令山本没想到的是，渊田美津雄比他还要疯狂。他觉得20米的高度还是太高，经常缠着横须贺海军基地的鱼雷专家们，要他们研制浅水鱼雷。山本也不断催促鱼雷专家爱甲文雄大佐加快浅水鱼雷的研究进程。

当时，日本的"九四"式鱼雷是世界上隐蔽性能最好、攻击力最强的鱼雷。可是，这种鱼雷重达1吨以上，因此对发射要求非常严格。即便是在50米的高空发射，鱼雷入水后也会下沉100米以上，而后再浮上来。

怎么样才能降低鱼雷的下沉速度呢？爱甲文雄左思右想，终于想到了一个好办法。他用飞机平衡器做成木翅，安装在鱼雷上，加大了鱼雷在水中下沉的阻力，从而大大降低了鱼雷的下沉深度。

随后，渊田美津雄在他的飞行队选拔了3名飞行员，其飞行技术水平涵盖了高中低3个层次。他们在鹿儿岛进行了一次实弹演习，以检验这种鱼雷的性能。结果，3枚鱼雷中的两枚入水后下沉不超过12米，完全符合预期目标，只有技术最差的那个飞行员把鱼雷投入了海底。换句话说，经过改装的"九四"式鱼雷，80%都适宜于在珍珠港内的浅水中使用。

水平高空轰炸机的训练则是在离鹿儿岛不远的有明湾布志海岸的海军轰炸靶场进行。飞行员们在地面上画了许多美国"西弗吉尼亚号"战列舰大小的白色标志，在3000米的高空进行投弹练习。几周后，投弹误差已经缩小到30米。也就是说，如果按9机编队为一个攻击单位的话，命中率达到了80%以上。

至此，联合舰队对珍珠港发动攻击的所有技术问题都解决了。只要山本能够说服军令部，一场世界上最大的赌博就要开始了。

三
"夏威夷特别作战图上演习"

1941年的夏季，整个日本都陷入了极度的恐慌之中。一方面，日军陆军主力深陷中国战场不能自拔，结束战争的日子遥遥无期；另一方面，英、美、荷等国对日本的禁运也沉重打击了日本军国主义者的信心。

当时，日本每月消耗石油45万吨左右，而日本在1941年8月之时储备的石油约940万吨。即使是在战争规模不再扩大的情况下，这些石油也仅能维持两年左右。从长远来看，整个国际形势对日本非常不利。

9月3日上午11时，内阁与大本营在皇宫隔壁的宫内省召开了联席会议，商讨未来的行动方针。会上，时任军令部总长永野修身指出："日本各方面物资都在减少，而敌方的力量却在渐渐地增强。随着时间的推移，帝国的实力会越来越软弱，以至于难于支撑下去……我确信，现在还有战胜的机会。不过，随着时间的流逝，这种机会恐怕也会一点点地丧失掉。"

时任陆军参谋总长杉山元马上接过话茬说："我们必须争取在10月10日之前达到我们的外交目的。否则就必须勇往直前（暗指发动战争），像现在这样拖拖拉拉地搞下去是不行的。"

在军部的坚决要求下，联席会议最终通过了如下决议："为保卫和维护帝国的生存，以10月上旬为初步截止时间，在此之前，做好战争准备，到那时，如果有必要，就决心与美国、英国和荷兰开战。"

至于外交谈判，联席会议规定了三条最基本的原则。第一，美、英不插手，不阻挠帝国对中国事变的处理；第二，美、英不在东亚采取威胁帝国国防的行动；第三，美、英应在帝国取得所必需的物资方面给予合作。

9月5日，近卫首相进宫觐见天皇，将联席会议通过的《帝国国策施行要领》草案递了上去。天皇一口气看完这个草案，脸上渐渐露出了不安的神情。随着战争的深入，这个军国主义者们的头子也对日本帝国的未来产生了忧虑。

过了半晌，天皇幽幽地问："计划的事项前后顺序看上去有点奇怪，为什么把战备放在第一位,而把外交谈判放在第二位呢?"

当天下午6点,近卫又带着永野修身和杉山元来到皇宫,向天皇解释《帝国国策施行要领》草案中的有关问题。会议持续了很长时间,近卫等人在天皇面前正襟危坐,腿都有些麻了。

天皇的情绪不太好,他质问杉山:"万一日美两国间发生什么问题,陆军在多长时间内能解决?有把握吗?"

杉山元回答说:"在南洋方面,打算用3个月解决。"

天皇不耐烦地看了看杉山元一眼,厉声道:"杉山,支那事变爆发时,你是陆军大臣。别忘了,当时你就说过3个月左右解决问题。现在,4年都过去了,问题依然没有得到解决。你有什么话说吗?"

杉山元脸上现出惶恐的神情,连忙解释说:"中国疆土辽阔,无法按预定的计划作战。"

天皇听了这话,更加愤怒了。他再次提高了声音,质问道:"你说中国疆土辽阔,那太平洋不是更辽阔吗?既然中国事变无法在3个月内解决,你有什么把握在3个月内解决太平洋上的问题呢?"

海军军令部长永野修身见杉山元战战栗栗的样子,赶忙在一旁帮腔道:"现在的日美关系非常微妙,犹如一个病入膏肓的病人。如果硬拖着,不动手术的话,病人就会渐渐衰弱,直到死亡。但如果动手术,也要冒极大的风险,但不一定没有治愈的机会。现在,我们的面临的情况正处于决定是否动手术的阶段。"

永野见天皇依然板着脸,在结束的时候又匆匆补上了一句:"当然外交谈判是首要的。"

第二天,昭和天皇召开御前会议,正式审议《帝国国策施行要领》,进行最后的抉择。近卫、永野、杉山、丰田和企划院总裁铃木贞一陆军中将等人依次表态。他们均对外交谈判不抱希望,认为日本必须做好战争准备,且越快越好。

最后,枢密院议长原嘉道男爵站了起来。作为枢密院议长和天皇的最高顾问,原嘉道在日本政界享有很高的声誉,所说的每一句话都具有强大的影响力。

原嘉道议长手举《帝国国策施行要领》草案,高声道:"这份草案的原则表明,你们想以战争为主,外交为辅。尽管草案中一再强调要通过外交努力来打开局面,但在外交谈判失败的时候就必须打,是整个意思吧?"

杉山元听了这话,似乎有话要说,想要站起来。及川古志郎知道杉山在前一天已受到天皇的严厉斥责，想替同僚解围，便抢先站起来回答说：“拟定草案的意图与议长的意见是一致的。”

虽然杉山元和永野修身内心深处不能认同及川的解释，但他们均不愿忤逆天皇的意思，都保持了沉默。原嘉道以为陆军总参谋长和海军军令部总长的沉默表示同意，松了一口气，笑说：“知道统帅部的意见也和海军大臣的意见一样，我就放心了。”

一般情况，御前会议到此就应该结束了。但这一次事关战与和的抉择，天皇终于打破常规，突然开口了。他从口袋里取出一张纸条，读道：“四海本来皆兄弟，缘何世上起风波。”

在场的人都知道，这是昭和天皇的祖父明治天皇在日俄战争前夕写下的一首短诗。单纯从字面理解，这是一首反对战争、追求和平的诗。耐人寻味的是，日本人一边高喊着"和平"，一边却又举起了手中的屠刀。当年的明治天皇是如此，今天的昭和天皇也是这样。说到底，这不过是自我标榜的谎言而已。

读完诗，天皇对众人说：“我很早以前就拜读过大帝的这首诗，我正奋力以继承先大帝爱好和平之精神。”

说完，天皇就离开了召开御前会议的千种厅，留下一帮权臣在那里猜测他的意思。

御前会议结束后的第五天，即9月11日，二百余名海军高级军官就齐聚海军大学，举行图上演习，研究占领菲律宾、马来亚和荷属东印度等地的作战计划是否可行。此次演习表明，昭和天皇确实在学习他的祖父——一边标榜"和平"，一边发动侵略战争。

山本带着联合舰队的军官们在海军大学东部设立了一间专供分析、研究袭击珍珠港作战方案的办公室。在这里，第一航空舰队将预演攻击珍珠港的计划。对山本来说，这是此次沙盘推演的重中之重。

但军令部显然希望将南进作战的推演作为重点。因此，在会议的前5天时间里，山本不得不耐着性子主持模拟演练南方作战计划。9月16日，南方作战推演顺利结束了，结果表明，形势对日本非常有利。

终于轮到山本唱主角了。他把三十多名精心挑选出来的军官，缓步来到隐藏在树林中的那间办公室。巨大的沙盘已经堆砌成按比例缩小的珍珠港。红、蓝两色小旗插满了沙盘。

山本五十六介绍说：“在此次夏威夷特别作战图上演习中，'蓝军'代表以第一航空舰队为基干的夏威夷作战机动部队，'红军'代表以太平洋舰队为基干的夏威夷方面美军部队。下面演习开始。"

随后，"蓝军"和"红军"便在沙盘上展开了厮杀。11月16日星期日，从北方航路接近珍珠港的"蓝军"突然出动大批航空兵，对美军主力舰队发动猛攻。

"红军"方面，每天都会3次出动侦察机，对珍珠港以西海域350海里巡逻圈进行空中巡逻。11月14日，"红军"在夏威夷以南海面发现一个疑似潜水艇的不明航行物。次日，空中巡逻又发现了疑似从潜艇中漏出来的油迹。

"红军"方面立即扩大搜索范围，使巡逻圈扩展至600海里。15日黄昏时分，"红军"一架侦察机发现了"蓝军"庞大的特遣舰队。与此同时，"蓝军"也发现了"红军"的侦察机。他们迅速出动在速度上占据绝对优势的"零"式战斗机，升空迎敌，并在其向基地发回报告之前击落了它。

16日凌晨，"蓝军"在瓦胡岛以北200海里处出动了第一波次攻击飞机189架。1个小时后，参加第二波次攻击的171架飞机升空，飞向珍珠港。由于是星期日，大部分美国大兵都还在睡梦中。所以，"红军"的战斗机未能及时升空迎敌。结果，在轮番轰炸中，"珍珠港"烧成了一片火海。

最后，裁判认定："蓝军"击沉"红军"主力舰4艘，重创1艘；击沉"红军"航空母舰2艘，重创1艘；击沉巡洋舰3艘，重创3艘；击落击伤飞机180架。

当然，"蓝军"的损失也很大：战斗打响的第一天，"蓝军"方面就被击沉航空母舰2艘，受轻伤2艘，损失飞机127架。

第二天上午，参谋们再次来到秘密房间，对"蓝军"战术进行分析，听取各种报告，会议一直进行到下午，但并没有取得预期效果。与会之人既不表示反对，也不表示赞同。看到这种情况，黑岛失望地说："看样子，会上还是持不赞成意见的人居多呀！"

四
偷袭珍珠港的计划获得批准

时间一天天过去了，危机正在迫近，但军令部和联合舰队依然在是否进行夏威夷奇袭作战的问题上争论不休。山本很着急，军令部作战部长福留繁也很着急。他们曾合作过一段时间，私交颇深，但当前为了各自的职责，只能将私交暂时放在一旁了。

9月24日，福留繁把联合舰队参谋长宇垣缠召到作战课，进行了一次高度保密的会议，对珍珠港计划进行开诚布公的讨论（山本、永野、南云等均未参加）。宇垣缠曾是舰队派的中坚力量，对航空兵的发展很不看好，再加上他一贯主张和德、意结成全面同盟，导致山本对他十分不满。

宇垣缠接任联合舰队参谋长之后，山本在重大决策问题上几乎从来不征求他的意见。不过，在袭击珍珠港的问题上，宇垣缠却和山本保持了高度一致。

起先的时候，会议进行得很顺利，福留繁几乎要批准山本的计划了。但在关键时刻，第一航空舰队的代表草鹿龙之介少将（第一航空舰队参谋长）、大石保、源田实等人却不合时宜地提出，珍珠港作战计划在细节上还有不少问题，他们不同意这个冒险的作战计划（他们传达的实际上是第一航空舰队司令官南云忠一的意思）。

结果，福留繁只能采取极为慎重的态度，未作出任何决定。散会的时候，在一片拖拉椅子声和谈话的嗡嗡声中，代表联合舰队出席会议的黑岛讥讽地对源田说："军事会议只会耍嘴皮子，光说不练。"

回到"长门号"后，黑岛立即向山本详细报告了会议情况。山本勃然大怒，骂道："是谁召开了这次愚蠢的会议？简直就是胡言乱语，后面隐藏着什么意思？他们认为我们无须事先打垮太平洋舰队就能进行南方作战？荒唐！荒唐！实在荒唐！作为联合舰队的司令长官，我一定会对自己的计划负全责的，否则我宁愿辞职！"

对山本忠心耿耿的黑岛瞒着司令官，把山本的态度向军令部作了汇报。军令部长永野修身接见了"黑岛怪参谋"。汇报完毕，黑岛还请求军令部长允许"加贺号"、"赤城号"、"翔鹤号"、"瑞鹤号"、"苍龙号"、"飞龙号"等6艘航空母舰加入珍珠港作战的序列。

听完黑岛的汇报，永野修身沉默了半晌，感慨地说："既然山本长官信心十足，作为军令部总长，我有责任批准他的要求。好吧，我同意实施夏威夷作战计划。"

作战部部长福留繁无奈地叹了口气，他太了解山本五十六了。既然军令部总长都批准了夏威夷作战计划，他一个人也拦不住了。就这样，偷袭珍珠港的计划从设想阶段转入了实施阶段。

与此同时，日美之间的外交谈判也在紧张地进行着。10月2日，美国国务卿赫尔召见了日本驻美大使野村。赫尔明确拒绝了日本方面提出举行两国首脑会谈的要求，并重申日本必须坚持三项基本原则，即从中国和法属印度支那撤军，表明日本对三国同盟的立场等，才有可能开启两国首脑会谈之路。

赫尔的回复堵住了日美外交谈判之路。近卫在得意中显得有些慌乱。如今，日美矛盾除了用军事解决之外，已经没有别的办法了。10月6日，日本陆军总参谋部达成一致意见：第一，日美通过外交谈判解决纷争已无可能，唯有开战一条路可走；第二，在从中国撤军的问题上，陆军决不妥协；第三，外务省仍然应该以10月15日为期，正面和华盛顿方面展开谈判。

10月12日，近卫迎来了他的50大寿！他再次把陆军大臣东条英机、海军大臣及川古志郎、外长丰田和企划院总裁铃木召到他的别墅荻洼山庄，召开特别会议。众人就日美关系，尤其是"和"与"战"的抉择展开了最后的讨论。

会议进行得很艰难，气氛也不甚友好。会议进行了整整4个小时，近卫和他的大臣们整整吵了4个小时。外相丰田认为，如果在侵华问题上稍微退让一点，日、美之间的外交谈判还有妥协的余地。

东条英机马上站出来反对说："在日美谈判的问题上，驻军方面（指侵华军队）绝对不能让步。如果打算向美国屈服，那是另一回事！但是，如果不是这样，那么谈判还能有什么希望？"

海相及川古志郎不愿海军独自承担发起太平洋战争的责任。他略一沉思，站出来说："现在我们正处于一个至关紧要的十字路口，到底是开战，还是继续谈判，必须马上下定决心。如果想走谈判这条路，就应该停止所有的战争准备，坚持走谈判这条道路。但是，如果，我是说如果，在谈判有希望的情况下，谈了两三个月，中途突然发生了点变化，那可怎么办呢？总而言之，我们都在等待首相的裁决。"

及川轻轻松松地把"球"踢给了近卫。在战争的压力下，这位发动全面侵华战争，又促使日本执行了南进政策，同时导致日美关系紧张的首相此时已经陷入了深深的恐惧之中。到会议结束的时候，他含糊其辞地说："怎么干？究竟要怎么干呢？现在要我来说，只能靠外交这条路了。对于战争，我一点自信也没有。我想最好请一个有自信的人来干。"

敏锐的东条英机意识到，近卫内阁已经无法支撑下去了。如今，整个日本已经被绑在了一辆无法停止的战车之上，如果近卫内阁垮台的话，下一任首相必将落在自己的肩上。

就在这时，日美谈判出现了一丝转机。10月12日，美国国务卿赫尔与日本驻美大使野村古三郎最终达成协议：允许三艘日本邮船公司的客轮从日本到美国航行一次，条件是船上不能装载货物。这三艘客船离日抵美的时刻表为："龙田丸"10月15日由横滨港起航，绕道檀香山，10月30日抵达旧金山；"冰川丸"10月20日由横滨港起航，11月1日抵西雅图；"太阳丸"10月22日由横滨港起航，11月1日抵檀香山。

海军军令部立即抓住这难得的机会，决定派相应领域内经验丰富的海军军官亲自到珍珠港，进行实地考察，核实美军停靠在珍珠港的舰船情况。此前，日本派出的间谍已经基本摸清了珍珠港的军事部署和舰艇停靠情况。

对美战争准备正在紧张地进行着，但近卫首相依然有些犹豫不决。10月14日上午，战争狂徒东条英机前去求见近卫，直接耻笑他"个性太懦弱"，近卫默默地忍受了下来。

在当天举行的内阁会议上，东条英机又指着近卫的鼻子，高声道："从中国撤军这个问题涉及陆军的存亡，陆军绝对不能同意。现在应该立即放弃日美谈判，立即开战。"

近卫讪讪地离开了，一句话也没有说。这个"日本第一蠢人"已经决定辞去首相之职，再也不愿去趟这浑水了。

东条英机有些急不可耐了。当晚10点30分，企划院总裁铃木在东条英机的指使下来到了首相官邸。近卫神情凝重地接见了铃木。在谈话中，铃木指出："陆军大臣发现首相的意见与他的完全相反。我们都对首相犹豫不定的态度甚感困惑。现在，事情终于明了了，原来是海军不想作战。如果真是这样的话，海军大臣应对陆军表明态度，以便陆军有机会可以重新考虑，然而海军却只说了一句'一切由总理来决定'。这怎么能让陆军心服呢？"

近卫依然没说一句话。铃木提高了声音，气鼓鼓地接着说："今天陆军省军务局长武藤章再度请海军表明其正式看法，可是海军的回答是：'在没有正式宣战之前，海军只能按兵不动。海军的动向全凭首相的决定。'首相和海军的这种游移不定的态度，将会使9月6日御前会议所做的决议失去效用，列席人员也将因未尽辅弼之责而引咎辞职。希望首相明察事态。"

两天后，近卫向天皇递交了辞呈。又过了两天，即10月18日，东条英机上台组阁。新内阁完全按照东条的意愿组成。东条既任首相，又任陆军大臣兼内大臣，并晋升为陆军大将。及川古志郎卸任海军大臣之职，由山本五十六的同窗好友岛田繁太郎大将接任；丰田贞次郎卸任外交大臣之职，由东乡茂德接任。东条英机之所以选择这两个人，是因为他们比他们的前任更加听话。

第九章
虎！虎！虎！

一
为偷袭珍珠港的舰队送行

1941年11月1日，内阁和大本营的联席会议通过了《帝国国策实施要领》。该要领明确指出：

一、帝国为打开目前之危局，贯彻自存自卫的方针，建设大东亚新秩序，此际，决心对美、英、荷宣战。特采取下列措施：

1. 预定发动武装进攻的时间为12月上旬，陆海军要完成作战准备；
2. 对美谈判按附件要领（如《甲案》、《乙案》所示）实行之；
3. 设法加强与德意两国的合作；
4. 发动武装进攻之前，同泰国在军事上建立密切关系。

二、假如与美国的谈判在12月1日凌晨零时以前取得成功，即中止发动武力。

坐在"长门号"办公室里的山本和大部分军官一样，都在焦急地等待着内阁或"战"或"和"的最终决定。当晚，山本接到军令部的通知，要他第二天前去东京商讨开战的问题。

山本大喜，当夜睡了个好觉，第二天一早就来到了军令部。军令部总长永野修身告诉他，内阁已经决定对英、美、荷等国开战了，但前提是海陆军要做好战争准备。山本自信地说："准备，准备，一切都已经准备好了。"

永野笑了笑，拿出之前的沙盘推演结果和日本间谍从美国发来的情报，同山本商议开战的具体时间。最后，两人决定将12月上旬的某天（倾向于将8日定为X日）作为开战日。

11月4日晚，山本离开了东京，返回停在佐伯湾的旗舰"长门号"上。第二天上午，他接到来自东京的简报，得知天皇主持的御前会议已经批准了联席会议的决定。

狡猾的东条英机为了迷惑美国人，掩饰日本的侵略野心，在天皇批准《帝国国策实施要领》的同一天派出来栖喜三郎作为特使赴美，协助野村的谈判。

山本兴奋极了，立即召见渊田美津雄，命令部队进行战前最后一次大规模的演习。这次演习非常成功。渊田得意洋洋地对山本说："长官，这回总该满意了吧！"

山本满意地答道："还好，基本符合要求，相信你们能够完成此次任务。"

稍晚些，山本又收到了来自东京的两份电报。第一份是军令部总长永野奉天皇之旨发来的"大海令第一号"命令。山本展开电报，认真地看了起来。

兹奉敕命令山本联合舰队司令长官：

一、帝国为自存自卫计，预定于12月上旬对美、英、荷开战，并决定做好各项作战准备；

二、联合舰队司令长官应实施所需之作战准备；

三、有关具体事项由军令部总长下达指示。

另外一份是大本营海军部发来的第一号指示。该命令与军令部的命令大同小异，只是在具体的表述上则更加详细。电报的具体内容为：

一、联合舰队司令官务必以12月上旬对美国、英及荷兰开战为目标，及时指挥参战部队于战斗开始前进入待命地点；

二、联合舰队司令官务必高度警惕美、英、荷军队的突然袭击；

三、联合舰队司令官除可实施所需特殊侦察外，应秘密进行各项作战方面的准备；

四、联合舰队司令官务必派遣第四舰队按照其防御计划及时在南洋群岛方面布设水雷；

五、有关作为作战准则的作战方针和陆、海军中央协定见另件；

六、联合舰队司令官务必与有关方面陆军指挥官一起制定海陆军联合作战协定；

七、作战开始时的根据地大致确定如下：横须贺，第四、第五及第六舰队；吴港，第一、第二舰队，第一航空舰队及联合舰队直属部队；佐世保，第三舰队、南遣舰队及第十一航空舰队。

当天，山本就向部队下达了早已起草好的、内容颇为丰富详尽的"联合舰队绝密一号作战命令"。这份作战令长达数百页，包括了上千个具体细节。

11月6日，山本为同陆军研究有关协同作战问题，偕同联合舰队参谋长宇垣缠等人飞往东京，在陆军大学和陆军签订了作战协定。

11月7日，山本发布联合舰队第二号作战密令，开始进行第一阶段开战准备。预定X日为12月8日。

11月10日，山本又发布联合舰队第三号作战密令。X日为12月8日。偷袭珍珠港的舰队司令官由第一航空舰队司令长官南云忠一中将担任。

南云接到山本的任命后，立即命令第一航空舰队所属舰艇在11月20日之前完成所有的作战准备，驶往单冠湾集结，并绝对保持无线电静默。南云的命令迅速下达到了舰长一级，但命令中并没有说明作战目的或目标。随后，各舰便将一切与作战无关的物资卸下，装上武器、弹药、粮食等作战必需品。在陆上基地训练的舰载机也全部返回母舰，并在副翼、方向舵、升降舵等部位上涂了防冻油膏，因为舰队将绕道寒冷的北太平洋地区，驶往珍珠港。

为了迷惑美国的情报机关，在第一航空舰队所属各航空队撤出陆上基地之后，山本五十六马上命令九州方面的第十二航空队下属的各教练部队进驻。这样，在鹿儿岛、出水等基地仍维持有大批飞机不停地飞行。

在通讯方面，驻扎在这里的教练部队连续不断地向舰队司令部发送假电报，以保持原先的通讯量。如此一来，就不会因为大批作战飞机突然消失而引起美国人的怀疑了。至此，联合舰队已经做好了对美作战的一切准备。

11月17日上午8点，山本令"长门号"驶出岩国，开往佐泊湾，为即将起航的"赤城号"航空母舰送行。他之所以特意赶去为"赤城号"送行，有两个方面的原因：其一，"赤城号"是第一航空舰队的旗舰；其二，他本人曾任"赤城号"舰长，他忘不了那段岁月。

下午3点，山本五十六和他的参谋长宇垣缠等人登上了"赤城号"的甲板。南云忠一海军中将率领一百多名各级指挥官、参谋及飞行员代表列队相迎。

山本向众人行了一个军礼，缓缓道："这是一次不得已的行动，我们必须在开战之初攻击美国太平洋舰队的主力。诸位此次行动能否成功，将直接决定帝国海军今后的命运。"

说到这里，山本顿了顿，将声音提高了几度："这次作战要在排除一切困难、出敌之不意的情况下进行。我们的作战计划就是以此为指导思想而制定的。不过，金梅尔（美国太平洋舰队司令）将军是一位有远见卓识的人。他的警惕性非常高，肯定会事先想到应付一切可能发生的事态，并会采取周密的警戒措施。请诸位一定要充分注意，也要预想到发动强攻的可能，必须牢记在心，不可粗心大意。"

讲完，山本深深弯下腰去，向众人鞠了一躬，大声道："诸位，拜托了！"

甲板上安静极了。山本直起腰，双手上扬，高呼道："天皇万岁，万岁，万岁！"

官兵们立即跟着高呼："天皇万岁，万岁，万岁！"

"万岁"之声停下后，甲板上又陷入了死一般的寂静。即将参战的官兵们表情看上去都有些凝重，甚至有些恐惧，但他们似乎又都下定了决心——发扬武士道精神，以死殉国！

山本似乎意识到了这一点，缓步来到飞行队长渊田美津雄的面前，默默地握住他的手。山本直视的目光，表达了对这次行动的信心和对渊田的信赖，渊田也以同样的目光注视着山本，似乎在说："请长官放心，渊田此行定不负使命！"

18日，"苍龙号"、"飞龙号"、"瑞鹤号"、"翔鹤号"、"赤城号"和"加贺号"先后离开港口，迅速驶往单冠湾。

二
第一航空舰队向珍珠港进发

11月20日下午4点,正当第一航空舰队的舰艇三三两两地驶向集结地之时,福留繁少将突然来到"长门号"上。此时,他已经升任军令部第一部部长。山本的参谋长宇垣缠接待了他。福留繁交给了宇垣缠两份文件,分别为"大本营海军部命令"和"大本营海军部指示"。这两道命令将于次日正式发布。

21日凌晨零点,山本五十六根据大本营的命令,发布了"联合舰队第五号作战电令":南云忠一将军所率第一航空舰队务于11月26日自单冠湾出发,并竭力保持隐蔽。12月3日黄昏,所有舰只全部进入预定海域,加油完毕。

22日,南云中将率领的以6艘航空母舰为基干的大约三十艘战舰齐集荒凉的单冠湾。第二天,南云召开机动部队作战联席会议,第一次向全体指挥官及参谋们透露了他们的进攻目标:"我们的使命是袭击珍珠港。"

指挥官和参谋们显然有些惊愕,但马上就恢复了平静。作为军人,他们期待战争,期待强劲的对手!他们默默地注视着南云,似乎在说:"长官,分配任务吧!"

随后,南云向各舰队分配了作战任务,并对原计划的各点又反复进行了推敲。

与此同时,渊田美津雄也在旗舰"赤城号"上召开了飞行军官联席会议,就飞机起飞的地点、时间、空中兵力、搜索和警戒等方面作了进一步的核定和落实。

24日,渊田又带着他的飞行员参观了瓦胡岛和珍珠港的沙盘模型。这两个模型是由刚刚从夏威夷赶回来的特工铃木荣制作的。在参观过程中,空中攻击总指挥官渊田再次对照沙盘模型向各飞行队详细交代了各自的战斗任务。

当山本五十六有条不紊地调兵遣将之时,遥远的华盛顿已经嗅到了火药味。美国的情报机关截获了东乡茂德发给野村和来栖的电报。电报上说：“按所定方针尽力谈判，须在11月29日前完成签署和交换备忘录。东京期待两国谈判能在25日前结束。如果有成功的可能，可等到29日，但必须以29日为最后之期限，不能再延。如果不能达成签署和交换备忘录，情势必会自动进展（自动进展指战争爆发）。”

美国国务卿赫尔据此判断，日本将要对美国动手，并向罗斯福作了汇报。罗斯福对日本人的伎俩还不甚了然，因而显得有些焦虑。他对身边的人说：“我要是知道日本是否在打扑克就好了！我不能肯定日本是否在衣袖里藏着手枪。”

为了使美国避免卷入与日本的直接军事冲突之中，罗斯福建议同日本人和解，或者达成暂时解决办法，最少要让远东局势恢复到1941年7月之前的状况。如果能够达成这一目的，美国将取消石油禁运，至于中国问题，就由中国和日本通过外交手段来解决。作为对美国取消禁运的回报，日本必须承诺，不再向印度支那派遣部队，并同意即使在美国同德国和意大利交战的情况下也不执行三国轴心协定。

实际上，罗斯福并不相信日本会同意这项协议。11月24日，他曾在电报中对丘吉尔说：“我不抱很大希望。我们都必须做好准备来应付不久就可能出现的真正麻烦。”

从这句话中可以看出，罗斯福已经开始着手准备应对即将来临的战争了。罗斯福这项解决与日本之间利益争端的协议并没有按照计划实施。一方面，中国政府对这项以牺牲中国利益为代价的妥协方案表示不满；另一方面，日本并没有从东南亚撤军的迹象，反倒肆意地扩大侵略的范围。

罗斯福对日本人的欺诈行为感到十分愤怒，他宣称：“这改变了整个局势，因为这是证明日本人进行欺诈的证据，他们在为全面停战谈判时，不应该向印度支那派遣那支远征军。”

25日，罗斯福在白宫召开最高军事会议，国务卿赫尔、陆军部长史汀生、海军部长诺克斯、陆军参谋总长马歇尔以及海军作战部长斯塔克这些国务院、陆海军方面的显赫人物全部到会。赫尔首先在会上发言，他说："同日本签订协定是没有丝毫希望的。对准备继续举行的日美会谈我已经感到绝望了。日本随时随地都有可能以突然袭击的办法开始新的征服行动。保卫我们国家的安全问题，掌握在陆海军的手中。对不起，我想向军事首脑们提一下，日本也许要把突然袭击的原则作为其战略的着眼点。日本有可能同时对几个地方发动进攻。"

罗斯福接着指出："因为日本人在不宣而战这点上本来就是臭名昭著

的，所以美国有可能在下星期一，也就是12月1日前后遭到攻击。"

沉默了半晌之后，罗斯福又以他那富有魅力的声音说："诸位，如果战争爆发了，我们应当如何应对呢？"

遗憾的是，美国的陆海军将领们并没有意识到日本将直接拿美国开刀，反而以为日本会对东南亚发动攻击，可能会首先进攻马来亚或泰国。当天下午，海军作战部长斯塔克在给太平洋舰队司令金梅尔将军的信中还自信地说："我认为，日本向泰国、法属印度支那和滇缅三个方面采取行动的可能性最大。"

与此同时，似乎是为斯塔克的观点提供证据，史汀生收到了一份情报："日本陆军的大批部队从上海搭乘由四五十艘运兵船组成的一支船队正沿着中国海岸南下，驶往台湾南部……"

史汀生马上把这一信息打电话告知了总统和国务卿，这一情报加深了美国首脑们关于日军主要攻击方向是在东南亚的判断。

他们谁也没有想到，就在这场会议结束4个小时后，即东京时间1941年11月26日清晨6点30分，南云麾下的攻击部队正从单冠湾拔锚起航，驶往珍珠港。这支庞大的舰队由空袭部队、警戒部队、支援部队、巡逻部队、破坏中途岛部队和补给部队等6支部队组成，共有包括6艘航母在内的33艘舰艇。

在严格的无线电静默中，舰队悄无声息地驶入寒冷的北太平洋水域。

渊田美津雄中佐静静地站在飞行甲板控制室里，回首远眺。千岛群岛上连绵不绝的山峦在茫茫的薄雾之中若隐若现。他不禁心潮起伏：或许这是他最后一次看到这世界，他不禁对死亡产生了恐惧，但武士道精神最终还是战胜了对死亡的恐惧。多年后，渊田美津雄写道："我明白自己作为一名武士的职责。那时我想，还有谁比我更幸运呢？"

山本五十六之所以选择千岛群岛的择捉岛（单冠湾所在地）为集结地点，是因为这里人口稀少，且距离美、英、荷等国在太平洋的基地较远，不易被巡逻机发现。只要日本对择捉岛实施戒严，就可防止机密外泄（日本对择捉岛的戒严从11月20日开始，直到12月8日才解除）。

不过，沿北太平洋航道驶向珍珠港也将面临严峻的挑战，那就是冬季的大风和浓雾。连日来，一路均是浓雾，官兵的衣服全都带着极重的湿气，穿起来很不舒服。风速也达到了每秒20—24米（相当于8—9级大风），舰只颠簸得非常厉害。据说，士兵们要一只手按住桌子上的餐盘，防止其滑动，另一只手用汤匙把食物往嘴里送，才能勉强进餐。

三
珍珠港事件前夕各方的反应

南云和他的航空舰队出发之后，作为联合舰队司令长官的山本五十六却突然变得清闲下来了。旗舰"长门号"停在内海上，到处都静悄悄的。

为了保证珍珠港冒险行动的成功，山本做了一切努力。下达命令之后，整个计划似乎就与他无关了，他唯一可以做的事情就是和军令部的高官们一样，默默地等待、期望和祈祷。

12月1日上午，山本和他的参谋长宇垣缠来到地图前，盯着地图看了半晌，一句话也没说。按照预定计划，南云率领的第一航空舰队应该越过了国际日期变更线。事情进展得顺利吗？美国人发现南云的行踪了吗？由于第一航空舰队一直保持着无线电静默，山本和军令部高层们谁也不知道前线的情况到底如何。

下午4点，山本启程前往东京。此前，他接到通知说，天皇将于12月2日10点召见他，一路上，山本思绪起伏，心中有一种前所未有的感觉。至于那是一种什么样的感觉，他自己也说不清楚。

在山本驱车驶往东京的时候，昭和天皇在千种大厅召集了战前最后一次御前会议。东条英机及其全体阁僚、枢密院议长原嘉道、军令部总长永野修身、陆军总参谋长杉山元全部在座。

会议的气氛显得很凝重，与会者也都显得有些焦虑不安。像大多数时候一样，天皇静静地坐在他的御座上，一句话也不说。众人的心里都明白，这是一场决定日本命运的会议。会议进行得很艰难，但结果却非常地简单。最后，东条英机根据天皇的指示宣布说："根据11月5日通过的《帝国国策施行要领》，帝国与美国进行的外交谈判已无达成妥协的可能，帝国宣布对美、英、荷开战。"

随后，会议决定被军令部以"大海令第九号"命令的形式发到了联合舰队旗舰"长门号"。由于司令长官山本不在，密令被暂时封存了起来。当夜，军令部次长发出密电，指示联合舰队参谋长宇垣缠："将前送达之密件拆封。"

宇垣缠小心翼翼地拆开电报，认真看了起来。命令大意是：日本决定在12月上旬对美、英、荷三国宣战。至于宣战的具体日期，命令上仅标明"候最佳时机待命行动"。

12月2日，军令部总长永野修身和陆军总参谋长杉山元奏请天皇，准备向陆海军的一线部队下达作战命令，并把开战日期定为12月8日。他们之所以将开战日期选在这一天，主要有两个原因：其一，这天日出前的月夜有利于海军发动空袭；其二，这天是星期天，是美国太平洋舰队的休息日，美军防备会相对松懈一些，且大部分舰艇都会停靠在珍珠港。

天皇毫不犹豫地批准了他们的计划。下午5点，军令部根据天皇的命令再次致电联合舰队司令部："'大海令第十二号'拆封。"

"大海令第十二号"只有短短的一行字："X日是8日。"

山本兴奋极了，马上向南云机动部队发出密电："攀登新高山1208"。

这段密电的意思是："开战日期决定在12月8日零时，按计划偷袭珍珠港。"

当夜8点，"赤城号"的通信员接到这封电报。第一航空舰队参谋长草鹿看完后，又将其送呈南云。直到此时，这两位一直对山本偷袭珍珠港的计划持保留意见的军官的心情才一下子变得明朗起来。

12月3日，山本五十六进宫谒见天皇（天皇原计划2日接见山本，因故推迟）。天皇对山本说："朕兹下令出师，并委卿以统帅联合舰队之重任，惟联合舰队之责任极其重大，此战之成败，关系到国家兴废，民族存亡，望兵至必克。"

山本回答天皇说："开战前夕，承蒙陛下敕命，不胜惶恐感激。谨奉圣上之命，我联合舰队全体将士，上下精诚团结，戮力同心，为贯彻圣上出师之旨，不畏粉身碎骨，肝脑涂地，以遂圣上之愿。"

晚上，山本兴致盎然地回了一趟家——他已经有几个月没有回家了。当时，夫人礼子患了肋膜炎，正卧床休息。见丈夫回来，礼子高兴极了，勉强从床上爬起来，带着孩子们和丈夫共进晚餐。或许预感到这次会面乃是永诀，或许是出于愧疚，山本这晚对礼子十分温存，令礼子十分感动。

12月4日，海军大臣在官邸秘密为山本举行了欢送会。天皇、高松宫亲王、伏见宫亲王都派来了特使，海军大臣及川古至郎、军令部总长永野修身等人则亲自到场，为山本送行。欢送会开始的时候，山本还收到了天皇御赐的葡萄酒。

欢送会结束后，山本便回到柱岛基地。他满心装着的只有一件事，即偷袭珍珠港是否能够成功。他把自己关在办公室里，静静地等待着，祈祷着……

山本担心的问题有三个，第一个是天气问题。根据天气部门的预报，机动舰队所在的北太平洋海域在12月份24天有暴风雨，只有7天是好天气。也就是说，第一航空舰队遇到恶劣天气的可能性非常大。届时，舰队的燃料补给将十分困难。巧的是，舰队出发时，正好遇上了来自西伯利亚的高压，北太平洋上的天气状况良好，无风无浪。

第二个问题是第一航空舰队在行军途中是否会遇到他国的船只。此次行动成功的关键在于偷袭，万一第一航空舰队的行踪被泄露出去，后果不堪设想。按理说，在12月的寒冷天气里，北太平洋上出现船只的可能性较小，但凡事都有万一。万一遇到了怎么办？第一航空舰队出发前，山本明确指示南云忠一："如果舰队被别的船只发现，不准主动对其发动攻击。"

由于南云严格执行了无线电静默原则，机动舰队的行动一直很隐秘。但在12月6日，他们还是遇到了一艘国籍不明的商船。南云的神经一下子崩了起来。万一商船泄露了第一航空舰队的踪迹，之前的一切努力都将付诸流水。

一名参谋附在南云的耳畔，低声道："干掉它！"

南云轻轻摇摇头，吩咐道："遵从山本大将的命令，不要轻举妄动。令各舰主炮瞄准商船，同时严密监视商船的无线电信号，一旦发现异常，立即将其击沉。"

奇怪的是，这艘商船根本没有理会日本人的庞大舰队，径直从第一航空舰队旁边驶了过去。南云终于松了一口气，喃喃地说："谢天谢地，它可能把我们当成出海演习的部队了。"

第三问题更加重要，即美国太平洋舰队是否会把主力舰全部停在珍珠港内。万一太平洋舰队在12月8日恰巧不在基地，第一航空舰队扑了个空，那就糟糕了。

山本的心里犹如挂了15只吊桶似的，七上八下的，整个人都坐立不安。2月7日，即第一航空舰队对珍珠港发动偷袭的前一天，山本收到了日本间谍吉川的电报。此人自1940年春便潜伏在珍珠港，为日本海军提供情报。这一天，吉川向国内发了战前的最后一份情报。情报显示，太平洋舰队停在珍珠港的舰艇共有战列舰9艘、轻巡洋舰3艘（另有4艘已入坞）、驱逐舰17艘（另有2艘已入坞）、潜艇领舰3艘，其他船只许多。

如此一来，山本担忧的所有问题都已经不成问题了。太平洋舰队的主力舰全部在珍珠港，美中不足的是所有航空母舰都不在，更让他高兴的是，他从吉川的情报中得知：美国太平洋舰队根本不知道他们将在一天后遭遇毁灭性的打击。太平洋舰队司令赫斯本德·金梅尔上将认为，夏威夷眼下不会受到威胁，因而没有命令部队全部位于戒备状态，没有安装防鱼雷网，也没有开始进行空中搜索。除了把飞机集中在机场防破坏之外，金梅尔没有采取任何行动。实际上，如果他当时派出飞机搜索的话，很容易发现日军已经逼近了夏威夷水域。

造成这一疏忽的很大一部分原因来源于美国人对日本的轻视。他们认为，日本的军舰和飞机是模仿美国装备制造的，质量低劣；近视的日本飞行员不能击中目标。因此，他们绝不敢在谈判破裂之后进犯美国国土。就算是美日两国发生直接的军事冲突，战场也一定会在亚洲。一家小报甚至刊登了一篇文章，绘声绘色地描写了美国人如何在60天的时间战胜日本的假想。

罗斯福并不这样认为，他知道一旦爆发战争，日本将是一个十分可怕的对手。在国务卿赫尔与日本特使进行着毫无成果的会谈之时，罗斯福也要求国会领导人不要连续休会三天以上，以便应对随时可能发生的战事。

情报机构提供的关于日本军舰动向的报告不断送到罗斯福的手上。通过已经破译的密码可以得知，东京外务省已经通过它的驻外务使馆烧毁了外交密码。这表明日本即将与美国断交，但没有任何迹象表明日军即将袭击珍珠港。

实际上，美国军方在此时已经知道了日本军舰已经驶离港口，不知去向，但大部分人都判断，它在向南朝着新加坡的方向驶去。在内阁会议上，甚至有一个人乐观地宣称："日本舰队出海也许是进行演习。"

四

"皇国兴废,在此一战"

12月7日晨,机动舰队进入美国飞机的侦察范围之内。为应对随时可能出现的意外,舰上的所有官兵都进入了临战状态。山本五十六不失时机地给第一航空舰队发去了一封电报:"皇国兴废,在此一战,全军将士务须不惜粉身碎骨,完成己任。"

1个小时后,旗舰"赤城号"的桅杆上升起了"DG"信号旗。这面旗颇有历史意义。36年前的对马海战中,时任联合舰队司令长官的东乡平八郎升起的"Z"字旗就是这一面。它所代表的含义是:"皇国兴废,在此一战,各员励精努力。"

7日晚(夏威夷时间比东京时间晚一天,此时为6日),渊田美津雄和他的飞行员们度过了一个不眠之夜。第二天零时,他们就将起飞,去迎接日本海军历史上最艰巨的任务了!成功,抑或失败;生,抑或死;一切都是未知数!

而此时的山本也无法安眠(东京与夏威夷的时差为19个小时,夏威夷深夜之时,东京的太阳刚刚落山),但却又表现得异常平静。像往常一样,吃完晚饭,他就和参谋渡边在棋盘上厮杀了起来。参谋长宇垣缠看上去比较紧张,他在日记里秘密地写道:"夏威夷,你就像一只陷入捕鼠器的老鼠。现在,你只有一天的时间可以用来享受那和平的美梦了……把整个民族的命运都像现在这样押在一场赌博上,多么疯狂,多么惊心动魄的事情啊!"

东京时间7日晚上11点30分(夏威夷时间6日凌晨4点10分),第一航空舰队吹响了"全体起床"的号声。全体官兵迅速起床,换上母亲或妻子为他们准备的新内衣。传说,穿上这样的内衣,敌人的子弹就打不中他们了。

不管是即将参战的飞行员,还是要留守舰只的水手,全都神情凝重地参拜了各舰设立的神社。然后才走进餐厅进餐。各舰都为飞行员准备了丰盛的早餐，有过节才能吃到的红小豆饭和整鱼，还有象征着胜利的栗子。鱼雷军官出身的南云对飞行员出身的参谋长草鹿说："我们已经把飞机安全带到了这里，下面就要看你们飞行员的了！"

8日零点40分（夏威夷时间7日早晨5点20分），渊田美津雄率领的第一批攻击队员开始整队准备出发。第一批攻击队包括水平轰炸机队4队、鱼雷轰炸机队4队、俯冲轰炸机队2队、战斗机2队，计189架飞机。攻击目标是停泊在珍珠港的太平洋舰队战舰、空中和地面的飞机、各岛屿的飞机基地设施。

20分钟后（夏威夷时间早晨5点40分），两架零式水上飞机分别从巡洋舰"利根号"和"筑摩号"起飞，径直飞向瓦胡岛和拉海纳上空，做最后的侦察核实。

按照正常情况，夏威夷的日出时间应当是6点20分。也就是说，再过40分钟，夏威夷的太阳就要升起来了。不过，坦特拉斯山和奥林巴士山上的雾气很重，太阳出来后不会马上照射到珍珠港。

不过，抬头仔细看还是能看到在天空中进行侦查的飞机的。遗憾的是，星期天的夏威夷到处都懒洋洋的，谁也没有注意到头顶上那两架印着太阳旗的日本侦察机。

此时，美军总参谋长马歇尔将军刚刚结束他在阿林顿公园的早晨散步，来到办公室。他对昨天晚上以来形势的发展还一无所知。实际上，陆军情报局远东科科长在一个多小时前就给他打了电话，想向他汇报，情报部门已经破译了日本给美国政府的"最后通牒"的最后一部分，也是最重要的一部分——第十四部分。

该电文说："鉴于美国政府所采取的态度，帝国政府不能不认为，即使今后继续进行谈判，亦无法达成协议。特此通知美国政府，并深表遗憾。"

与此同时，情报机关还破译了东京命令野村将第十四部分于华盛顿时间"下午1时整（夏威夷时间早上7点30分）递交美国政府"的电文。

日本的人算盘打得太精明了。当野村在华盛顿时间下午1点将最后通牒的第十四部分递交美国政府的时候，国务卿赫尔可能来不及拆开，夏威夷上空的炸弹就落下来了。

不幸的是，马歇尔因为星期天早晨散步的习惯错过了拯救珍珠港的大好机会。更加不幸的是，美海军作战部长斯塔克已经在前一天晚上就知道了日本最后通牒的前13部分内容，但他也有星期天早晨散步的习惯。结果，他来到海军部的办公室时已经是上午10点了。

此时，陆军方面已经将破译的日本最后通牒第十四部分发给了海军。斯塔克看完日本最后通牒的第十四部分之后，海军情报局长威尔逊向他建议："现在是否立即用电话同金梅尔将军联系一下？"

斯塔克慢慢地把手伸向电话机，眼睛瞟了一下手表，刚刚10点15分，忽然又把手缩了回来。过了半晌，他喃喃地说："电话还是不挂了吧。在黎明前妨碍金梅尔的睡眠是一种罪过（华盛顿上午10点15分时，夏威夷4点45分）。"

如果斯塔克此时给金梅尔将军打了电话，或许一切都会不同了。因为日本飞行员此时尚在享受丰盛的早餐。

华盛顿时间11点25分左右（东京时间凌晨零点55分，夏威夷时间早晨5点35分），马歇尔看到了陆军情报部门破译的电文。他大吃一惊，立即斩钉截铁地说："各位，我确信：日本军队将在今天下午1点，或1点过后不久便开始发动攻击。我决定向全军司令发出紧急戒备的指令。"

5分钟后，马歇尔拟好了电文，内容为："日本将于东部标准时间下午1点递交最后通牒。之后，他们将按照命令立即销毁密码机。我们不清楚该时间的含义所在，但必须酌情提高警惕。转告海军方面。马歇尔。"

不幸的事情再次发生了。这份十万火急的电文没有使用马歇尔桌上的电话、隔壁房间的秘密电话或海军短波无线电发出。马歇尔的助手布莱顿将电文交给了陆军部信号中心，但当天的电磁干扰非常严重，无法和夏威夷方面建立联系。结果，发报处擅自决定通过商业通讯系统，由西部联合电信公司转发。

然而，西部电信公司要首先发往旧金山，再转给美国无线电公司，最后转给檀香山，中间要转手三次。如此要紧的电文居然被人为地耽误了，从而葬送了太平洋舰队！当这封电报抵达檀香山的时候，已经是珍珠港遭袭7个小时之后的事情了。

马歇尔的电文送达陆军部信号中心时，瓦胡岛以北230海里的海面上，6艘日本航母和护卫舰正在海浪中颠簸着。两架零式水上飞机刚刚起飞，各母舰上的飞行员头系写有"必胜"字样的白色的带子，正摇摇晃晃地爬进座舱。

指挥官渊田坐进他那架标有红、黄识别色带的轰炸机，一位留在舰上作地勤工作的中尉，送给他一条特制的白色带子说："这是地勤人员的一点心意，表示他们也很想跟你们飞往珍珠港。请务必收下。"

第九章 虎！虎！虎！

渊田鞠躬致谢，把这条带子紧紧地系在飞行帽上。

"出发！"指挥所发出的绿色信号灯，在黑暗中划了个大圆弧，各母舰上的一号飞机脱掉楔形轮档，向在甲板上跪拜的机械师抛出夹带汽油味的强劲气流，迅速离舰腾空。

由于装载的炸弹过重，飞机离开甲板的一瞬间不会直接升空，而会有一个下沉的过程，似乎要坠入海中似的。在这一瞬间，飞行员必须全力操作，稍有不慎就会一头扎进海里。第一批攻击队共有189架飞机，结果有4架因故障未能起飞，还有两架在离开甲板的瞬间跌入了大海。

起飞的183架飞机大弧度地绕航空母舰飞行，完成编队，然后掠过旗舰"赤城号"向瓦胡岛飞去。甲板上的海军官兵一边流着泪，一边挥舞着手中的帽子，目送一架架飞机离开母舰。

五

虎！虎！虎！

东京时间2点15分（夏威夷时间6点55分），第二波次攻击队开始起飞。第二波次攻击队包括36架零式战斗机、54架高空轰炸机、81架俯冲轰炸机。就这样，渊田美津雄中佐指挥着由354架飞机组成的强大攻击力量，飞向了瓦胡岛。

美军在瓦胡岛北端奥帕纳山上设有雷达站。按照规定，雷达站在白天应该关机，但两名新兵还想继续练习。约7点2分的时候，他们在雷达屏上发现了一堆堆闪闪发光的斑点。几经校核，他俩确认是一支庞大的机群正朝瓦胡岛的方向飞来。

他们将这一发现报告了泰勒中尉："有一大批飞机正从北面3度角方向飞来。"

很明显，泰勒中尉不相信两名新兵的技术和判断，只说了句："好了，别管它了吧。"

两名新兵眼睁睁地看着飞机逐渐临近：7点30分，47英里；7点39分，22英里。突然疾驶而来的机群一分为二，从雷达屏上消失了。

作战室的四周墙壁上挂着整个太平洋海域的大海图和东南亚海域的海图。不久山本五十六也来了，他坐在放有一个大地球仪和一张铺开的海图的桌前。山本微闭双眼，室内一片死寂，空气紧张得令人透不过气来。

此时，山本五十六正领着一帮幕僚在"长门号"的作战室中静静地等待着。首席参谋黑岛龟人不时看看舱壁上的表。突然，他小声说："呀！时间就要到了。"

人们不约而同地抬头扫视了一下舱壁上挂着的海军专用表，就要到3点（夏威夷时间7点40分）了。唯有山本没有看，他知道，不管时间是多少，这场赌局都已经无法停止了。按照原计划，对珍珠港发动袭击的时间应当是东京时间8日零点，夏威夷时间7日早晨4点40分，但为了配合野村大使向美国政府递交"最后通牒"的时间，向后推迟了几个小时。

此时，渊田美津雄和他的飞行队已经飞临瓦胡岛北端的卡胡库角上空了。渊田飞在最前面，按照预定计划向右转向，沿岛的西海岸向南飞行。他身后的飞行编队也跟着转向，飞到了珍珠港上空。

东京时间3点9分（夏威夷时间7点49分，华盛顿时间下午1点19分），渊田美津雄掏出信号枪，打出一颗信号弹。

根据计划，渊田打一发信号弹表示突袭，打两发即表示敌人有所准备，实行强攻。在看到一发信号弹后，鱼雷机编队将开始向下滑翔。与此同时，战斗机编队加速向前，控制领空。因此飞速较慢的鱼雷轰炸机可以在没有任何障碍的情况下径直飞向目标，俯冲和高空轰炸机将紧随其后。如果敌人有所戒备，鱼雷机将等到俯冲和高空轰炸机把美国炮火引向战舰上空，再由战斗机掩护投掷致命的鱼雷。

渊田很快发现，战斗机编队好像没有看到信号，毫无展开的迹象。迫不得已，渊田只好又朝制空战斗机队方向打了一发信号弹。这发信号弹偏偏被率领俯冲轰炸机编队的高桥少佐看到了。他以为渊田发射了两发信号弹，需要强攻，便领俯冲轰炸机朝福特岛和希卡姆机场猛扑下去。

率领鱼雷轰炸机编队的村田目睹了所发生的一切。虽然他知道高桥判断失误，但自己已经别无选择了。为了摆脱轰炸机编队可能带来的干扰和妨碍，村田只有率领鱼雷机编队以最快的速度冲向目标。

村田虽然尽了力，但还是慢了一步。战斗机的速度比鱼雷机快太多了。如此一来，这场本来应该以鱼雷攻击开始的袭击就变为以炸弹攻击而开始了。

渊田看到众人煞费苦心制定的精确战斗计划，由于没有估计到的因素而被打乱了，气得咬牙切齿。然而，他很快就发现进攻的顺序无关大局，太平洋舰队的覆灭已成定局。

渊田向等在后面的电信员水木德信兵曹喊道："水木兵曹，现在发攻击令！"

水木立即敲打电键，连续发出"突，突，突"的攻击信号。这是日语"突击"一词的第一个假名。攻击开始了。

在"长门号"的作战室里，司令部里的通信员嘶哑着声音大叫着跑了进来："值班参谋，现在连发'突'！"

值班参谋接过电报后马上向山本报告："长官，内容您刚才也听到了。发报时间是3点19分。"

夏威夷时间7点50分，珍珠港的官兵们正在餐厅里吃早餐，军乐队则排着整齐的队伍，迎着初升的太阳，走向广场，准备8点准时升旗。

突然，天空中响起了飞机的轰鸣声。7点53分，第一枚炸弹落在了福特岛上，发出了巨大的爆炸声。美国海军少将弗朗以为是在演习，自言自语地说："多么粗心愚蠢的飞行员，竟照看不好自己的投弹器。"

当日本的机群从战舰上空掠过之时，几乎每个人都认为这是喜欢特技表演的海军飞行员又在炫耀自己的本领。几秒钟后，一阵喧嚣打破了港湾的宁静！珍珠港里有六七艘战舰同时中弹爆炸。美国人这才注意到头顶上的飞机全部印着太阳旗，有的人立即高呼起来："是该死的日本人！"

警报响了起来，太平洋舰队司令部的值班参谋在刺耳的警报声和轰隆隆的爆炸声中给金梅尔上将打了一个电话。与此同时，他命令通讯兵马上向海军作战部部长斯塔克、美亚洲舰队司令哈特、美大西洋舰队司令金等拍发了一份特急电报："珍珠港遭受空袭，这不是演习。"

紧接着，巴特里克·比林卡少将从福特岛的司令部广播："敌机空袭珍珠港，不是演习。"

渊田德意地笑了，下令用甲种电波向联合舰队和东京同时发报："虎！虎！虎！"（偷袭成功！）

联合舰队旗舰"长门号"的作战室里，山本站在地图前，得意地听着这段表示"偷袭成功"的密码电报。

随后，作战室的无线电接收机中接收到美国方面发出的大量明码电报："SOS……attacked by Jap bombers……（SOS……这里遭到日本轰炸机的攻击……）"

"Oahu attacked by Jap.dive bombers from carrier……（瓦胡岛遭到日本从航空母舰上起飞的俯冲轰炸机的攻击……）"

"Jap——this（is）the real thing（日本进攻，这是真的）。"

当山本听到最后一句话时，脸上浮现出满意的笑容。第一波攻击持续了一个小时左右，渊田便扬长而去，给珍珠港留下了短暂的平静。好几艘周围和顶部涂有红十字的白色船只出现在硝烟弥漫的海面上，全速向正在燃烧的舰船驶去，冒着被炸的危险和燃烧着的烈火去抢救伤员。

华盛顿时间下午1点47分（夏威夷时间8点17分），罗斯福正和私人顾问霍普金斯在白宫商讨未来的政策走向。电话员说海军部长诺克斯坚持要求和罗斯福通话。罗斯福示意电话员将电话转了进来。诺克斯焦急地说："总统先生，看样子日本人好像袭击了珍珠港！"

罗斯福显得很平静，他把这个消息告诉了身边的霍普金斯。霍普金斯大惊失色道:"啊!不会!"

罗斯福说:"这恰恰是日本人会采取的出乎意料的行动。就在他们谈论太平洋和平的时候,他们却密谋破坏和平。"

沉默了一阵之后,又怀着沉重的心情说:"如果这则消息属实的话,我将无法控制整个局势了。"

六

美利坚合众国对日宣战

东京时间4点20分（夏威夷时间9点），日军的第二波攻击队形在卡胡库角上空展开完毕。此时，美军官兵尚未完全摆脱恐慌，但已经开始组织抵抗了。地面部队的高射炮发疯似的向空中发射着炮弹，部分战斗机也尝试着升空。

正在这时，从美国西海岸远程而来的12架B-17"空中堡垒"式飞机飞临珍珠港上空；从返航的航空母舰"企业号"飞来的18架SBD"无畏"式俯冲轰炸机也如同参加约会似的赶来了。

驾驶着零式战斗机的日本飞行员立即凭借速度的优势迎头痛击。美国飞行员甚至来不及自卫，就被击落了。剩下的一些飞机则成了没头没脑地向空中开火的美地面高射炮火的牺牲品。一个美国飞行员喊道："不要开炮！不要开炮！这是美国飞机！"

他的话音刚落，一发炮弹就打中了他的机身，一头栽了下来。结果美"无畏"式飞机被击落7架，"空中堡垒"式飞机也有1架被地面的高射炮火击落。

第二攻击波持续了大约1个小时，进一步扩大了第一攻击波的战果。到4点54分左右（夏威夷时间9点36分），除了零零星星的爆炸声外，日军对珍珠港的空袭行动已经结束。

此役，日本仅仅用1小时45分钟的时间，便取得了重大的战果：共击毁美机188架，击伤159架，击沉或重创战舰18艘，美国太平洋舰队的主力完全被消灭了。此外，希卡姆、惠勒、福特岛、卡内欧黑和埃瓦等机场也遭到了毁灭性的打击。美军阵亡2403人，受伤1178人。

相对而言，日本人的损失要小得多，只损失了29架飞机，55名飞行员，1艘大型潜艇和5艘微型潜艇及其艇上人员。在这场以日本帝国的前途为赌注的赌博中，山本五十六取得了胜利。

山本站在作战室中，因为兴奋，脸上红彤彤的。联合舰队的参谋军官们个个兴奋得手舞足蹈，互相道贺。

东京时间12月8日上午6点，陆军报道部长大平和海军报道部的田代中佐在陆军记者招待俱乐部向早已等候在这里的记者们发布了大本营陆、海军部公报：帝国陆海军部队于本月8日黎明在西太平洋同美英军队进入作战状态。

整个新闻发布会只用了3分钟的时间。记者室立即喧腾了起来，所有的电话全被记者们占用了。随后，整个日本都知道了日本已经对美开战的消息。

11时45分，广播电台发布了天皇的"宣战大诏"："朕兹对美国及英国宣战。帝国今为自存自卫，已蹶然奋起，必当摧毁一切障碍！"

接着，东条首相以"拜受大诏"为题，发表对全国的讲话："胜利永存于皇威之下。"

随后，东京广播电台播出了贝多芬的交响曲《命运》，并在播放过程中一再叫嚣"帝国海军终于振奋起来了"，"帝国海军终于振奋起来了"。

而大洋彼岸的美国则被一种悲伤的气氛笼罩住了。华盛顿时间7日下午2点5分（东京时间8日凌晨3点55分，夏威夷时间7日上午8点35分），即日军对珍珠港的第一波攻击结束，将要进行第二波攻击之际，罗斯福打电话给国务卿赫尔，转达了日军偷袭珍珠港的消息。

赫尔告诉他，日本特使野村和来栖刚到国务院，情报机构截获的日本方面的情报显示，东京明确地告诉这两名日本特使，要他们在下午1点转达日本拒绝接受美国和平建议的照会。这个照会显然是打算在袭击珍珠港前几分钟中断两国关系。但是，日本大使馆一片混乱，照会没有及时翻译出来，这就使得照会送到美国国务院的时间落在了袭击珍珠港之后。

罗斯福指示赫尔接见日本人，但是不要提袭击珍珠港的事，他应该对他们以礼相待，然后冷淡地把他们打发出去。

根据罗斯福的指示，赫尔拒绝同日本特使握手，也没有请他们坐下。他对日本特使送来的照会上的内容已经一清二楚了，但还是装模作样地浏览了一遍。还没有看完，他就把照会恶狠狠地摔在了桌子上，冷冰冰地说："我担任公职50年来从来没有看见过这样一份充满无耻谎言和歪曲事实的文件！无耻的谎言和歪曲的事实竟然如此之多，在今天以前，我从来没有想象过地球上会有任何政府能说出这种话来。"

日本特使想说些什么，但是赫尔没有给他机会，而是愤怒地挥手，示意他们出去。两名日本特使回到马萨诸塞大街的日本大使馆后才获悉日本袭击珍珠港的消息。这时,海军部长诺克斯也已经将这一消息证实了,并立即向罗斯福作了汇报。

罗斯福把战时内阁召集在一起,研究对策。罗斯福设法同夏威夷驻军司令通了电话,他在电话里一遍又一遍地说:"该死的,竟有这样的事!"

丘吉尔从伦敦打来电话,想证实一下他在收音机里听到的消息。他问罗斯福:"总统先生,关于日本,这是怎么回事?"

罗斯福回答说:"十分确实,他们已经在珍珠港发动了袭击!现在我们大家是风雨同舟了。"

随后,罗斯福同陆军参谋长乔治·马歇尔将军讨论了部署部队的问题,指示国务卿赫尔随时向拉美国家介绍情况,让他们做好准备,并命令史汀生和诺克斯在所有的国防工厂和关键的设施设置岗哨。

稍晚些时候,罗斯福把新任秘书格雷斯·塔利叫到他的书房,并示意其他人全部离开。当书房里只剩下他们两个人的时候,罗斯福说:"请坐,格雷斯,明天我去国会发表讲话,我想口述我的讲稿,篇幅不长。"

说完,罗斯福点燃了一支香烟,深深地吸了一口,又把烟吐出来。他看了看塔利,开始以他通常口述信件的那种冷静的调子口述讲稿。他清晰地、慢慢地念出每一个字,小心谨慎地说出每一个标点符号和新的段落。讲稿有五百多字,罗斯福一口气口述完毕,中间没有犹豫,之后也没有进行修改。

第二天,罗斯福在长子詹姆斯的搀扶下走向众议院的讲台时,以他那沉稳而富有魅力的声音发表了对日宣战演说:"……我要求国会宣布:自1941年12月7日日本进行无缘无故和卑鄙怯懦的进攻时起,合众国和日本帝国之间已处于战争状态。"

罗斯福的讲话结束后,参议院没有像往常一样展开辩论。在

罗斯福总统签署对日战争声明

一个小时之内，参议院便以全票通过了罗斯福的请求。议案提交众议院时只有一个投了反对票。就这样，美国在1941年12月8日正式对日宣战了。与美国同时向日本宣战的还有另外一个强大的国家——英国。次日，中国政府在与日本实际交战多年之后，正式对日宣战。紧接着，对日宣战的国家增加到了二十多个。

德意日三国同盟条约的第三款规定：任何一方遭受攻击，其他方会尽全力协助，包括政治、经济和军事等等。根据这一规定，德国于12月11日对美国宣战，意大利也紧随其后。

美国直接介入到第二次世界大战中来极大地改变了战争的格局。至此，第二次世界大战中的阵营结构最后形成了。德国、意大利、日本三大轴心国及芬兰、匈牙利、罗马尼亚等国为一方，美国、英国、苏联、中国等反法西斯同盟和全世界反法西斯力量为另一方，在全球范围内进行了一场规模浩大的战争。

第十章
决定进行中途岛海战

一
对战争的未来充满忧虑

比第一航空舰队成功偷袭珍珠港稍晚一些，日军第十一航空舰队也在司令长官塚原二四三中将和参谋长大西的指挥下干掉了美国驻守在菲律宾的远东航空大队。两天后，英国刚刚驶抵新加坡的远东舰队旗舰"威尔士亲王号"和重战列舰"反击号"亦被联合舰队第二十二航空战队击沉，英国远东舰队司令菲利普海军上将也在战斗中丧生。

12月16日，山本五十六又配合陆军攻占了太平洋上的威克岛，但在攻占威克岛的过程中，日军首次受挫，伤亡惨重。所以威克岛之战始终像挥之不去的梦魇一样，成了山本心中巨大的阴影。

联合舰队在珍珠港、马尼拉、马来亚海域、威克岛等地连连获胜，使得日本海军、联合舰队以及司令长官山本五十六的声誉瞬间达到了巅峰。"帝国海军之花"的称号便是从这个时候开始的。

据说，山本的旗舰"长门号"每天收到的信件多达数万封，其中大多都是山本的崇拜者寄来的。山本闲来无事或者劳累过度之后，就会让副官把信件一捆一捆地搬进办公室，一一拆阅，并用毛笔回复。

在给东日报社记者池田利男的回信中，山本如是写道："自开战以来，鄙人常在某处宁静之地逍遥自在，品尝幕僚们钓上来的鲜鱼，实有料想不到的惬意。这里没有战火，也没有登陆，每天阅读报纸和信件，并和连日来收到的数百封作战电报。"

尽管美国的太平洋舰队和远东航空大队均受重创，英国远东舰队也损失惨重，但山本对战争的未来依然充满了忧虑。1942年1月9日，山本给在好友绪方竹虎的回信中说："……函中的赞誉实为过奖，本人万不敢当。袭击珍珠港是不宣而战，趁人熟睡而痛下下手，实不足取，亦是东洋武士道精神之所不能容的。在此提及，更觉羞愧。对我切齿愤恨之敌，不久必将发动反击，或在海上进行决战，或对日本本土乃至舰队主力实施空袭……力求缩小敌我兵力之悬殊差距，至少要在表面上维持敌我双方兵力势均力敌的格局。"

山本在给驻中国上海舰队司令古贺峰一的信中忧虑重重地写道："我和进击夏威夷的中央机动舰队一样，也有难言的苦衷：胜了，也并没有什么了不起，不过是一次胜利之战；倘真的失败了，各种议论、指责、埋怨会同时扑面而来。所以，我当时的心情并不愉快。而现在，上层（海军省）的那些人却非常得意。每提起这件事，他们就沾沾自喜，就像胜败已定，大功告成了似的。老实说，海军上层首脑的水平和见识，远比社会上民众的喧嚣使我更加担心。"

出于种种担心，山本五十六并不像他宣称的那样惬意。1942年初，山本经常在幕僚休息室里同他的参谋们闲聊，每当有参谋提到大本营在《军舰进行曲》中发表战果一事，山本的脸上总要流露出不愉快的表情，说："报道也好，公报也好，贵在真实。原原本本朴实无华地把事情告诉给人们，也就够了，用不着大喊大叫地去故意鼓动人们。有关战争战果方面的宣传，更要真实，决不能说谎。如果说谎，必然招致失败。报道部的指导思想全然是错误的，那样并非真实的宣传，似乎是为了指导社会舆论，振作国民的士气，而实际上，适得其反，吹牛说大话，有害无益。"

当时，日本政府决定在东京的日比谷公园为海军修建一座纪念碑，并打算请山本题写碑文。一天下午，山本突然来到参谋藤井的卧室，问道："藤井参谋，你听说过在日比谷公园立碑的事吗？"

藤井错愕地看了看山本，不知道该如何回答，只能撒谎说："不知道。"

山本叹了口气，缓缓道："他们要求让我来题写碑文，你认为如何？"

藤井为山本分析了题写碑文的利弊，但并未给出具有实质意义的建议。当晚，山本整整思考了一夜，最后还是写信谨慎地回绝了。

1942年初，英国首相丘吉尔和美国总统罗斯福在华盛顿召开了历史上著名的"阿卡迪亚会议"。会议进行得很顺利，几乎所有的重大问题都达成了协议。罗斯福与丘吉尔重申了双方参谋人员早先作出的决定，采取"先欧后亚"的战略，先打败德国这个最主要的敌人，然后再着手对付日本。

这次会议确定，成立英美联合参谋长委员会，在太平洋地区建立英、美、荷盟军联合司令部，成立军需品分配委员会等5个联合机构，统筹盟国在军火、船运和原料等方面的经济活动。英军上将阿奇博尔德·维韦尔为盟军最高司令部司令，美军上将哈特将军担任海军司令部指挥官，荷兰海军少将杜尔曼任盟国海军攻击部队司令官。

尽管盟军东南亚海域的实力尚有一定势力,但由于美、英、荷、奥等国之间互相勾心斗角,且又过于轻视亚洲战场(先欧后亚),这在客观上给了日军将其各个击破的机会。仅仅3个月的时间,山本五十六就指挥所属各舰队,扫荡了盟军在太平洋地区的海军力量,席卷了东自威克岛、马绍尔群岛,西自马来半岛、安达曼、尼科巴各岛,南自俾斯麦各岛,包括了整个西太平洋地区,使它在亚太地区的扩张达到了顶点。

日军强占的土地面积达380万平方公里,奴役的人口多达1.5亿。此外,还有100多万欧美平民和近15万战俘成了日本人的阶下囚。至此,海军的第一阶段作战计划超前完成了。

一切迹象似乎都表明,日本皇军不可战胜,日本的"大东亚共荣圈"很快就会实现了。每次日军在前线获得胜利,东京的市民们就会排着长队,挥动着手中的太阳旗,踏着冬雪,来到皇宫的城门前举行庆祝大会。东条内阁和大本营均产生了骄敌之心。

但军队中还是有不少头脑清醒之人的,联合舰队司令长官山本五十六就是其中之一。他非常清楚,日军在太平洋战争初期的一系列胜利完全是凭借灵活的战术取得的(主要是偷袭)。从长远来看,日军在战术上的胜利根本无法持久。

但大本营已经被远超预期(无论从速度上还是规模上)的胜利冲昏了头脑,根本听不进去山本的意见。作为联合舰队的司令官,山本五十六无奈,只能按照军令部的指示,开始设想第二阶段的作战计划。

二

执意进行中途岛大海战

1942年1月5日，山本的参谋长宇垣缠接到命令，立即拟定第二期作战计划。宇垣在这天的日记中写道："第一阶段的进攻性作战，大体上到3月中旬便可结束。紧接着，下一步的作战将如何展开呢？是进攻澳大利亚，还是出兵印度洋？是再度进击夏威夷，还是去对付苏联？"

陆军参谋本部反对海军在海上的进一步扩张，提出了北进的主张。陆军的想法是：积蓄力量，待苏德战况变得有利于日本时，就从背后与德国遥相呼应实施大陆作战，在这之前要最大限度地保存实力；对南方作战，只要能控制印尼等战略资源地带就可以了，不必再继续前进。

海军则从自身的角度出发，强烈主张保持进攻势头。前面已经说过，包括山本五十六在内的一大批海军将领均对美国强大的工业生产能力心存恐惧。如果海军在南方采取守势，必将给美国以时间和机会来调动它的强大的工业力量，发动横渡太平洋的大规模强攻。因此，海军希望在美国人能够重建他们的舰队之前，谋求一场决战。

就这样，日本海军和陆军之间围绕着第二阶段作战计划，展开了激烈的争论。就在这时，山本将指挥部迁到了刚刚下水的超级战列舰"大和号"上。同具有32年舰龄的"长门号"相比，"大和号"从设备到官兵的居住条件，都先进得多！

虽然条件改善了，但山本整日里却如坐针毡，片刻也不得安宁。他的心中有一层更大的隐忧。随着美国在太平洋上的实力逐渐恢复（最重要的是美国的航母和巡洋舰在珍珠港事件中完好无损地保存了下来），他们很可能直接对东京实施小规模的打了就跑的袭击。

根据陆海军国土防卫协议，陆军负责本土的防空工作。不过，美军对日本本土的任何空袭必定来自海上，海军应该首先在海上拦截和歼灭敌机。山本特别意识到海军的这一责任。他本人用舰载机偷袭了珍珠港，难保美国人不用同样的手段加以报复。

如果美国人真的空袭了东京，军队和民众的士气必然会一落千丈。而且，高级指挥官及其家属的安全也很难保证。山本更担忧的是，这种危险不是来自美军的轰炸，而是日本国内民众的狂热和暴戾！

日军内部在第二阶段作战计划上争论不休之时，美军策划实施了一系列的报复性袭击。从1942年2月1日开始，美军出动舰载机对马绍尔群岛、吉尔伯特群岛和威克岛等地进行一系列的空袭。

山本坐在"大和号"的司令室中，心情一天比一天坏。如果按照这种趋势发展下去的话，美军对东京的空袭迟早会发生。为防止悲剧的发生，山本设立了一条舰艇瞭望线，其范围离日本本土东岸600—700海里，南北约1000海里，每天还辅以飞机远程巡逻。

不过，这些措施只是被动的防守。山本始终认为，最好的防守就是进攻。他决定再度出兵太平洋。他站在地图前，目光紧紧盯着在地图上只有针尖大小的中途岛。山本的想法是，占领中途岛，将其改造为日本空军基地和攻打夏威夷的出发点。如果可能的话，再进攻阿留申群岛，把日本的空中和海上的防卫范围向东扩展2000海里，而后，将美国的太平洋舰队引诱出来，在其尚未恢复元气之前，一举将其消灭在茫茫的太平洋上。

很明显，山本想像袭击珍珠港一样，再赌一把。不过这次他下错了赌注。太平洋战争已经打得难解难分，再想像袭击珍珠港那样，发动一次神不知鬼不觉的偷袭，已经是不可能的事情了。在这种情况下，以少量兵力去进攻战略要地，就必须考虑两个因素：其一是后勤补给，其二是增援部队和兵员补充。

就攻占中途岛而言，这两个因素对日军都十分不利。一方面，中途岛难以补给供应，而且会经常受到美远程飞机的袭击。另一方面，海军要守备整个西太平洋地区，再也无法集中一支像偷袭珍珠港时那样强大的机动舰队了。

4月2日，山本五十六令作战参谋渡边安次带着关于进攻中途岛和阿留申群岛的作战计划到东京征询军令部的意见。作战课课长富冈定俊大佐和他的航空专家三代辰吉中佐立即提出了反对意见。

富冈对渡边说："关于中途岛作战计划问题，不是我傲慢不逊，我认为，山本根本就没有战略眼光，没有从全局着眼。从当前的战局来看，第二阶段的作战最重要的是切断美国与澳大利亚的通道，以防美国把澳大利亚作为前进基地，即使到现在我也这样认为。"

作为富冈作战课中唯一的飞行员，三代则主张攻打新喀里多尼亚，以切断同盟国的交通线，迫敌于靠近日本基地而远离美国海区进行决战。他说："山本想没想过，以中途岛为基地进行防卫和空中侦察，究竟能有多大作用。然而，维持这一远离本土的孤岛上的必要补给却是相当困难的。为了维持我军在该岛上正常活动，就不得不投入大量的人力和物力，这势必会削弱我军其他方向的空中力量，给舰队作战也会带来很大负担。山本认真地考虑过这些吗？"

渡边为难地说："长官的决心是定了的。长官已认定了方案，不能只因为作战课的反对而收回去。还是应该听听军令部领导的意见。如果上层不发话，我是不能回去的。"

4月5日，军令部总长永野修身和次长伊藤整一等人在作战室中接见了渡边。会议上，作战课反对的呼声依然很高。渡边一直不说话，等到众人都停了下来，他才坚定地说："长官的决心已定，不能再改变了。"

渡边说完，立即又陷入了沉默。作战室中死一般的沉寂，众人你看看我，我看看你，不知如何是好。这时，曾经作过山本参谋长的作战部长福留繁转向同样曾在山本手下工作过的伊藤次长，用请示的口吻说道："既然山本长官这样说了，那么，我们就依从他的意见吧！"

伊藤盯着福留繁，愣了几秒钟，点了点头。突然，一名年轻的军官趴在桌子上失声痛哭起来，那人便是三代。

4月10日，大本营正式决定了攻击中途岛的作战方案。这个具有明显缺陷的作战方案为什么会在如此短的时间里就被批准了呢？这主要是因为，珍珠港事件爆发后，不光民众将山本当成了民族英雄，军令部的高层也对山本五十六产生了近乎迷信般地信赖。至于山本自己，由于性格原因，再加上事实已经证明他过去的很多思想和观点都是正确的，他根本听不进去任何反对意见了。

山本五十六在紧锣密鼓地为中途岛之战做着准备，美国人也没闲着。4月18日，16架从"大黄蜂号"航空母舰上起飞的B-25轰炸机巧妙地躲过日军的搜索轰炸了东京。下午，山本五十六得知东京遇袭的消息后，一屁股坐在椅子上，半天没有说一句话。

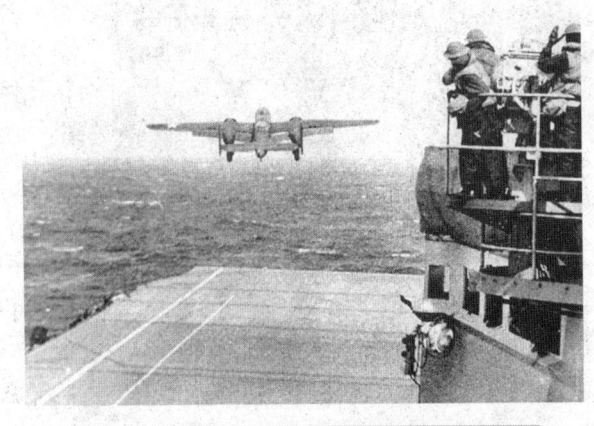

B-25飞机空袭东京前，在"大黄蜂号"上起飞

三

战术上的胜利和战略上的失败

4月18日美军对东京等地的空袭所取得的战果微乎其微，且本身的损失也不小。不过，空袭给日本人造成的心理压力却非常大。此后一连几天，东京都处于惶恐不安之中。4月20日，东京无端发布空袭警报。21日，内阁举行会议，将负责日本本土防空的有关人员按军法处置，陆军省人员也有变动。

山本的傲气也因东京空袭而小了下来。在写给古贺峰一的信中，山本写道："18日空袭一事，给人一种感觉是，好像一个自鸣得意、飘飘然的人，突然上了别人的当那样的尴尬。虽说损失不大，但帝国首都毕竟蒙受了耻辱。更遗憾的是，连一架飞机也没有击落，实在有失国体。此也无异于给'一次拙劣的攻击胜过巧妙的防御'作了恰如其分的说明。"

不过，此事也坚定了山本发动中途岛战役的决心。他的参谋三和义勇如是归纳山本的意图："根据在南昌抓获的俘虏的供词，美机似乎是从航空母舰上起飞的。如果真是这样，这一行动即便是敌人干的，也应该被看成是件好事。要压制敌方这类企图，就必须在夏威夷登陆，舍此别无他法。这样，登上中途岛就成了先决条件。这正是联合舰队极力主张中途岛作战的

1942年，山本五十六与好友古贺峰一（前右）一起参拜檀原神宫

原因所在。"

不仅如此，原先反对山本五十六提议的攻击中途岛的计划而拒绝派遣部队的陆军参谋本部也因这次空袭改变了初衷，转而支持海军毫不迟延地把防御圈向东推进到中途岛和阿留申群岛西部，并愿意提供一支有力部队支援海军占领中途岛。

如此一来，海军进行中途岛战役已经没有任何障碍了。当第一航空舰队结束长达3个月的远征返回日本之际，山本立即把疲惫不堪的南云忠一和他的参谋叫到"大和号"上，向他们传达进击中途岛的作战计划，并要求他们尽快做好出发准备。此外，刚从南方战场归来的第二舰队也接到了类似的命令。

第一航空舰队的参谋长草鹿龙之介少将见山本要攻击中途岛，不禁大吃一惊，喃喃道："补给怎么解决？补给怎么解决？"

然而，他的反对已经没有任何价值了。山本把众人叫到"大和号"上是给他们分配任务的，而不是商讨作战计划的。更何况，第一航空舰队司令南云忠一中将、第二舰队司令近藤竹信中将均支持山本的计划。尽管他们心里很清楚，经过数月的战斗之后，他们的舰队和士兵都需要进行休整，但他们更渴望和美国海军进行一次大规模的军舰与军舰的较量，把美国的舰队彻底清除出太平洋。

不管是军令部，还是南云、近藤等前线指挥官，他们似乎从来没有想过失败的事情。4月28日，山本在"大和号"上召开会议，探讨战争第一阶段的经验教训。参谋三和义勇讥讽说："研究至今仍是场场胜利的战争，这样的会议令人愉快，可是并没开出多大结果来。"

山本对日本当前这种自吹自擂、从不考虑失败的风气也十分不满。4月29日，他在会议结束时警告说："如果不根据长远计划进行更多的作战准备并在作战中作出更大努力，最后胜利是很难取得的……如果陶醉于过去的一系列战斗胜利，并认为今后我们也一定会战无不胜，这种思想就像疾病缠身一样，是有害的。"

山本和三和义勇等人的警告并没有扭转人们潜意识中的骄傲思想。5月1日至4日，联合舰队参谋长宇垣缠奉命主持了进攻中途岛的图上演习。他深信根本不会存在日本不能完全控制的局势，他不允许出现任何可能严重影响演习顺利达到预期结论的情况，他毫不顾忌地对其他演习裁判作出的不利裁决予以否定。

图上演习结束的时候，他甚至擅自将4艘航空母舰被击沉的结果改成

1艘被击沉，3艘受创，而后才送呈山本和军令部。这一小小的细节变动对山本的决策影响巨大，对日美之战的未来亦影响深远。

当进攻中途岛的准备工作正在进行之时，珊瑚海海战爆发了。早在1942年3月，日军攻占新几内亚东部的莱城和萨拉摩亚之后，山本就决定攻克位于新几内亚东南岸的莫尔兹比港和所罗门群岛南端的图拉吉。一旦占领莫尔兹比港，退可保障腊包尔的安全，进可袭击澳大利亚北部的机场，为以后进犯新喀里多尼亚、斐济和萨摩亚奠定基础。

山本将此次作战命名为"MO"，指挥官由特鲁克岛的第四舰队司令官井上成美中将担任。为加强第四舰队的机动能力，山本将第一航空舰队的第五航空战队（"瑞鹤号"、"翔鹤号"）、第五巡洋舰战队、若干艘驱逐舰和"祥凤号"轻型航空母舰全部划拨给井上指挥。

此时，美军只有"约克城号"航空母舰游弋在澳大利亚东南海域，实力相对薄弱，但新任太平洋舰队司令尼米兹海军上将却一点也不着急，因为他的手上有一张山本无论如何也意料不到的王牌。原来，在1942年1月20日傍晚，美国海军从被击沉的日"伊-124号"潜艇中打捞到了日军密码本，并成功地将其破译了。

结果，尼米兹在4月17日以前就弄清并证实了日军南下作战的企图：占领莫尔兹比港，切断美澳供应线，他甚至还准确掌握了即将南下的两支日本机动部队的兵力编成、行动计划以及登陆部队从腊包尔出发的日期。

尼米兹不慌不忙地把奥布里·菲奇海军少将率领的以"列克星顿号"航空母舰为中心的特混编队从珍珠港调到珊瑚海，与弗莱彻海军少将指挥的以航空母舰"约克城号"为首的特混舰队会合。

此外，英海军少将格赖斯指挥的"芝加哥号"、"澳大利亚号"和"霍巴特号"重巡洋舰受命，从新喀里多尼亚的美海军基地努美阿和澳大利亚火速赶去增援。

到5月5日，尼米兹上将已经将这些海上兵力合编成了美第十七特混舰队，由弗莱彻少将担任总指挥，并进入作战状态，以逸待劳，只等着日本人前来送死了。

尼米兹对日本海军第四舰队的一举一动了如指掌，但山本和井上对盟军的军事部署却毫不知情。结果，日军如期发动了对莫尔兹比港的攻击。

5月3日，日军占领图拉吉岛。次日上午，"约克城号"航空母舰舰载机袭击图拉吉岛外海日本舰队，击沉驱逐舰1艘和小型舰艇数艘。7日，日本"翔鹤号"和"瑞鹤号"航空母舰舰载机击沉美国油船和驱逐舰各1

1942年10月26日早上，日军战斗机及俯冲轰炸机在"翔鹤号"上准备对美军航空母舰部队展开攻击

艘；同时，美舰载机攻击日军登陆船队和护航编队，击沉"祥凤号"航空母舰。

7日晚，日本派出可以夜航的飞行员驾驶27架鱼雷机和俯冲轰炸机轰炸美航母，因迷航损失15架，又有8架被"野猫"战斗机击落。

8日上午，双方航空母舰编队在200海里距离上出动舰载机群展开激战。美军出动飞机约70架次，对高木舰队发动攻击。"瑞鹤号"航空母舰逃进雷雨区，免遭袭击；"翔鹤号"航空母舰中弹，失去作战能力。

日本出动飞机约90架次，对美舰发动攻击。"列克星敦号"航空母舰中弹沉没，"约克城号"航空母舰被击伤。美国损失飞机约70架，日本损失飞机约100架。

海军攻击刚结束时，战局显然对日军有利，因为虽然日本的"翔鹤号"受重伤，但"瑞鹤号"还完好无损，而美国的两艘航空母舰却是一沉一伤。倘若日军继续进攻，美舰队将面临全部被歼的命运。

但在这紧要关头，日军前线指挥官高木中将对即将到来的夜晚感到不安，决心停止第二次攻击，暂时脱离敌人，专注于燃料的补充和飞机的整修。

在腊包尔的第四舰队司令井上成美中将也认为日本方面保存下来的航

空兵力不足以掩护攻击部队抗击敌岸基飞机的攻击，遂同意高木的请求，于8日17点左右下令舰队停止攻击，脱离敌人。

紧接着，井上又下令推迟莫尔兹比港攻击作战，命令临时北撤待机的运输船队返回腊包尔。

山本五十六闻知这一消息，勃然大怒，吼道："井上中将在干什么！"

"怎么能放弃追击的机会！"参谋们愤怒地向宇垣参谋长嚷着。

"我也不明白。"宇垣随即匆匆给井上发出了一份电报："有必要追击，要报告情况。"

四
敲定中途岛海战作战计划

"大和号"尚未收到井上的回复，井上却再次发来了进攻莫尔兹比港行动延期的电报："MO作战延期，大洋岛、瑙鲁岛的攻击照原计划实施。"

山本终于发火了，亲自给第四舰队下达了命令："应继续追击，歼灭残敌。"

井上接到山本的命令，只好在次日清晨命令舰队南驶，以便重新与敌接触，但接连搜索两天，毫无结果，最后在5月10日夜里撤出了战区。

至此，珊瑚海海战结束了。从战术得失来看，日本海军取得了珊瑚海海战的战术上的胜利，但在战略上却失败了。日本海军由于损失的飞机和飞行员无法立即得到补充，日军的武力扩张第一次遭到遏制，被迫中止对莫尔兹比港的进攻。

英国首相丘吉尔在他的《第二次世界大战回忆录》中写道："这次遭遇战所产生的影响与其战术上的重要性不成比例，就战略上而言，这是美国与日本交战以来第一次可喜的胜利。像这样的海战，从前是没有见过的，这是水面舰只没有互相开炮的第一次海战……这个消息传遍了全世界，产生了振奋人心的影响，给澳大利亚、新西兰与美国带来了莫大的安慰和鼓舞。以重大代价换来的战术教训，不久在中途岛战役中应用，得到杰出的战果。中途岛战役的序幕拉开了。"

珊瑚海之战受挫并未影响山本在中途岛与美军进行最后决战的决心。据日本专家作家加藤正秀撰写的《山本五十六》所载，山本的作战计划是：联合舰队的全部兵力纳入他的指挥下，执行在北方及中太平洋广大海域的大规模作战计划。他把日本联合舰队大致分成北、中、南3个集团。首先由第五舰队司令长官细萱戊子郎海军中将率领的北方部队，在攻击中途岛的前一日，攻占阿留申群岛中的阿图岛和基斯卡岛，以阻止美军由北方南下攻击，起到牵制敌人的目的。

· 211 ·

北方部队又称阿留申攻击部队，其具体任务与编成是：大森海军少将率领的阿图岛登陆部队，兵力有巡洋舰1艘、驱逐舰4艘、扫雷艇1艘、运输舰2艘（载陆军登陆部队1200人），任务是在6月6日进攻阿留申群岛西部的阿达克岛，破坏岛上的军事设施。6月12日在阿图岛登陆并予以占领；大野海军大佐率领的基斯卡岛登陆部队，由2艘巡洋舰、2艘辅助巡洋舰、3艘驱逐舰、3艘扫雷艇、2艘运输舰（载海军陆战队1200人）组成，任务是在6月6日占领基斯卡岛；角田海军少将率领的第二机动部队，拥有航空母舰2艘（战斗机40架，鱼雷机21架，俯冲轰炸机21架）、重巡洋舰2艘和驱逐舰3艘，任务是6月4日轰炸荷兰港，进行牵制攻击；此外还有细萱中将直属的1艘重巡洋舰、2艘驱逐舰、2艘油船和3艘货船。在战略上，北方部队是一支佯攻兵力，山本的设想是希望由他们在主作战发起之前的佯攻，能把美国航空母舰引诱到错误的方向。

坐镇中央的是攻击中途岛的主力部队。南云忠一指挥的第一机动部队，肩负着对中途岛进行登陆前的空袭并将给予美舰队以致命打击的重任。其兵力有"赤城号"、"加贺号"、"飞龙号"和"苍龙号"4艘大型航空母舰，其中"赤城号"和"加贺号"共载有42架战斗机、42架俯冲轰炸机、51架鱼雷轰炸机。"苍龙号"和"飞龙号"也有同样数目的战斗机和俯冲轰炸机，还有42架鱼雷轰炸机。原计划参加中途岛作战的"翔鹤号"和"瑞鹤号"由于在珊瑚海海战中负伤，未能参加此战。

南云的飞行员们经验丰富，基本上是偷袭珍珠港的原班人马，此外还有阿部弘毅海军少将指挥的支援部队和木村进海军少将指挥的警戒部队，拥有战列舰"榛名号"和"雾岛号"、重巡洋舰"利根号"和"筑摩号"、轻巡洋舰"长良号"，以及11艘驱逐舰。

在南云部队的后方，是山本亲自坐镇的舰队主力，称主力部队，它包括由山本亲率的主力部队和高须四郎海军中将指挥的阿留申警戒部队。山本的主力部队拥有"大和""长门""陆奥"3艘大型战列舰、1艘轻型航空母舰"凤翔号"、2艘水上母舰"千代田号"和"日进号"以及1艘轻巡洋舰、9艘驱逐舰、2艘油轮。这支兵力预计布置在中途岛西北600海里处，准备随时与出动的美国太平洋舰队主力进行决战。

由"日向号"、"伊势号"、"扶桑号"、"山城号"4艘战列舰、2艘巡洋舰和12艘驱逐舰组成的高须四郎中将指挥的警戒部队，位于山本以北500海里处，为进攻阿留申群岛的细萱中将的部队担任警戒与支援任务。

南方部队是"中途岛攻击部队"，总指挥为第二舰队司令长官近藤信竹中将，分别由占领部队、支援部队和攻击部队组成。其具体作战计划是：第二联合特别陆战队司令官太田实大佐率领海军特别陆战队2个大队（2800人），陆军部队指挥官一木支队长率领陆军1个联队（3000人）及其他支援部队，分乘12艘运输舰，在第十一航空战队和拥有1艘轻巡洋舰、11艘驱逐舰的第二水雷战队的护航下，从塞班岛出发，于N日，即6月7日，在中途岛登陆，占领桑德岛与伊斯特岛。指挥官为第二水雷战队司令长官田中赖三少将。

从关岛开来的栗田健男海军中将的重巡洋舰"熊野号"、"三隈号"、"铃谷号"、"最上号"以及2艘驱逐舰，将于N日为登陆部队提供近距离支援。近藤的主力包括第四战队的重巡洋舰"爱宕号"、"鸟海号"，第五战队的"妙高号"、"羽黑号"重巡洋舰，第三战队的"金刚号"、"比睿号"高速战列舰，第四水雷战队的"由良号"轻巡洋舰和8艘驱逐舰，以及载有12架战斗机和12架鱼雷轰炸机的小型航空母舰"瑞凤号"，它们留在中途岛西市稍微偏南处，掩护登陆部队的侧翼。

除此而外，还有潜艇部队在北美沿岸、阿留申群岛海域、夏威夷四周，监视敌舰队动向，实施牵制，协助主力作战。

这是一个浩大无比的作战计划。如果一切顺利，这支庞大的舰队将分散在中太平洋北部1000海里的水面上。每支部队都将等待着N日后的某个时候，当美国太平洋舰队出现在他们眼前时，便给予其毁灭性的打击。

第十一章
不可挽回的失败

一

美军破译"AF"之谜

山本五十六似乎对中途岛之战充满了信心,他的幕僚们也都认为胜利在握。联合舰队参谋渡边后来就曾说:"美国舰队的大部分在大西洋。据此我们相信在太平洋上日本海军居于优势。如果指挥得当,不可能不取胜。"

但这一切只不过是假象罢了!一方面,山本这个庞大的作战计划本身存在着许多缺陷(其中最严重的是没有为航空母舰提供足够数量的护航驱逐舰和战列舰),为后来的失败埋下了隐患。另一方面,山本五十六忙于统筹中途岛战役计划(这是开战以来日本海军进行的规模最大的战役,远比偷袭珍珠港要复杂得多),而将更换通讯密码的工作向后顺延了一个月。

对战争来说,任何一个小小的疏忽导致的后果都将是致命的。尼米兹将军就是利用山本的这一疏忽,打赢了一场硬仗。战争期间,作战双方都设有密码破译小组,以侦听对方的情报。美国海军的密码破译小组设在珍珠港一个阴暗的地下室里,由约瑟夫·杰米·罗奇福特少校领导。

1942年四五月间,罗奇福特突然发现日本联合舰队的电台活动异常频繁。他立即向尼米兹将军作了汇报。

尼米兹将军问:"少校,你认为这意味着什么?"

罗奇福特根据业已掌握的大量无线电密码通信,判断说:"无线电密码通信显示,日本海军近期很可能会在太平洋中部采取一次大规模军事行动。"

尼米兹又问:"日军的攻击目标将会是什么地方?"

罗奇福特沉思了半晌,回答说:"尚不清楚。"

不久,罗奇福特在截获的一系列日本人的来往电报中发现日军经常提到一个代号为"AF"的地名。经过初步分析,情报人员认定"AF"就是中途岛。

尼米兹得知这一消息,立即打开地图,盯着中途岛的位置,问道:

"你们会不会搞错？"

罗奇福特少校回答说："将军阁下，我们会对自己的判断负责。"

然而，美国海军因珍珠港事件对日军产生的恐惧心理尚未完全消退，不少人都不大相信这一判断。他们认为，万一判断失误，将直接导致美国海军的作战部署落空，从而造成更大的损失。

当时，华盛顿方面估计日军的进攻目标是阿拉斯加或美国西海岸；金上将则认为可能是夏威夷；而美陆军方面则担心日军空袭旧金山。

罗奇福特陷入了沉思，自言自语道："最好的办法是让日本人自己来帮助核实。"

5月10日，即珊瑚海海战最后一日，罗奇福特来到太平洋舰队司令部，与情报参谋莱顿进行了商谈："能否指示中途岛基地指挥官西马德海军中校，要他拍发明码电报，就说淡水蒸馏设备发生故障，不能使用……"

站在一旁的尼米兹咧嘴一笑，他很满意罗奇福特的这个小小的圈套。于是中途岛遵命用浅显的明码发出了这份诱饵电报。

设在倚玉县平林寺附近的大和田海军通信队，是日本海军的侦听中心。他们截听到美国的这份电报后，信以为真，认定"AF"上缺乏淡水，并把这一情况用密码电报通报给了准备参加中途岛作战的各舰队。为此，日本海军为进击中途岛的机动舰队特意增派了淡水供应船。

罗奇福特破译小组毫不费力地截获了大和田海军通信队的密码通讯，从而证实了"AF"就是中途岛。接下来，美国人以此为突破口，乘隙追踪，顺利地破译了反映日本舰队计划全貌的日方通信。到5月中旬，美国情报机构不仅弄清了日本正在计划夺取中途岛，而且还清楚地查明了日本的参战兵力、数量，甚至连部队单位、各舰舰长、舰只的航线都了如指掌。

掌握了日本联合舰队的动向之后，尼米兹便开始着手加强中途岛的防御力量了。在地面上，他命令部队在水际滩头及周围水域布设水雷，并增加了岛上海军陆战队的守备兵力；在空防方面，尼米兹先后向中途岛增派了16架海军俯冲轰炸机，7架"野猫"式战斗机，30架海军水上巡逻机，18架B-17式陆军轰炸机和4架B-26式陆军轰炸机，使该岛飞机猛增到120架。

尼米兹不但加强了中途岛的防御，还想利用现有兵力，结合情报优势，打一场伏击，摧毁联合舰队的主力。但当时的情况对美军来说并不乐观，航空母舰"列克星顿号"在刚刚结束的珊瑚海海战中被击沉，"约克

1942年5月8日巡洋舰"明尼阿波利斯号"上的船员拍摄到"列克星顿号"发生爆炸

城号"也遭受重创,"萨拉托加号"则远在美国西海岸进行训练,根本来不及过来参加作战。那么,能够参战的航空母舰就只有"大黄蜂号"和"企业号"了。

5月26日,美军第十六特遣舰队从所罗门群岛驶抵珍珠港。尼米兹大喜,他日盼夜盼的第十六特遣舰队司令哈尔西海军中将终于来了。哈尔西中将身材高大、体魄健壮,而且是美军中少有的全才型海军指挥官。尼米兹希望能由他来指挥这场将扭转整个战局的战役。

但当哈尔西走进太平洋舰队司令办公室时,尼米兹惊呆了。这个昔日里生龙活虎,有"公牛"(性格火爆)之称的海军中将已经被严重的皮炎折磨得瘦骨嶙峋了。尼米兹和哈尔西都为哈尔西将错过一场历史性的战役而伤感不已。

不过,哈尔西也间接地为这场战役作出了巨大的贡献,那就是他无私地向尼米兹推荐了他的巡洋舰司令雷蒙德·斯普鲁恩斯海军少将。时年56岁的斯普鲁恩斯被人们称为"机器人",以战术判断准确和头脑冷静著称,是一个讲究方法的文静的策略家。

尼米兹如是评价斯普鲁恩斯:"斯普鲁恩斯是将军的将军……他这样的指挥官总是先对各种情况进行彻底的调查了解,然后进行细致周密的考虑,一旦决定打,就狠狠地打。"

5月27日,"约克城号"从西海岸驶抵珍珠港。尼米兹高兴极了,立即穿上长筒靴,和船坞的修船工一起检查了宽大的船壳,并要求必须在3天之内将其修好。

本来,这艘在珊瑚海海战中严重受损的航空母舰至少需要3个月才能修好。此时，美国民众的抵抗热情已经被日本侵略者的挑衅点燃了。修船工们立即向尼米兹保证，就是不吃饭不睡觉，他们也会如期把"约克城号"修好。

尼米兹满意地笑了。

第二天，尼米兹召集第十七特混舰队司令长官弗莱彻将军和斯普鲁恩斯一起就战术问题进行了紧张的磋商。他向两位司令官详细说明了他的作战方针：美国在兵力处于劣势的条件下，必须利用自己已掌握了对方情况的有利条件，出其不意，先发制人，使敌航空母舰处于被动挨打的地位。

根据业已掌握的情报，尼米兹判断，日军突击部队将在6月4日（东京时间是6月5日）晨发起攻击，攻击机从南面飞向中途岛，搜索机从北面、东面和南面进攻。在这个时候，连夜沿西南方向航线前进的美国特混舰队，应当在中途岛以北200海里处待命，因为该海域正好处于从西北方向攻击中途岛的日本舰队的侧面。

特混舰队一旦接到侦察机有关敌军所在位置、航线、航速的第一个报告，即准备发动攻击。待日军一半以上的舰载机飞往中途岛之后，第十六和第十七特混舰队立即出动，前去拦截日军的航空母舰，并在日军舰载机返航之前将其干掉。

很明显，这一作战计划对时间的要求非常精确。第十六和第十七特混舰队必须在6月3日之前在中途岛东北200海里处集结完毕，而且，两支舰队抵达的时间不宜过早，否则容易被日军发现；同时也不宜过晚，否则就会错过袭击的最佳时机。

尼米兹明确对两位将军说："你们必须掌握既要勇敢但又不莽撞的原则，即在给予优势敌军重创之前避免暴露我军力量。一旦暴露，就要给敌人以较大的杀伤。"

二 一步步钻进美军的圈套

5月27日是对马海战37周年纪念日，也是日本的海军节。人们身着盛装，纷纷涌到街头，庆祝日本海军在过去几个月里取得的辉煌胜利。

一家报纸如是吹嘘说："今年的海军节不只是个纪念性的日子、回忆性的日子，还是个大功告成的日子。日本海军不仅在37年前战果赫赫，而且，此后它又一次次地立下了令人难以置信的更大的军功……这是达到顶峰的时刻，是大功告成的时刻。"

《日本时报与广告报》还特意吹捧了山本五十六在对马海战中的表现："就是在这次具有历史意义的战役中，海军士官生山本失去了2个手指。要是他失去3个手指，按规定他就不能留在海军里了。可以说，一个手指之差使这位士官生得以在37年后担负起了已故海军大将东乡相同的职责。因此人们可以称这是上天为促进日本国的事业而赐予的恩典……"

在人们的吹嘘中，山本五十六对联合舰队下达了起锚的命令。他之所以把出发的时间选在这一天，就是希望中途岛作战能成为第二个对马海战。日军的队伍十分壮观，轻巡洋舰"长良号"所率领的第十战队的12艘驱逐舰以一字纵队在前开道；紧跟在后面的是第八战队的"利根号"和"筑摩号"重巡洋舰；随后是第三战队的战列舰"榛名号"和"雾岛号"；最后的高潮是第一航空战队和第二航空战队的4艘大型航空母舰——"赤城号"、"加贺号"、"飞龙号"和"苍龙号"。

在主力舰队出发的前一天，担任进攻阿留申群岛的角田觉治海军少将的第二机动部队已自本州北部的大凑先行出发，驶向珍珠港海域。

同一天，日军细萱海军中将的阿留申登陆部队也自大凑起航。当天晚上，远在南方马里亚纳群岛由田中海军少将指挥的运输中途岛登陆部队的船队，也在巡洋舰、驱逐舰护航下，从塞班岛出发。

5月29日，第二舰队司令长官近藤信竹中率领一支由16艘战舰组成的大型舰队离开了广岛。随后，山本五十六直接指挥的由37艘大型战舰组成的舰队也起航了。就这样，日本联合舰队的全部力量出海，全部舰只总计达350艘之多，总吨位达150万，飞机1000多架，它们的锅炉房消耗的燃料比海军平时一年烧掉的燃料还要多。

山本出发的同一天（中途岛5月28日），斯普鲁恩斯少将也指挥美军第十六特混舰队离开了珍珠港。第十六特混舰队拥有"大黄蜂号"和"企业号"两艘航空母舰、5艘重巡洋舰、1艘轻巡洋舰、11艘驱逐舰，但就装备而言，美国海军的特混舰队实力处于中等偏上。

不过，山本对美军的动向毫不知情。在海上，山本五十六遇到了太平洋上常见的坏天气。狂风卷起巨浪，不停地拍打着疾驰的舰队，大海中的战舰就像漂浮在浪涛中的叶片一样。看着翻卷起伏的波浪，山本的心情也十分复杂。或许是对战争天生的敏感，山本五十六心中总有一种挥之不去的隐忧。此次海战的前途会怎么样？会像对马海战那样，取得决定性的胜利吗？

山本的忧虑很快就成了现实。庞大的联合舰队尚未抵达预定海域，就遇到了不小的麻烦。

5月31日（中途岛时间30日），弗莱彻将军的第十七特混舰队也出发了。第十七特混舰队的装备和实力比第十六特混舰队稍差，包括"约克城号"航空母舰，2艘重巡洋舰和6艘驱逐舰，但战斗力也不容小觑。

不过，与日本联合舰队相比，第十六和第十七特混舰队在战斗力上明显处于劣势。如果不是尼米兹首先掌握了日军的动向，他绝对不敢用两头"狼"去对付一头"猛虎"。

5月31日，奉命前去珍珠港侦察美太平洋主力舰队动向的一式水上飞机，因为在预定加油地点发现美军，不得已取消了这次侦察任务。接着，山本派出的潜艇警戒部队也因为潜艇的行动延迟了两天，而错过了发现美军第十六和第十七特混舰队的最佳时机（日军潜艇抵达预定地点时，美军的两支特混舰队已经通过多时了）。就这样，山本费尽心机在中途岛与夏威夷中间设置的三道潜艇警戒线都成了摆设。

6月2日，山本的情绪愈发不安了。无线电侦察发现，从夏威夷发出的电讯有明显的增加，在过去两天中所截收到的电报多达180份，而且有72份是急电。这说明珍珠港方向的局势异常紧张，说不定已经发现了日军行踪。

稍晚些时候，"大和号"上的无线电甚至截听到了显然表明美国航空母舰在夏威夷海域的信号。然而，求战心切的山本似乎更愿意相信大本营的判断：美国航空母舰还在所罗门群岛附近活动。

令人诧异的是，山本为继续保持无线电静默，以实现战役的突然性，竟然没有向大本营求证。直到6月4日零点，山本一直驱使舰队在绝对的无线电静默中全速前进，而且，没有任何明显的证据可以证明美军已经发现了日军的行动。因此，自山本以下，直到每一个舰员都对此次战役充满了信心。

6月4日上午，太平洋上的浓雾逐渐散去。几架从中途岛基地起飞的美军侦察机很快发现了正向中途岛疾进的运输船队。中午时分，9架满载炸弹的美B-17式轰炸机攻击了运输船队。当天下午，4架全新的海军PBY"卡塔利娜"式水上飞机又携带鱼雷对日本运输船队进行了第二次袭击。

这些动向充分说明，美军已经发现了日军的行动，但山本却自我安慰说，这样也好，只有比原计划提前几小时把太平洋舰队的主力引出珍珠港才会更有利于消灭美军的主力。因此，山本五十六并没有把运输船队受到攻击的消息通报给最前线的南云舰队。

也正因为如此，南云才敢以24海里的时速高速驶向中途岛，而战列舰和驱逐舰则远远地落在后面，这为美军即将发动的突袭创造了有利条件。

23时30分，南云的旗舰"赤城号"上的一个对空瞭望哨突然喊道："发现一架侦察机的灯光，右舷90度，高角70度。在云上向我靠近！"

舰长青木立即下令拉响战斗警报，舰员们各就各位。只见天上星光穿过云隙忽明忽暗地闪烁着，不见敌机踪影。原来瞭望哨把星星当成了目标。过了一会儿，青木正要下令解除警报，那瞭望哨又大声报告："还是那个方向发现灯光！不是星星！"

对空战斗的命令立即发往各舰，结果又是一场虚惊。

23点45分，南云向各舰下达了起床命令。当天，中途岛日出时间为2点（此为东京时间，中途岛时间为4日5点）。23点45分之时正值海上的黎明前夕，到处是一片昏暗。南云乐观地认为，美军根本完全被蒙在鼓里，等着他们的轰炸呢！

三
南云犯下致命的错误

6月5日凌晨1点30分（中途岛时间4日4点30分），南云部队到达中途岛西北240海里的水域。东方已经亮起了鱼肚白，太阳马上就要升起，出击的时刻也到了。

第一航空舰队的飞行员们已经在做出发前的最后准备了。飞行甲板上一排排准备起飞的飞机机翼上的红、绿色航行灯一起闪亮，航空母舰上的探照灯光把整个飞行甲板照得如同白昼。

曾在偷袭珍珠港的行动中立下大功的"赤城号"飞行队长渊田美津雄因身患疾病未担任第一波攻击的总指挥，而由"飞龙号"的飞行队长友永丈市大尉担任。第一攻击波由3个机队编成：水平轰炸机队、俯冲轰炸机队和担任护航的制空战斗机队，每个机队各36架飞机，合计108架。

地平线上刚刚露出微弱的光，警报拉响了。飞行长大声下达命令："全体注意，各就各位！开车！"

绿色信号灯在空中划了一个大圈，飞机一架接一架地摇摆着向前，轰鸣着飞上破晓的天空。108架飞机在15分钟内便从4艘航空母舰上同时起飞，在空中完成编队后扑向中途岛。

第一波攻击飞机起飞后不久，南云又派出了7架侦察机对海面进行搜索侦察，以确保及时发现附近海区内可能出现的美特混舰队。然而，由于南云根本不相信附近海域会出现美军特混舰队，所以对侦察并不重视。先是有两架侦察机因故障将起飞时间推迟了30分钟，而后又有一架飞机因油料耗尽提前返航。美军的两支特混舰队恰恰就在提前返航的那架飞机的搜索区域内。

随后，南云命令第二波攻击飞机从机库提升到飞行甲板上，随时待命。他这样做并不是担心第一波攻击对中途岛的陆上攻击会失败，而是为了防备可能出现的美军特混舰队。这是山本在出发前特意嘱咐的。和第一波攻击飞机一样，第二波飞机也是108架。

对一支缺乏警觉性的舰队来说，将飞机整齐地摆在甲板上，无异于"招摇过市"。何况，南云的21军舰只有18架战斗机可用于空中战斗巡逻。

几分钟后，美国海军上尉霍华德·艾迪驾驶着大型水上飞机发现了南云的舰队。他立即打开发报机，向特混舰队报告说："达夫尼呼叫，达夫尼呼叫，发现敌舰队，航向135度。航空母舰2艘、战列舰2艘、巡洋舰和驱逐舰待报。"

随后，在艾迪上尉东南方向的驾驶员蔡斯上尉又发现大批的日机正全速飞向中途岛。蔡斯立即发报。1分钟后，中途岛发出了战斗警报。此时是东京时间6月5日3点，中途岛时间6月4日清晨6点。

蔡斯驾机悄悄地跟踪日本机队，在离中途岛不到30海里的地方，他抢先飞到日机群上空，发射了1颗降落伞照明弹，向早已在空中严阵以待的26架"野猫"式战斗机报警。

就这样，中途岛上空的拦截战打响了。遗憾的是，美军"野猫"式战斗机的性能太差，根本不是日军"零"式战斗机的对手。仅仅15分钟，就有15架美机被击落，而日机则毫发未损。

日军飞行员洋洋得意地冲过第一道拦截，飞到了中途岛上空。但他们在晨曦中发现，岛上的机场空空如也，一架飞机也没有，只能试图对机场、机库和跑道等基础设施实施轰炸，但效果很不理想。

随后，友永开始率领机队返航，并向南云发报："需要进行第二次攻击。"

接到友永的电报，南云有些犹豫不决。参谋们有的主张为防备敌特混舰队，应维持现状；有人认为此战的目的在于攻占中途岛，应趁此机会彻底摧毁敌人的基地，掩护登陆部队顺利登陆。

犹豫了几分钟后，南云艰难地下达了命令："发动第二波攻击！"

可是，第二波攻击飞机本来是用来防备美军特混舰队的，装备的全是鱼雷和轰炸军舰用的重磅炸弹，不适宜进行陆地进攻。结果，4艘航空母舰上的空勤人员乱成了一团，匆匆把鱼雷和重磅炸弹拆下来，再装上攻击陆地目标用的80号炸弹。这是一项非常繁琐的工作，将所有的鱼雷和重磅炸弹都换下来的话，至少需要1个小时，甚至1个小时30分钟。

就在这时，美军中途岛陆基飞机对南云舰队的空袭开始了。航空母舰上立即响起了防空警报。3名日军飞行员立即驾驶着"零"式战斗机，升空迎击。

美军共出动了6架"复仇者"鱼雷机和4架陆军B-26轰炸机。美军飞行员似乎根本没打算活着回到中途岛，他们一出现就不顾日军战斗机的攻击和日舰上的防空炮火，径直扑向日本旗舰"赤城号"。

结果，4架B-26轰炸机有3架在尚未投弹之前就被日军的"零"式战斗机击落了。剩下的那架发射的鱼雷也未能命中。6架"复仇者"式鱼雷轰炸机有4架被日军击落。就这样，南云舰队击退了美军的第一次袭击。

南云终于松了一口气。但就在这时，从重巡洋舰"利根号"上起飞的侦察机发回了发现美航空母舰的报告。原来"利根号"上因故障晚起飞半小时的4号侦察机，由于走错了航线歪打正着，意外地发现了美特混舰队。

飞行员来不及仔细观察，直接向舰队司令部发报："发现10艘军舰，好像是敌舰。方位10度，距中途岛40海里。航向150度，航速20节。"

南云一下子懵了，参谋们也都目瞪口呆。此时，出击中途岛的第一攻击波机群已陆续返航，舰上正匆忙进行飞机的回收工作。

情报参谋小野海军大尉立即在海图上查明了美舰所处的位置：日美两支舰队恰好相距200海里。假如美方拥有航空母舰，双方都处在舰载机攻击范围内。形势蓦地紧张起来。南云手下的参谋们张皇失措，神经紧张到了极点。

有参谋建议："准备就绪的攻击机应该立即起飞！"

有人立即补充道："陆用炸弹不顶用了，必须重新换装鱼雷！"

南云这才想起，山本在出发前曾嘱咐他一定要派侦察机仔细搜索，并让半数以上的攻击机装载鱼雷待命。然而，他无论如何也不相信美军特混舰队会离他这么近。

犹豫了一会，南云下令说："查明舰种并保持同敌舰队的接触。"

6时20分（中途岛时间上午9点20分），侦察机又发来电报："敌舰队后面似乎还跟有一艘航空母舰。"

南云和他的参谋们全都陷入了沉默。他们一直不愿相信的事情终于发生了。虽然他们弄不明白美军特混舰队是如何躲过日军警戒线的，但事实已经不容置疑了。怎么办呢？是让已经换上攻击陆地目标炸弹的飞机立刻起飞迎敌，还是换上鱼雷和舰船用炸弹再迎战呢？

南云犹豫了足足有10分钟，权衡再三，举棋不定。这时，以勇猛著称的第二航空母舰战队司令官山口再也沉不住气了，马上向南云发出信号："我认为应立即命令攻击部队起飞。"

南云没有作出回应。10分钟后,南云下令:各战舰"收机作业完成后(攻击中途岛的第一波飞机正在返航),我部队暂时向北挺进,捕捉并歼灭敌机动部队"。

就这样,刚刚换上普通陆用炸弹的轰炸机不得不再次回到甲板下的机库中改装鱼雷。可是,要全部完成武器换装这一繁重的任务,最快也得需要2个小时。空勤人员又忙活开了,他们个个汗流浃背。他们已来不及将卸下的普通炸弹按要求送回安全的弹库,而是顺手堆在了机库的角落上,忙中出错,乱中生灾,就是这些炸弹后来被引爆,导致了巨舰的自我毁灭。

四
不可挽回的失败

就在南云舰队的空勤人员拆换鱼雷和炸弹之时，美军的第二次袭击开始了。41架鱼雷机陆续从"大黄蜂号"、"企业"和"约克城号"上起飞，直扑南云舰队。由于没有战斗机护航，这些飞机升空几分钟后就被日军的"零"式战斗机击溃了。结果，41架鱼雷机，只有6架得以生还，其他的全部葬身大海了。更可悲的是，美机所投鱼雷竟无一枚命中日航空母舰。

随后，美军特混舰队又多次出动，但均损失惨重，且毫无战果。到7点20分（中途岛时间10点20分）的时候，美军3艘航空母舰的200来架飞机已经只剩下54架了，而日军凭借着"零"式战斗机的优势，先后击退了美军的8次空袭，而且已经回收了93架飞机。

南云的情绪缓和了不少，甚至有些踌躇满志的感觉。这回该轮到他发起进攻了。

南云下令道："第二攻击波准备起飞。"

各航空母舰调整位置，对向逆风，准备让飞机起飞。甲板上已换好鱼雷的攻击机的螺旋桨一齐开始转动。第一架飞机从"赤城号"上腾空而起。

舰上所有的人员都在暗暗祈祷："再有5分钟攻击机就可全部起飞了。"

然而，美军再也不会给他们这个机会了。日军的第一架攻击机刚刚起飞，几架美军俯冲轰炸机突然冲破云层，以迅雷不及掩耳之势向日本航空母舰扑来。一声震耳的爆炸声在右舷炸响，黑黑的水柱几乎遮住了太阳，溅起的海水将舰桥上的人们浇得浑身湿淋淋的。

与此同时，"苍龙号"和"加贺号"也遭到了袭击。在"赤城号"前面急驶的"加贺号"突然向左急旋，同时以高射炮射击。但一切都太晚了，几乎在还击的同时，"加贺号"中弹了。整个舰桥和周围甲板区顿起熊熊大火，除了飞行长外，在舰桥上指挥的舰长等主要人员当场毙命。

"'加贺'号被击中了。"有人大声叫着。

仅仅几秒钟后，"赤城号"也被两枚炸弹击中，一颗落在飞行甲板中部升降机后面大约15米的地方，一颗落在飞行甲板后段。炸弹把飞行甲板穿了两个大洞，升降机炸得像一块烧卷了的玻璃板，塌向机库，后段的飞行甲板奇形怪状地向上翻翘着。

在巨大的爆炸声中，排列在甲板上尚未起飞的飞机立即被笼罩在一片火海之中了。那些随手堆在角落里的800公斤重的高爆炸弹和鱼雷一枚接一枚地爆炸了。炽热的大火从舱内喷出，四处蔓延，惊人的爆炸声此起彼伏，致命的碎片到处飞舞。

此时，山本五十六所率领的主力舰队正通过中途岛西北约800海里的海域向东驶去，距南云舰队约有500海里。"大和"舰上的司令部并不知道南云舰队反复换装炸弹，浪费时间，使舰上出现一片混乱的狼狈状况。

在"利根"舰派出的4号侦察机发回发现航空母舰的报告时，山本的联合舰队司令部也收到了。山本和他手下的参谋们听说有一艘美航空母舰处在机动部队攻击范围之内，感到很高兴。参谋长宇垣在日记中写道："开始我们很乐观，以为这就是我们一直在寻找的美特混舰队。"

山本乐观地认为，只要南云按照他的指示，使用第二波飞机对美军航空母舰发动攻击，胜利应该没有问题。连日来，山本的肚子一直不舒服，似乎是水土不服的症状。他脸色蜡黄，强忍着剧痛，问首席参谋黑岛："你是否认为我们应当命令南云马上攻击美航空母舰？我想最好立即下达命令。"

黑岛提醒山本说："南云已准备拿出一半航空兵力来攻击美航空母舰特混舰队，也许他已经在准备进攻了。"

山本听了这话，便放心了。

几个小时之后，"大和号"突然收到机动舰队的电报："'加贺'、'苍龙'、'赤城'舰遭到敌舰基机和陆基机的攻击，已中弹起火。"

电报是第八战队司令官阿部弘毅少将从"利根"舰上发来的。阿部是南云舰队的副指挥官。尽管电报内容中没有提到，但它实际上已经暗示出：南云中将安危不明；"赤城"舰已失去通信联络的能力。

山本大吃一惊，厉声道："怎么会这样，为什么会这样？"

山本向他的舰队下令将航速增至20节，向中途岛方向疾驰而去。同时命令北方的角田舰队率航空母舰"龙骧号"和"隼鹰号"火速南下，与本舰队协同，前往救援。

此时，"赤城号"、"苍龙号"和"加贺号"均已失去了战斗能力。在中途岛海域内，唯一没有受损伤的航空母舰是"飞龙号"。"飞龙号"是第二航空战队司令官山口多闻的旗舰。舰长加来止男大佐亲自操纵方向舵，先后躲开26枚鱼雷和70颗炸弹的攻击而幸存了下来。

山口少将以头脑清晰和当机立断著称，是日本海军中的第一流将才，深得山本五十六的赏识。当他见"赤诚号"、"苍龙号"和"加贺号"已经丧失了战斗力和通讯能力，立即担负起了指挥责任。

几分钟后，山口查实美国的机动舰队是由"企业号"、"大黄蜂号"和"约克城号"组成的，立即决定对其发动进攻。7点58分（中途岛时间10点58分），18架俯冲轰炸机和6架"零"式战斗机从"飞龙号"的甲板上隆隆升空。

曾参加过珍珠港之战的飞行队长小林道夫海军大尉率领机群，机警地尾随着一些直接返回"约克城号"的美国飞机，悄悄向"约克城"靠近。不过，在距"约克城号"30海里处，18架"野猫"式战斗机已经发现了日机的行踪。

随后，一场惨烈的空中大战开始了。"零"式机凭借性能上的优势和"野猫"式战斗机搅在一起，战斗场面非常壮观。"野猫"式战斗机的性能虽然无法和"零"式战斗机并驾齐驱，但毕竟在数量上占据优势。等双方飞机厮杀到航空母舰上空时，日军的俯冲轰炸机已被击落10架。

剩下的8架轰炸机穿过"约克城号"的护航舰艇在其周围筑起的防空火力网，向母舰俯冲过去。在狂轰滥炸中，"约克城号"中弹3发，其中1发在它的大烟囱里爆炸，炸坏了6个锅炉中的5个，致使它失去了动力。

当然，日军在轰炸中损失也不小。"约克城号"护航舰艇干掉了5架俯冲轰炸机和3架"零"式战斗机。但山口已经顾不上这些了。10时30分（中途岛时间下午1点30分），他命令袭击中途岛后正返舰待机的友永大尉率10架鱼雷机和6架战斗机对美舰发动第二次攻击。

友永的座机在袭击中途岛时，左翼油箱已损坏。地勤人员提醒他说："友永大尉，你的飞机左翼油箱中弹，修理好还要一段时间。"

友永果断地回答说："没关系，用右翼油箱就够了。"

仅用右翼油箱是单程飞行，出去就回不来了。这意味着友永已下定了战死的决心。在友永的带领下，日军机群呼啸着飞向"约克城号"。在他们靠近"约克城号"的瞬间，美军的防空炮火齐鸣，在天空中织起了一

战争赌徒·山本五十六

美军航空母舰"约克城号"和哈曼号驱逐舰被鱼雷击中

张密密的网。16架飞机有一半中弹坠入大海,另外8架闯过防御网,逼近"约克城号",但只有4架飞机到达了投弹位置,开始投弹。

结果,"约克城号"又被3发鱼雷击中,缓缓下沉,结束了自己的使命。

东京时间下午2点30分(中途岛时间下午5点30分),中途岛海域的战斗已经接近尾声。日军"飞龙"舰上的飞机已寥寥无几,除6架战斗机外,只剩下5架轰炸机和4架鱼雷机了。

在这种情况下,想要再发动第三次强袭已经不可能了。山口无奈,只能等待黄昏的来临,趁着夜色给美军特混舰队最后一击。但美国人已经不会再给他逞凶的机会了。山口对"约克城号"的第二次出击刚刚结束,13架美军俯冲轰炸机就扑向了"飞龙号"。

几秒钟后,甲板上传来巨大的爆炸声。紧接着,舰桥部位也中弹了。山口马上命令官兵灭火,但消防的速度显然跟不上火药爆炸的速度,舰上堆放的炸弹和鱼雷被引爆了,引燃了汽油。随着一声巨响,火冲入舱内,"飞龙号"彻底瘫痪了。

山口少将召集800多名幸存者,训话说:"我将与本舰共存亡。我命令你们全体离舰，继续为天皇陛下效忠。最后让我们面向日本国土的方向，三呼天皇万岁吧！"

说着，山口从身旁的一只水桶里倒了一杯淡水，同幕僚们黯然饮别。随后，他又把自己的黑色战斗帽递给了他的参谋伊藤，作为纪念品。最后，他用布条把自己绑在舰桥上，决心和"飞龙号"的残躯一起沉到海底。

半个小时后，山本向南云舰队残存力量下达了撤退命令。对于山本的这一突然决定，头脑发热心急如焚的参谋们实在接受不了，他们七嘴八舌坚决要求拿下中途岛。首席参谋黑岛甚至流着眼泪歇斯底里地叫道："长官，'赤城'号并未沉没，依然还浮在海上。如果被美国拖去当作战利品展览，岂不是奇耻大辱吗？"

立即有人针锋相对地指出："我们总不能用天皇陛下自己的鱼雷来击沉天皇陛下的战舰啊！"

有一个军官甚至直截了当地提出："就这样撤回去，我们怎么向天皇陛下交代？"

就在这时，山本闻知，"加贺号"和"苍龙号"已经相继沉没，只有"赤城号"和"飞龙号"还在继续燃烧。

山本沉默了良久，语调缓慢沉重："我自己曾当过'赤城'号的舰长。现在我必须下命令将它击沉，心情万分遗憾——全部责任都在我一个人身上，我去向天皇请罪。"

随后，山本令驱逐舰"野分号"前往击沉"赤城号"。舰上200多人和这艘曾创造过"辉煌战绩"的航空母舰一同沉入了海底。

到东京时间晚上11点55分（中途岛时间5日2点55分），山本正式下达了撤出战斗的命令：停止对中途岛的进攻。6月6日凌晨，山本与近藤的攻击部队主力会合。中午时分，南云也乘坐"长良号"率大部分舰只赶来了。

山本黯然神伤地领着联合舰队，开始西返了。6月7日上午，为了对付可能的追击，山本大将准备用他现有的两艘轻型航空母舰和战列舰、巡洋舰上的100架飞机与美追击部队周旋，并企图诱使美舰队进入日本人占领的威克岛上大约50架中型轰炸机的作战半径之内，歼灭美国特混舰队。

但斯普鲁恩斯将军并没有这种欲望，他深知穷寇莫追的道理。在山本下令撤退之后，斯普鲁恩斯将军下令返航。结果山本预谋的"回马枪"没有实现，山本力图挽回败局的努力也白费了。

战争赌徒 山本五十六

zhanzhengdutu
shanbenwushiliu

"赤城号"航空母舰的沉没,是日本在中途岛海战中巨大的损失

中途岛之战,使山本沮丧万分,脸面丢尽。他在这次注定要倒霉的冒险中,损失了4艘航空母舰、1艘重巡洋舰、322架飞机,并使3500名日军丧生,其中包括100多名不可多得的一流飞行员。相比之下,美国的损失要小得多,仅有1艘航空母舰和1艘驱逐舰被击沉,另有147架飞机被击落,阵亡307人。

第十二章
争夺瓜达尔卡纳尔岛

一

日本陆军瓜达尔卡纳尔受挫

中途岛海战是太平洋战争的转折点，从此战略主动权逐渐转移到了美军手中。这意味着，山本短期决战、早日和谈的幻想破灭了。有鉴于此，日本大本营不得不调整战略部署，准备在南方地区进行长期作战的准备。在此背景下，1942年7月侵占新喀里多尼亚、斐济、萨摩亚等岛屿的计划均被取消了。

不过，大本营相信美国在1943春天之前不会在太平洋地区发动反攻。这主要是因为联合舰队虽然遭受重创，但实力依然十分强大，差不多是美国太平洋舰队的两倍。他们不相信，美军会在兵力处于劣势的情况下发动全面反攻。也就是说，日本尚有时间在南太平洋地区建立连锁空军基地，加固岛屿的防御工事，形成一道抵抗盟军攻势的环形防线。

要实现这一目标，就必须夺取莫尔兹比港。这一次该陆军唱主角了。自开战以来，陆军从未打过败仗。他们企图从新几内亚岛的北部登陆，翻越欧文斯坦利山脉，从陆路攻占莫尔兹比。

为了保证这一计划的顺利进行，日军必须在进攻路线的侧翼修建机场，掩护陆军的攻击行动。6月，日军着手在所罗门群岛的瓜达尔卡纳尔岛修建机场。攻占莫尔兹比的作战任务也分派了下来。以百武晴吉中将为军长的第十七军担任主攻，以三川军一海军中将为司令的第八舰队担任护航任务，司令部设在腊包尔。联合舰队还增派第25航空战队所辖的百余架岸基飞机进驻腊包尔，以提供空中掩护。

7月21日，第十七军先遣队南海支队在布纳登陆。次日，又攻克澳军防守的科科达，开始发起攻占莫尔兹比港的战斗。

面对日军咄咄逼人的态势，尼米兹将军决定在所罗门群岛发动代号为"瞭望台"的战役，攻占图拉吉岛和瓜达尔卡纳尔岛，以挫败日军的南下战略，并为将来的反攻建立牢固的基地。

根据联席参谋长会议的作战方案，"瞭望台"战役分为三个阶段：

第一阶段由尼米兹指挥攻占圣克鲁斯群岛和图拉吉岛。第二阶段由麦克阿瑟指挥，攻占所罗门群岛其余岛屿，并肃清新几内亚岛东部莱城、萨拉莫阿地区的日军。第三阶段仍由麦克阿瑟指挥，攻占新不列颠岛和新爱尔兰岛，进而夺取腊包尔。

因为日军正在瓜达尔卡纳尔岛修筑机场，尼米兹决定首先拔掉这颗钉子。担任攻击任务的是成立不久的南太平洋部队。该部队由戈姆利中将任司令，下辖第六十一、六十二特混编队，拥有航母3艘、战列舰1艘、巡洋舰14艘、驱逐舰32艘。

戈姆利中将见日军兵力强大，而自己兵力单薄，准备工作又未就绪，缺乏胜利的信心，要求推迟进攻，经尼米兹说服，这才同意于8月7日发起进攻。参战兵力分为三部分，一是特纳少将指挥的登陆运输编队，编有23艘运输船和11艘驱逐舰，负责将海军陆战第一师送上瓜达尔卡纳尔和图拉吉岛。二是克拉奇利少将指挥的掩护编队，编有巡洋舰、驱逐舰各8艘，负责直接掩护登陆运输队。三是弗莱彻中将指挥的特混舰队，共有航母3艘、战列舰1艘、巡洋舰6艘、驱逐舰16艘、油船3艘，负责海空支援与掩护。

此外，还有西南太平洋战区的300架岸基飞机提供空中支援。上述部队7月26日在斐济群岛海域集结，7月28日至31日，海军陆战第一师在斐济群岛的科劳岛进行了登陆演习，舰艇部队也进行了与登陆部队的协同演练。

8月7日，"瞭望台"战役打响了。美海军陆战第一师1.8万人乘坐军舰，分别向瓜达尔卡纳尔和图拉吉发起了攻击。当时，驻守瓜达尔卡纳尔岛的日军力量非常薄弱，即将完工的简易机场只驻有400人的战斗部队，此外只有第十一和第十三两个工兵营，约2500人。对岸的图拉吉岛兵力也很少，只有700名士兵。至于装备，更是少得可怜，除几百支三八式步枪之前，只有几门小口径火炮、几挺机枪，5架水上飞机和5艘飞艇。

5点30分，美军舰载机从3艘航空母舰上起飞。6点13分，"无畏"式俯冲轰炸机在战斗机的护航下开始对瓜岛、图拉吉岛实施航空火力准备。随后，陆战第一师师长范德格里夫特少将率部登上瓜达尔卡纳尔岛。

岛上的日军根本无法抵挡美军潮水般的冲击。经过一天的激战，美军占领了图拉吉全岛，并夺取了瓜达尔卡纳尔岛上即将竣工的机场，将其命名为"亨德森"机场。

8月9日，驻腊包尔的日军第十一航空舰队开始轰炸在瓜岛登陆的美军

· 235 ·

特混舰队。随后，三川中将命第八舰队出动一切可以出动的力量，准备夜间与敌舰队进行决战。

日军在陆战中损失惨重，但在海战中取得了压倒性的胜利。第八舰队共击沉美巡洋舰4艘，重创巡洋舰和驱逐舰各1艘，毙、击伤美军士兵1700余人，而日舰除"加古号"在返航时被美潜艇击沉而外，无一重伤，士兵仅阵亡58人，伤53人。

此时，山本五十六的旗舰"大和号"抛锚在柱岛。当他得知美航空母舰特混编队出现在所罗门海域之后，立即产生了用全部家当和太平洋舰队大干一场的想法，以雪中途岛之耻。

8月11日，第二舰队在司令官近藤中将的指挥下离开本土，驶向瓜达尔卡纳尔北部海域。5天后，南云忠一的第三舰队出港，并令驻守在提安尼岛的第十一航空舰队司令部移往腊包尔。8月17日，山本五十六亲率"大和号"，由丰后水道南下出击。

山本五十六倾巢而出，一心只想着一雪前耻，却忘记了和陆军方面沟通、协调。而陆军则更荒唐，以为美军是一支毫无战斗力的部队，只要大日本帝国的皇军出马，美国大兵们会立刻放下武器投降。陆军第十七军军长百武晴吉中将判断，在瓜达尔卡纳尔岛登陆的美军不过2000人，而自己只要派出1000人就足可以对付毫无战斗力可言的美军了。实际上，此时在瓜达尔卡纳尔岛登陆的盟军已达1.6万人，且装备有各式重武器。

在山本五十六的旗舰"大和号"离港的前一天，即8月16日，恶贯满盈的一木清直陆军大佐奉命率先遣队1000人分乘6艘驱逐舰从特鲁克海军基地出发，逼近瓜达尔卡纳尔。5天后的凌晨1点30分，一木支队的第一批500名士兵向守卫在特纳鲁河口的美军发起了猛烈的攻击。

美军依托防御工事进行了坚决抗击。如潮水一般涌来的日军像稻草一样，一片片倒地。一木吓坏了，不是说美国大兵不堪一击吗？怎么会这样呢？不甘心失败的一木又组织了第二波攻击。这一次又和上一次一样，仍然没有一个士兵能冲到美军阵地的铁丝网前。

几名美军医疗队队员企图上前救护日本伤兵，却惨遭伤兵的杀害。范德格里夫特少将勃然大怒，下令将日军斩尽杀绝，一个不留。

美军坦克开到了海滩上，直接从日军的尸首和伤兵身上碾过，留下一堆堆残缺不全的肢体。一战下来，一木先遣队全部被歼，恐惧而绝望的一木烧掉队旗后开枪自杀了。

二
山本五十六失算的"妙计"

南云等刚刚赶到腊包尔,就闻知一木支队全军覆灭的消息,不禁大吃一惊。经过陆海军双方紧急协商,日军决定以陆军为主力,再派1500名援兵登陆瓜岛,力争在8月底以前重夺瓜达尔卡纳尔;山本五十六的联合舰队协同陆军作战,并伺机和美军航母编队展开决战。

为了彻底打垮太平洋舰队,山本五十六把联合舰队分成了6个战术群。南云指挥航空母舰主力群;战列舰"比睿号"、"雾岛号"等舰只编成前卫群;"龙骧号"轻型航空母舰编成牵制群,引诱美军出击;"千岁号"航母和15艘战舰编成先遣队,由近藤中将指挥;9艘潜艇组成的侦察群以及在后方跟进的瓜达尔卡纳尔岛增援群。

嗜赌成性的山本希望以老式航空母舰"龙骧号"为"诱饵",吸引所有的美舰载机前来轰炸。等待美军轰炸机油尽返航之时,南云航空母舰上的全部飞机立即起飞,一举击沉美航空母舰。然后再乘胜挺进瓜达尔卡纳尔岛,彻底消灭岛上的美国海军陆战队,攻占瓜岛机场。

8月23日,山本庞大的舰队集结在所罗门群岛东北200海里的洋面上。美军侦察机立即发现了联合舰队的动向。盟军南太平洋战区司令戈姆利海军中将根据情报,命令弗莱彻率领的由3艘航空母舰组成的舰队重新编成第六十一特混编队。

该特混编队下辖第十七、第十六和第十八3支特混舰队。第十七特混舰队以航空母舰"萨拉托加号"为中心,拥有巡洋舰"明尼阿波利斯号"、"新奥尔良号"和5艘驱逐舰,由弗莱彻将军亲自指挥;第十六特混舰队以航空母舰"企业号"为中心,拥有巡洋舰"波特兰号"、"阿特兰塔号"和6艘驱逐舰,由金凯德将军指挥;第十八特混舰队以航空母舰"大黄蜂号"为核心,由诺伊斯海军少将指挥。

此外,美国海军总司令金上将敏锐地觉察到,所罗门群岛海域将发生一场恶战,立即下令刚刚下水的战列舰"华盛顿号"、"南达科他号"和

"朱诺号"防空巡洋舰等大型舰只一起，从大西洋取道巴拿马运河开入太平洋。

就这样，交战双方不断增兵，以至于瓜达尔卡纳尔岛这个名不见经传的小岛扮演了一个重要的历史角色。太平洋战争前途将由这场宏大的海战来决定。

8月24日上午，田中少将率领的瓜达尔卡纳尔岛增援群驶抵瓜达尔卡纳尔岛以北250海里处；南云忠一的航空母舰主力群在该集群以东40海里位置集结；而以"龙骧号"为中心的牵制集群则在两个集群的前方。

上午9点5分，海上的浓雾逐渐散去。一架美军水上飞机发现了"龙骧号"轻型航空母舰。飞行员立即向舰队司令部汇报。弗莱彻不相信日军舰队会突然出现，未予理会。

下午1点，美舰雷达发现了由"龙骧号"起飞的轰炸机前去轰炸瓜岛亨德森机场。弗莱彻这才下令30架轰炸机和8架鱼雷攻击机从"萨拉托加号"航空母舰上起飞，前往攻击"龙骧号"。

结果，美军轰炸群轻而易举地击沉了装备落后的"龙骧号"。南云获知这一消息，忍不住笑了起来，认为敌机已被引开，展开航母决战的时机已经成熟。恰在此时，"筑摩号"巡洋舰派出的侦察机报告说，已发现美特混编队。

南云毫不犹豫地下达了作战命令。27架轰炸机和10架战斗机从"翔鹤号"上起飞了。1小时后，又有27架轰炸机和9架战斗机从"瑞鹤号"升空。

下午4点2分，"企业号"上的雷达发现了一群空中目标。弗莱彻急忙下令甲板上待命的飞机全部升空拦截。至此，美军在空中警戒的战斗机已达53架。同时，他又下令将"企业号"上现存的11架轰炸机和7架鱼雷机联合"萨拉托加号"上的5架鱼雷机和2架轰炸机，协同攻击日舰。至此，弗莱彻已把他的全部家底亮了出来。

惨烈的空战开始了。双方在距"企业号"25海里处的上空搅在了一起。不久，攻击"龙骧号"后返航的美军俯冲轰炸机和鱼雷机也赶来投入了战斗。美军舰炮的拦阻射击也在空中织了一张严密的火力网。

此时的日军飞行员已经无法和珍珠港之战和中途岛海战时的飞行员相提并论了。无论在心理素质上，还是在作战技巧上，他们都远远赶不上原先的飞行员（那批飞行员大多都在中途岛海战中阵亡了）。结果，日军虽然击毁了"企业号"，但自身的损失也十分惨重，大部分鱼雷机都被击落了。

黄昏时分，弗莱彻少将下令南撤，以避免和擅长夜战的日军在夜间战斗。海面上只剩下失去动力的"企业号"无助地漂荡着。就在这时，从"瑞鹤号"上起飞的日军第二波攻击飞机出现在"企业号"的雷达上。

有趣的是，这批飞行员对方位产生了误判，居然从"企业号"以西约50海里的地方飞了过去。就这样，本来已经束手待毙的"企业号"捡回了一命。

日军飞行员回到基地后，信口开河地夸大了战果，称击沉了两艘美军航母。第八舰队司令三川中将信以为真，立即向增援瓜岛的田中运输船队发出了警报解除的信号，命令他们继续向瓜达尔卡纳尔岛进发。

8月25日上午，山本五十六取消了航空母舰的作战行动，与此同时，田中的运输队在瓜达尔卡纳尔岛以北不到100海里的地方遭遇了美军强大的"无畏"式俯冲轰炸机群。

毫无防备的日军运输队被打得措手不及，舰上的火炮甚至没有来得及装上炮弹，就有1艘大型运兵船和1艘驱逐舰被击沉了。日本舰队掉头驶离现场，向北逃窜而去。

8月28日下午，山本的旗舰"大和号"抵达特鲁克岛。了解了当前的战局之后，他脸上的神色显得很凝重，一副心事重重的样子。他敏锐地意识到，美军的反攻已经开始，瓜达尔卡纳尔之战很可能就是这种大规模反攻的起点。

山本和大本营进行了沟通，并建议瓜达尔卡纳尔岛作为南太平洋的首要作战目标，与美军展开针锋相对的斗争。8月31日，大本营下令，停止莫尔兹比港方面的作战，集中力量对付瓜达尔卡纳尔岛上的美军。如此一来，实力雄厚的第八舰队和整个东南亚地区航空队都能够抽调出来参加瓜达尔卡纳尔之战了。

当晚，8艘驱逐舰载着川口少将和他手下的1000多人悄悄靠近瓜达尔卡纳尔岛。山本决定发挥日军擅长夜战的优势，在夜间登陆，让美军防不胜防。深夜，士兵们跟跟跄跄地走上了沙滩和岛上幸存的士兵合兵一处。

川口清点了一下，手下共有3100名士兵。按照山本的计划，他应该在9月13日之前夺下机场，掌握战役主动权。为此，川口设计了一个"完美"的进攻计划：主力猛攻美军环形防线的后方，另外两支队伍则同时从亨德森机场两翼发动攻击。这个三面攻击计划看似万无一失。但川口犯了一个严重的错误，他忘记了在向美军发起决定性的全力攻击之前，日军必须穿过泥泞不堪、充满腐臭的热带沼泽。在黑夜中，3000余名士兵摸索着前进，很快就在大量蜇人的昆虫和吸血的水蛭的围攻下，筋疲力尽了。

而美军早已在日军企图突破的那座陡峭的山岭上挖壕设垒，以逸待劳地等着他们了。川口和他的士兵们在沼泽和丛林中艰苦地穿行了一个星期之久，于9月12日晚抵达预定地点。结果，他们一边高呼着"万岁"，一边冲向美军阵地的时候，山坡上突然响起了"隆隆"的炮声，随后是"轰轰"的爆炸声。

日军被炸得晕头转向，无处可躲。一夜下来，山坡上就堆满了日军的尸体。这个小小的山岭后来因此得了一个令人恐惧的名字——"血岭"。

川口的自信心受到了严重的打击，不得不带着尸体又从丛林撤退而去。由于太过自信，他将大部分食品都留在了后方（打赢了就可以吃美国供应的食品了），士兵们不得不在极其恶劣的环境下，以草根、树皮为食，在丛林小道中忍饥挨饿地步行一个星期。

至此，瓜达尔卡纳尔岛成了日军的"死亡岛"。幸存的士兵也因缺乏食物和淡水，变得骨瘦如柴、羸弱不堪，失去了战斗力。

三

代价高昂的"胜利"

1942年9月24日,陆军第十七军司令百武晴吉委托大本营参谋过政信中佐前去特鲁克面见山本,要求海军派出舰只去护送陆军的补给船队,并同陆军合作夺回瓜达尔卡纳尔岛。

山本得知川口在岛上的艰难处境,似乎动了恻隐之心。他眼泪汪汪地向过政作出保证说:"如果陆军官兵因为后勤供给不足而被饿死的话,海军自应感到惭愧。保障陆军的供给,海军义不容辞。我理解的你的想法,也支持百武将军的决定。如果需要的话,我可以让我的旗舰'大和'号驶往瓜达尔卡纳尔,掩护陆军作战。"

随后,山本五十六围绕瓜达尔卡纳尔小岛上的登陆战,制定了一个新的战役计划。在陆军下一次登陆前,联合舰队将出动巡洋舰攻击亨德森机场;航空母舰和战列舰则组成编队,前去拦截美军增援瓜达尔卡纳尔的运输船队。

日军准备发动新一轮的攻势,美军也不甘示弱。到9月底的时候,美军的增援部队已达3万人左右。尼米兹将军甚至亲自冒着雨季的第一场倾盆大雨来到岛上,为他英勇的官兵们授勋,以鼓舞士气。

10月8日,百武晴吉令从婆罗洲开来的第三十八师团会合第二师团,共计2.5万人,企图向瓜达尔卡纳尔岛发动总攻。为了配合百武,山本下令联合舰队全面出动,从特鲁克南下攻击所罗门群岛。前线指挥官南云接到的命令是,密切配合百武晴吉的陆上攻势,伺机歼灭敢于露面的一切美军舰只,切断美军增援瓜岛的补给线。

由于准备不充分,总攻向后顺延了两周。美军则利用这段时间调整了指挥系统(10月15日,哈尔西中将接替戈姆利出任南太平洋战区司令),加强了岛上的防御。哈西尔中将坦言,他将在这个名不见经传的小岛上和日军搏一搏。

10月24日夜,日军士兵冒着大雨向"血岭"发起了攻击,美军立即用机枪和迫击炮还击。在黑暗中，不时有日军士兵掉进被迫击炮炮弹炸出的弹坑中，被迅速流淌下来的泥浆呛死；被机枪扫倒和平射炮火炸飞的士兵更是不计其数。第二师团师团长丸山无计可施，只得向百武发电："攻占机场尚有困难。"

此时，双方的舰队都在圣克鲁斯海域兜圈子，寻找对方的踪迹。由于云层太厚，雷暴雨作怪，谁也没有发现谁。山本有些不耐烦了，哈尔西也急不可耐！

10月26日天刚亮，美军16架携有500磅炸弹的"无畏"式俯冲轰炸机起飞，对太平洋西北方向进行搜索。用武装轰炸机执行搜索任务可谓是一大创举，在稍后的战斗中占尽了先机。因为双方舰队此时都处在彼此的攻击范围之内，谁能早一秒发动攻击，谁的胜算就大一些。而南云仍然墨守成规，派出的侦察机都没有攻击能力。

6点50分，美机发现了南云航空母舰舰队，立即对其发动了攻击。一番猛烈的轰炸之后，日军"瑞凤号"航空母舰遭受重创，不得不将舰上剩下的飞机全部升空，拖着熊熊烈火摇摇晃晃地撤出了战斗。

就在这时，南云收到了侦察机发回的报告："方向东南，距离200海里，发现美航空母舰1艘和其他类型军舰5艘。"

南云已经顾不上"瑞凤号"了，立即命令65架飞机出击。凑巧的是，此时美军52架飞机也已经从"大黄蜂号"上起飞，前来轰炸日军舰队。两军对彼此舰队的轰炸也几乎是同时进行的。

8时59分，日军轰炸机突然俯冲下来，扑向"企业号"航空母舰。"企业号"一看来者不善，急忙躲入一片雷雨区。暴露在海面上的"大黄蜂号"倒霉了，完全成了日本人的活靶子。

一名日军神风突击队员，驾驶着载有两枚重磅炸弹的轰炸机以自杀性俯冲，笔直地朝"大黄蜂号"的飞行甲板撞去。"轰轰轰"三声巨响，飞机撞穿了甲板，两枚重磅炸弹也同时爆炸了。

"大黄蜂号"起火燃烧，火焰直冲云霄。几分钟后，又有几架鱼雷机从"大黄蜂"的侧后低空掠过，发射出数条鱼雷。舰体接连中弹，10分钟后彻底失去动力，成了日本人刀俎上的鱼肉。

在200海里之外的海面上，从"大黄蜂号"起飞的第一批攻击飞机把南云的"翔鹤号"航空母舰炸得毫无抵抗能力了。南云不得不下令将他的司令旗移到一艘巡洋舰上去。

接下来，日军的第二波和第三波攻击相继开始了。"企业号"航空母

一架日军俯冲轰炸机(中间)在攻击"企业号"(右下)时被击落,"企业号"正因之前被炸弹击中而冒烟,图左的是美军战列舰"南达科他号"

舰和"南达科他号"战列舰均在战斗中遭受重创。巡洋舰"圣胡安号"的尾舵也中弹受伤了。

邻近中午的时候,"企业号"航母回收了油料即将耗尽的飞机,随后退出了战斗。战斗进行至此,日军在战术上已经占据了明显的优势。

南云决定乘胜追击,不再让美国人跑掉。他一边让受伤的"瑞风""翔鹤"退出战斗,一边命令幸存下来的"瑞鹤""隼鹰"南下追击。下午1点刚过,日军第四波攻击飞机起飞了。1个小时后,从"瑞鹤号"上起飞的飞机发现了被战列舰拖着向前行驶的"大黄蜂号"。

倒霉的"大黄蜂号"再次成为了日军飞机的靶子。舰长无奈,只得下令弃舰。随后,美驱逐舰向这艘弃舰发射了16枚鱼雷,其中9枚鱼雷命中,将其炸成了一堆废铁。当日舰找到这堆废铁时,为了泄愤,居然再次向其补射了4枚鱼雷。至此,圣克鲁斯大海战(日本称南太平洋海战)结束了。

在这次战役中,山本五十六和他的联合舰队再次取得了战术上的胜利。联合舰队击沉美航空母舰1艘、击伤1艘,击沉驱逐舰2艘,击伤巡洋舰、战列舰和驱逐舰各1艘。但是,联合舰队也付出了高昂的代价,两艘航空母舰遭到重创,再也无法参战了。

更为严重的是,美军在战斗中只损失了74架飞机,而日军的损失却高达100多架。和飞机相比,更让山本心痛的是那些训练有素、实战经验丰富的飞行员。他们已经葬身南太平洋海底,再也无法参战了。

不过，从战略上讲，圣克鲁斯海战的胜利是属于美国人的。美国太平洋舰队的损失虽然十分惨重，但他们有能力在很短的时间里造出更多的飞机和舰艇，但日本就不行了。不管日本飞机制造厂和造船厂的工人如何努力，都无法赶上美国人的速度。另一方面，日军的兵员补充也到了捉襟见肘的境地。整个乡村和城市见不到适龄的男青年了。大概从这个时候起，日美两国的海军实力悄然发生了实质性的变化。

山本五十六再也不敢继续将联合舰队的航空母舰留在瓜达尔卡纳尔岛附近了。他把舰队撤离了瓜达尔卡纳尔海域，同时把思想僵化的南云忠一撤职查办了。

11月21日，陆军第八方面军司令今村均中将赴腊包尔就任，途径特鲁克岛。山本忧伤地对他说："事到如今，敌我双方的军事力量，已经公开化了。谁也瞒不了谁。开战之初，海军中流传说，我们1架零式战斗机可以对抗美军5架，乃至10架飞机。可是，那不过是战争初期的事情，现在完全不同了。中途岛海战后，我们的飞行员没能得到及时、有效的补充，他们的技术素质已大不如以前了。保守点说，我们现在和美国太平洋的航空兵相比，单兵作战能力最多只能和美军保持1：2的比例。更让人担心的是，敌人补充的新力量几乎是我们的3倍。双方力量的对比日见悬殊。"

山本的忧虑很快就被实战证实了。在随后展开的几次较大规模的海战中，日军再也没有打过胜仗，哪怕是战术上的胜利。

与此同时，由于海军的撤离，瓜达尔卡纳尔岛的补给成了陆军无法解决的难题。岛上的2.5万日军时刻处于饥饿状态，只能以蜥蜴、蛇、蝌蚪、贝类为食，甚至有人吃蛆和腐尸。直到1943年2月，山本五十六派田中少将分3次将瓜岛幸存的1.3万皮包骨头的日本陆军撤下来，这种悲惨的境况才结束。而此时，日军在陆上、海洋和空中的战斗中阵亡的人数已达5万余人。与此相对应的是，先后参战的美军部队多达6万人，仅有1592人阵亡。

第十三章
战争赌徒命丧"复仇"行动

一

奋力挣扎，发动"伊号作战"

圣克鲁斯海战之后，山本和他的旗舰一直留在特鲁克。山本的情绪很不好，即使在迎接1943年的新年之时，他也整日愁眉苦脸的。由于天气炎热，新年宴会上的年糕已经有些发霉了。山本擦了擦脸上的汗水，仔细看了看年糕，随后便毫不犹豫地塞进嘴里，细细品味起来。

突然，山本的脸色变得阴郁起来。这并不是因为变味的年糕，而是因为他发现餐桌的整鱼放错了方向。在正规场合，鱼头一定要对着长者、尊者，这一点和中国的传统餐桌礼仪非常相似。不知道是勤务兵的疏忽，还是其他什么原因，整鱼头尾应对的方向居然搞错了。

作为一名军人，山本很忌讳这些事情。他嘴角向上撇了撇，讽刺说："嗬！年头变了，鱼的方向也变了。"

勤务兵脸涨得通红，马上把整鱼的头尾方向调换了一下，但山本的心情并没有因此而好转，他甚至对联合舰队司令长官之职也产生了厌烦。到1943年1月，山本任联合舰队司令长官已经有3年4个月的时间了。自从日本海军在日俄战争前夕设立联合舰队司令长官以来，联合舰队司令已更迭38届了，几乎每一届任期都是两年的时间。唯有山本五十六的任期超过了两年，达3年多。

究其原因，此乃战争时期的非常之举。在给一个朋友的信中，山本五十六感慨万千地写道："如果在和平年代，早有人来接替联合舰队司令长官的职务了。但现在，一切都杳无音信。我听说，有人说我'已成了舰队的第一古董'。"

2月21日，山本的旗舰转移到了"武藏号"战列舰上。这艘战列舰的设施更加豪华，功能也更加齐全。"乔迁之喜"似乎让他的心情好了一些，信心也平添了不少。山本又开始酝酿"伊号作战"计划了。

进入1943年以来，日军在所罗门群岛和新几内亚岛等地区的海上运输屡屡受挫，而美军正在加紧进行北上反攻的准备。如果这样听任美军发展下去，不要说奢望进攻，就连组织防御也将发生困难。因此，山本五十六决定发动大规模的空中攻势，粉碎至少阻挠美军的反攻准备，争取时间巩固俾斯麦群岛的防御。

这便是"伊号作战"计划的主要目的。山本计划投入航空力量由两部分组成，一是舰载航空兵，主要来自日军小泽治三郎中将指挥的第三舰队。此时，第三舰队仅余两个航空战队，其中第一航空战队的"翔鹤号"航母还在本土船坞进行大修，无法参战，只有"瑞鹤号"和"瑞凤号"航母可以参战。第二航空战队也只有"飞鹰号"和"隼鹰号"航母两艘航母能够参战。日军参战舰载航空兵共计103架零式战斗机、54架九九式轰炸机和27架九七式攻击机，总共184架。

第二部分是由草鹿任一海军中将任司令的第十一航空舰队的陆基航空兵，下辖第二十一航空战队和第二十六航空战队，共计108架零式战斗机、16架九九式轰炸机、72架一式陆上攻击机和9架陆基侦察机，总共205架。

山本经过努力，总算拼凑了389架飞机，准备大干一场。根据山本的计划，草鹿于3月中旬就开始补充飞机、整修机场和储备燃料及零部件。3月20日第二十一航空战队从卡维恩转场至腊包尔，第二十六航空战队则从腊包尔转场至布因。3月22日，正在吴港进行大修和休整的"飞鹰号"和"隼鹰号"航母离港出发，5日后抵达特鲁克，并立即开始进行紧张的战前训练。至此，日军的战前部署基本就绪。

"伊号作战"分为两阶段：第一阶段从4月5日至10日，目标为所罗门群岛南部地区，尤其是瓜达尔卡纳尔海域，代号"X行动"；第二阶段从4月11日至20日，以新几内亚岛东部地区为目标，代号"Y行动"。

山本将此役视为扭转战局的关键战役，因此决定亲自到腊包尔前线去协调指挥。4月3日早晨，山本五十六带着他的参谋长宇垣缠等人飞抵腊包尔。刚刚调任东南舰队司令的草鹿任一海军中将、第三舰队司令小泽治三郎海军中将、第八舰队司令三川军一海军中将等人全部在机场迎接山本的到来。下了飞机，山本阴沉着脸，径直来到东南舰队司令部。

第二天，山本迎来了他59岁的生日，宇垣缠等人准备给司令官好好庆祝一番，但天公偏偏不作美，突然间狂风大作，暴雨倾盆。山本似乎预感到了什么，心情再次抑郁起来。随后，他下令将"伊号作战"推迟到7日实施。

4月7日黎明时分，天气终于好转。和往常一样，山本五十六早早地起了床，精心地刮了胡子，穿上一套洁白的海军服，把自己装扮得焕然一新。他要到腊包尔机场去为那些即将参战的飞行员送行。

机场上，200多架飞机整齐地排列着。年轻的飞行员挺着身子，站在飞机边上，等待山本的检阅。飞行员们见联合舰队司令长官亲自前来送行，心情都很激动。

几分钟后，200多架飞机陆续升空，飞往瓜达尔卡纳尔，开始了自珍珠港事件以来最大的空袭行动。

美好的愿望是一回事，现实却是另外一回事。日军67架舰载轰炸机、157架"零"式战斗机在瓜达尔卡纳尔和图拉吉上空与美军各型飞机激战了3个小时之久，打得难解难分。部分日军飞机突破了美军飞机的封锁，轰炸了图拉吉港。

结果，美军损失了1艘驱逐舰、1艘油船和1艘护卫舰。不过，日军的损失也不小，有12架舰载轰炸机和9架"零"式战斗机被击落。

日军飞行编队返航时，惊讶地发现他们的司令长官已经站在机场迎接他们了。山本那矮小的身影刺痛了飞行队长的心。在飞机降落之时，他临时决定向长官撒一个弥天大谎。在汇报战果时，这位飞行队长声称："只有10架美军飞机升空迎战，均被我军击落。我们对图拉吉港内的26艘舰船进行了成功的轰炸，大部分都已被击沉。"

山本大喜，认为"伊号作战"已经旗开得胜。随后，他把注意力转移到了新几内亚方向。从4月8日到12日，日军第十一航空舰队连续轰炸了奥罗湾、莫尔兹比港和米尔恩湾。结果，日军击沉了美军驱逐舰1艘、护卫舰1艘、油船1艘、运输船2艘，击落美军飞机25架。当然，日本方面的损失也不小，有43架飞机被击落，有一半飞机被击毁，无法参加接下来的战役。

有意思的是，日军飞行员似乎尝到了撒谎的甜头。他们这一次撒的谎比上一次还要大。他们声称炸沉了美军巡洋舰1艘、驱逐舰2艘、运输船25艘，击落了飞机200架，并把敌人的简易机场炸了个稀巴烂。

山本似乎很相信他的飞行员。随后，他命令参谋长宇垣缠带着一帮参谋开始统计"伊号作战"的战果。按照飞行员们夸大的数据来看，此次战役完全达到了目的。

但山本并不开心，他可能已经意识到他的飞行员在骗他（作为一名航空专家，他不可能不知道在当前情况下取得如此之大的战果需要付出多大的努力）；另外一种可能是，他太担心战争的前途了。

还有历史学家披露，山本在此时的低落心情也可能是袭击珍珠港的负罪感造成的。据说，山本在和一名幕僚下棋的时候，突然听到美军电台在播报珍珠港事件的内容。广播中说："日本违反国际惯例，置世界舆论于不顾，悍然发动突然袭击。在美国接到日方的最后通牒前，日本军队已经开始对珍珠港的攻击……"

山本突然对他的幕僚说："怎么又在提珍珠港了。说来，也确实遗憾。不知咱俩谁先离开这个世界。倘我先走的话，请你一定禀告天皇：联合舰队最初没打算那样干，所以如此，完全是形势所迫。攻击的时间，原计划也是在递交最后通牒之后，是因为外交来往中的耽搁和作战执行者临时的失误才提前的。"

说完，山本陷入了沉默。过了半晌，他突然起身离开了，身后留下了一盘残局。很明显，山本的这话意在为自己的罪责开脱。不管他怎么说，都无法改变日军突袭珍珠港的侵略性质，都无法洗脱他的罪名。

二
让联合舰队司令丧命的电报

随着"伊号作战"接近尾声，山本五十六也应该离开腊包尔了。可是，山本却突然改变了原先的行程，准备到肖特兰、巴莱尔和布因基地视察。这几个小岛相去不远，都在瓜达尔卡纳尔前线附近。

刚刚从瓜达尔卡纳尔前线撤下来不久的陆军第二师团正在那里休整。山本想去看看那些可怜的武士们，想看看他们到底付出了怎样的代价才活下来的。

4月13日黄昏，山本命令通信兵向所要去视察的各基地、各航空队和守备队发出了电报通知。电报内容为："GF长官定于4月18日视察巴莱尔、肖特兰和布因的日程安排如下：

8点，乘坐一式陆上攻击机由6架战斗机护航，从腊包尔起飞；

10点，到达巴莱尔，换乘猎潜艇前往肖特兰；

11点30分，到达肖特兰；

12点30分，乘坐猎潜艇离开肖特兰返回巴莱尔；

13点30分，抵达巴莱尔；

14点，乘坐一式陆上攻击机离开巴莱尔；

14点30分，抵达布因，在第一基地司令部午餐；

16点，从布因起飞，返回腊包尔；

17点40分，回到腊包尔；

如遇天气不佳，本视察日程向后顺延一天。"

1943年4月11日（山本死前一星期），山本五十六站在机场跑道边上，向起飞中的飞机挥帽致意

仔细看一下地图就能明白山本此行的危险性。布干维尔岛位于腊包尔东南约300公里处，而布因基地则位于该岛的最南端。肖特兰岛位于布因西南方，乘坐飞机的话，两地的航程只有五六分钟。巴莱尔位于肖特兰岛东侧，面积很小，只有一个飞机场大小。而美军控制的瓜达尔卡纳尔岛就在巴莱尔岛东南方向。万一，山本在途中遇到美军飞机的话，后果不堪设想。

1943年4月11日（死前一星期），在腊包尔基地，山本五十六为飞行员出击送行

　　第三舰队司令小泽治三郎马上站出来表示反对，但山本从来就不是一个容易被说动的人，他一旦决定某件事，就非要一条路走到黑不可，偷袭珍珠港是如此，中途岛海战是如此，现在依然如此。

　　小泽劝不动山本，只好向"黑岛怪参谋"求助："现在只有请宇垣参谋长来劝阻。"

　　黑岛沉默了半晌，喃喃道："宇垣参谋长可能也无能为力。"

　　小泽马上回答说："如果司令官一定要去的话，我们必须加强空中护航力量。只出动6架战斗机护航，力量太薄弱，万一出现不利情况，后果堪忧。请黑岛君转告参谋长，如果需要的话，可以从第三舰队调用战斗机，想调多少就调多少。"

　　黑岛喃喃地说："参谋长一直高烧不退，正处于昏迷之中。只要他一醒，我马上把你的话转告给他。"

　　小泽双脚一并，向黑岛微微一躬："拜托了！"

　　黑岛随时关注着宇垣缠参谋长的病情，但他始终没醒过来。所以，小泽的建议一直没有转到他那里。而此时，联合舰队4月13日发出的电报已经被美军截获，并破译了。

　　次日清晨，密码电报已经被译成了日文明码。随后，海军陆战队的外语专家们又填上电文中的一些外文空白。

　　8点整，尼米兹的情报官莱顿中校迈着轻快的步伐来到司令官的办公室。

尼米兹抬起头，招呼道："早上好，中校！看起来，你的心情很不错。"

莱顿中校一边把破译的日军密电递过去，一边说道："是的，将军阁下！因为我们的老朋友，山本有消息了。"

"是吗？真是太好了！"尼米兹接过电报，瞅了两眼，立即起身走向地图。他察看了好一会儿，发现山本视察的第一站巴莱尔正处于亨德森机场的战斗机的航程之内。

珍珠港事件爆发后，美国人最恨的并非肆虐欧洲的希特勒，而是这个一手策划了偷袭珍珠港的刽子手。大部分美国人都认为，山本在日本国内的地位仅次于天皇和东条英机。如果干掉山本，肯定可以极大地削弱日军的士气和斗志。

"干掉山本！"这个念头在尼米兹脑子里一闪而过。

思索了半晌之后，尼米兹似乎还没有最后下定决心。他转身问莱顿中校："你看怎么办？我们要不要设法把他干掉？"

"将军阁下，我想你已经知道击毙山本会得到什么了。"莱顿中校微微一笑，分析说，"在日本海军中，山本是一个出类拔萃的人物，日本少壮派军官和士兵崇拜的对象。我想，就对国民士气的影响来看，除了天皇和首相之外，大概没人能和他相提并论。如果击落山本的座机，日本海军势必发生地震。您了解日本人的心理，这件事会震撼整个日本。"

"我考虑的是，"尼米兹颇有顾虑地说，"他们是否会找到一位更能干的联合舰队司令长官。"

莱顿摇了摇头，列举了几位日本海军将领，并对他们进行了一番评论。最后，他得出的结论是："山本是日海军中的头号人物。"

尼米兹静静地听着，脸上渐渐露出了微笑。接着，莱顿中校用一个有趣的比方促使他下定了决心。莱顿说："将军，你知道，这就好像你如被他们干掉了，我们也没有人能接替你一样。"

尼米兹笑了起来，终于下定了最后的决心。不过，"干掉山本"是一件大事，不能粗心大意。尼米兹立即电令哈尔西将军，授权他起草一份行动计划："如果你所指挥的部队有打下山本和他的幕僚的能力以及决心，那就授权你制订预备计划。"

"公牛哈尔西"兴奋不已，马上开始着手制定作战计划。与此同时，尼米兹又向华盛顿方面作了汇报。海军部长诺克斯和作战部长金上将当即把电报提交到总统的例行午餐会。罗斯福总统用他那富有魅力的声音果断而坚决地说："击落山本座机，干掉日本这个该死的指挥官。"

海军部长诺克斯在一边附和道："是时候了，该为珍珠港复仇了！"

就这样，山本的命运在白宫的例行午餐会上被决定了。罗斯福等人为这次行动取了一个恰如其分、耐人寻味的代号——"复仇"。

4月15日，尼米兹电令哈尔西，着手实施"复仇行动"。在电报的结尾处，这位老成的太平洋舰队司令官还以个人名义预祝他的老朋友"交好运，马到成功"。

哈尔西把阻击任务交给了所罗门群岛航空兵司令米切尔少将。在命令中，他指示米切尔说："P-38战斗机队要想尽一切办法干掉山本和他的幕僚！山本司令员素来以遵守时间而闻名，这对我们的阻击计划非常有利。总统先生非常重视这次战斗，结果请速报华盛顿！此电报不得转抄和保存。战斗结束后立即销毁！"

米切尔将军不敢怠慢，立即把手下的两名干将约翰·米歇尔少校和托马斯·兰菲尔中尉召到办公室，研究阻击方案。米切尔将军说："待山本乘坐潜艇离开巴莱尔之后，出动飞机，连人带舰一起击沉。这个方案如何？"

米歇尔少校反对说："港口那么多舰只，我们怎能知道他乘坐的舰艇是哪一艘呢？"

负责攻击的兰菲尔中尉则惊叫道："这太异想天开了。我连驱潜艇和独木舟都分辨不出来。能不能找到山本乘坐的潜艇，我确实没有把握。何况，在海上即使把舰艇击沉，他也未必会死。要干的话，还是让我在空中大干一场吧！"

米切尔将军担忧地说："在空中干也未尝不可，只是准确飞行时间很难把握！"

米歇尔少校在一旁说："对飞行员来说，掌握飞机的飞行时间远比寻找潜艇容易，而且，你知道，山本一向都很守时。"

米切尔将军考虑几分钟，决定接受米歇尔少校和兰菲尔中尉的建议，用攻击机直接击落山本五十六的座机。

他们根据破译日本的电报上的信息，精确地推算出了己方狙击机的起飞时间、飞行距离、飞行速度和接敌区域与时间等。按照计划，米歇尔少校将率领18架P-38"闪电"式战斗机，于4月18日9点35分（此处美军所用时间为当地时间，当地时间比日本时间早两个小时）左右在卡希利（即日军所说的布因）海湾以北50公里附近空域待机拦截。

届时，18架P-38"闪电"式战斗机分为两个机群从瓜达尔卡纳尔岛的亨德森机场起飞，其中12架组成掩护机队，由米歇尔少校指挥，在高空诱开并纠缠住山本的护航战斗机；其余6架为狙击机队，由兰菲尔中尉负责指挥，任务是击落山本的座机。

三
战争赌徒的最后几个小时

山本丝毫没有察觉美军已经为他织好了"死亡之网"。4月17日，陆军中将今村均求见，企图以自己不久前的一次遇险经历说服山本。

"好啦，"山本似乎有些不耐烦地说，"敌军的陆战队正在突破我方前沿阵地，我们必须让他们停下来。今村君，不用为我担忧。这一次，我必须要去，别的什么都别说了。"

第十一航空战队司令官城岛高次少将听说此事，急忙从肖特兰岛赶到腊包尔，劝阻山本。他说着说着竟然抽泣起来。

山本五十六有些厌恶地说："城岛君，你这是干什么！"

城岛抹了一把眼泪，喃喃地说："如果美军解读了我们的密码，那就麻烦了。长官，这太危险了，请不要去了。"

城岛高次说的是4月13日发出的那封列出山本详细行程的电报。这位对司令长官忠心耿耿的少将曾气愤地对他的部属说："在风云变幻的前线，怎能用如此冗长详细的电报披露司令官的行程呢！只有傻瓜才会这样干。这事太愚蠢了！这无异于公开邀请敌人来袭击我们的长官。我决不允许在我的司令部里出现这种不计后果的事。"

山本安抚了一番城岛，然后满不在乎地说："没关系，安全着呢！再说，行程已经通知各基地，各处都已做好准备正在等待着，怎么能反悔呢！如果密码确实已经被美军破译了，那就另当别论了。但是，谁也不能证明密码已经被破译了。早上出发，晚上就能回来。城岛君，请等着我一起吃晚饭！"

山本五十六只想到当前无法证明美军已经破译密码，但却没有想到，他们同样无法证明美军没有破译日军的密码。

城岛高次无奈，只能暗暗祈祷，希望山本能平安归来。

第二天是星期日，天气出奇地好，万里无云，非常有利于空战。和往常一样，山本5点准时起床，5点30分吃早餐，然后换上白色的军装。一名参谋认为白色太显眼，提议山本换上战时的草绿色军服。山本看了看身上的衣服，答应了。换好衣服，他顺手拿了香烟和眼镜，向外走去。

参谋长宇垣缠、副官福崎升、军医长高田、航空参谋端久利雄、室井舍治、会计长北村、气象长友野和通信参谋今村薰等人跟在山本的身后，来到机场。第七〇五航空队所属的两架一式陆基轰炸机已经发动引擎，在那里等候了。山本抬头看了看天空，小声道："今天是飞行的最佳天气。"

和送行人员打过招呼后，山本五十六便登上了一号机。随后，参谋长宇垣缠登上了二号机。6点整（当地时间8点），两架陆基轰炸机起飞了。紧接着，第二〇四航空队所属的6架"零"式战斗机也升空了，以三三编队的队形分成两队，在一号机的左右两侧护卫飞行。

此时，从瓜达尔卡纳尔岛亨德森机场起飞的16架编队严密的P-38"闪电"式战斗机（原计划18架，狙击队的2架飞机因故障未能起飞成功）已经在无线电静默中飞行了30分钟之久了。不出意外的话，他们将在山本的座机抵达布干维尔岛之前抵达预定地点。

时间一分一秒地过去了。1小时30分钟后，日军飞行员清晰地看到了布干维尔岛上浓密的热带丛林。布因基地和巴莱尔岛已经不远了。二号机的机械师川村纯调终于松了一口气，递给参谋长一张纸条。

参谋长展开纸条，只见上面写着："7点45分（当地时间9点45分）到达巴莱尔。"

这意味着，再过15分钟飞机就可以降落了。

当地时间9点33分，美军16架P-38战斗机穿过了布干维尔岛绿色海岸线，在预定时间到达了预定地点。米歇尔少校看了看表，心想："日本人会不会准时抵达呢？"

50秒后，一名美军飞行员突然打破了无线电沉默呼叫道："发现敌机，左前方！"

米歇尔盯着日机，飞快地数着：一共8架，其中有2架轰炸机。他得意地想："山本可真够准时的，与拦截计划时间只差1分钟！"

米歇尔少校操纵飞机，急速转向东方，与敌机航向平行，并开始爬高。其他11架担任掩护任务的飞机也随之作出了相同的动作。米歇尔少校命令道："全体注意，扔掉副油箱！"

说完，米歇尔猛地打开油门，率机群爬上了6000米的高空。差不多与此同时，一名日军飞行员也发现了美军战斗机。一架担任护航任务的"零"

式战斗机突然偏离航线，脱离机群，加速前飞。他摆动机翼，抬手指向侧方。山本座机的飞行员感觉情况不妙，朝右侧后望去，不禁大吃一惊。

6架"零"式战斗机甩开山本的座机，迅速爬高，向米歇尔的机群扑去。此时，兰菲尔中尉的狙击分队就在山本座机右下方约500米的地方。他见日军战斗机开始爬高，迅速指挥4架P-38"闪电"式战斗机升入了山本座机的航线。

日军"零"式战斗机的飞行员发现上当了，急忙全速俯冲，企图护住一号机。但一切都来不及了，兰菲尔中尉已经利用这宝贵的1秒，扭转机身，对准一号机发射出了愤怒的子弹。就在两架飞机即将错开的瞬间，一号机的右翼被打掉了。

一号机冒着黑烟，急速向下坠落。参谋长宇垣缠乘坐的二号机也遭到了截击，飞行员急忙下降高度，并来了一个90度的急转弯。

就在这时，宇垣缠看到了正在下坠的一号机，急忙对站在机舱过道上的航空参谋室井失声叫道："保护长官机！"

紧接着，宇垣缠又向驾驶员大声喊道："追上一号，追上一号，追上！"

这时，一架P-38向二号机扑来。驾驶员本能地来了一个急转弯，以便躲过袭击。当飞机再次恢复水平飞行时，宇垣缠再向一号机的方向看去的时候，空中已经空空如也了，下方的密林中则升起了一股冲天的黑烟。

突然，二号机也剧烈地震动起来。兰菲尔的僚机击中了它。坐在宇垣缠前面的机长猛推驾驶杆，企图在海上紧急迫降。但一切都晚了，轰炸机的机翼被P-38打掉了。在最后的几秒时间，宇垣缠回头望了望，只见参谋室井等人浑身是血地倒在机舱中……

"砰"一声巨响，轰炸机砸在了海面上，开始向左翻沉。二号机坠落的地点刚好位于布于维尔岛西南端莫伊拉角稍北处。联合舰队参谋长宇垣缠没有死，他和北村会计长、驾驶员林浩侥幸活了下来。

整场战斗只持续了3分钟。9点38分的时候，周围又恢复了原来的寂静，仿佛从来没有发生过激烈战斗似的。

在此次战斗中，美军除了干掉了山本和宇垣缠乘坐的两架轰炸机外，还成功地击落了3架"零"式战斗机，自身仅有一架被击落。

返航途中，兰菲尔兴奋地向瓜达尔卡纳尔岛报告："我打下了山本！"

当兰菲尔的飞机最后一个降落在亨德森机场的时候，其他飞行员和地勤人员一拥而上，猛拍他的肩膀和后背。兰菲尔惊叫道："嘿，先让我下来。"

1943年4月18日，坠毁在布于维尔岛布因的山本五十六座机的残骸

1943年4月18日，击落山本五十六座机的P-38"闪电"式战斗机

1943年4月18日，成功击落山本五十六座机的P-38"闪电"式战斗机队中队长托马斯·兰菲尔中尉被授勋

众人这才意识到，兰菲尔还没有爬出座舱。后来，兰菲尔回忆当时的情形和心情说："就像一个橄榄球中卫，在一场至关重要的比赛中踢进了一个决定胜负的好球！"

战斗结束后，米切尔少将立即向哈尔西报告："约翰·米歇尔陆军少校指挥的P-38式机群向卡希利地区（布因）进攻。上午9点30分过后，击落了由编成密集队形的'零'式战斗机护航的2架一式陆上攻击机，还击落了3架'零'式战斗机。我1架P-38式机尚未返回（后来证实已经被击落），4月18日看来是我方胜利日。"

哈尔西在回电中兴奋地说："祝贺你们的成功！看来，在猎获的家鸭中应该还夹着一只孔雀。"

此后，伏击山本之战便以"猎杀孔雀"而闻名。而4月18日似乎注定成了日本的倒霉日。在一年前的这一天，杜利特率领B-25轰炸了东京；一年后的今天，兰菲尔用P-38干掉了日本海军中罪大恶极的统帅山本五十六！

4月19日，日本陆军第十七军的搜索队在密林中找到了一号机的残骸和山本等人的尸体。山本的左手握军刀，右手戴着白色手套，叠放在左手上，坐在坐垫上，头颅耷拉在军刀上方，左胸有一处伤口，流出的血已变成黑褐色。在他的身旁躺着军医长高田六郎少将的尸体。

根据现场的情况，军事专家们判断，山本五十六在飞机坠毁之前就已经毙命了。飞机坠毁后，军医长高田可能是唯一一个有意识的人。他担心正在燃烧的飞机烧焦山本的遗体，便把他拖出了机舱。至于山本的坐姿，也是高田特意摆出来的，以便让这个著名的"海军之花"保住最后的威严。随后，高田也咽下了最后一口气。

4月20日，日军搜救队砍伐一些竹子做成担架，将山本的尸体抬回布因，停放在卡希利机场军官营房前的帐篷里，进行了吊唁和守灵。海军第一基地军医田渊义三郎海军少佐奉命对山本五十六的遗体进行了尸检。尸检报告上写道："左肩胛骨的中央部，有一个食指肚儿大小的子弹射入孔。子弹的走向是右前上方；左下颌角有一个小手指肚大小的子弹射入孔，出口在右眼外眼角，像拇指压痕一样大小……显然系因损伤主要内脏器官而致命。"

21日，山本及同机的10人一起被火化，山本的骨灰先被送到特鲁克，再由其副官渡边中佐护送，搭乘"武藏号"战列舰返回日本。就在"武藏号"抵达日本的5月21日，日本大本营公布了山本的死讯，并追授元帅军衔。

6月5日，日本政府为山本举行了国葬，之所以选择6月5日，因为山本所崇敬的东乡平八郎也是在这一天举行葬礼的。东京近百万人参加了山本的葬礼。山本的参谋渡边手捧山本的指挥刀，三和义勇捧着大勋位勋章，缓缓跟在搭载着骨灰盒的炮车后面。山本的骨灰一分为二，一部分葬在小金井多磨墓地东乡平八郎墓的旁边，另一部分则由山本的姐姐高桥嘉寿子和其亲友带回家乡安葬在了长冈长兴寺。

1943年5月23日，日本海军军官们护送山本五十六的骨灰前往东京

日军将山本之死列为"甲级事件"，并开始进行调查，日军也曾怀疑过密码被破译，就故意拍发草鹿任一中将前往前线视察的电文，作为试探，但美军识破了日军的伎俩，在电文提及的时间和航线上，没有出

1943年6月5日，在东京日比谷公园举行的山本葬礼

战争赌徒 山本五十六

1943年6月，山本五十六墓地

现一架美机。因此日军认为密码绝对可靠，山本之死纯属偶然。就这样，日本海军损失了最能干的战略家和海军舰队统帅，却依然没有发现密码被破译！

山本死后不久，盟军对日军的全面反攻就开始了。在盟军的猛烈攻势下，日军节节败退，终于走向了最终的毁灭。1945年8月15日，裕仁天皇通过广播向所谓的大日本帝国皇军下达"终战诏书"，宣布接受《波茨坦公告》，无条件投降。至此，第二次世界大战全面结束了！